Italian
Vocabulary

HANDBOOK

Buon Natale
'96

Salute,
Shaun
(Gian)

Rossana McKeane

Italian Vocabulary Handbook

The Author:
Rossana McKeane is an experienced teacher and author.

The Series Editor:
Christopher Wightwick is a former UK representative on the Council
of Europe Modern Languages Project and principal Inspector of
Modern Languages for England.

Other titles in the Berlitz Language Handbook Series:

French Grammar Handbook   French Vocabulary Handbook
German Grammar Handbook   German Vocabulary Handbook
Spanish Grammar Handbook   Spanish Vocabulary Handbook
Italian Grammar Handbook
French Verb Handbook
German Verb Handbook
Spanish Verb Handbook
Italian Verb Handbook

Copyright © 1994 Rossana McKeane

Published by Berlitz Publishing Co., Ltd.,
Peterley Road, Oxford OX4 2TX

1st printing 1994

Printed in England by Clays Ltd, St Ives plc

CONTENTS

C   Appendices

D   Subject index

How to use this Handbook

This Handbook is a carefully ordered work of reference covering all areas of Italian vocabulary and phrasing. It is based on the thesaurus structure of the Council of Europe's Threshold Level, expanded to include other major topics, especially in the fields of business, information technology and education. Unlike a dictionary, it brings together words and phrases in related groups. It also illustrates their usage with contextualized example sentences, often in dialogue form. This enables learners and users of the language to:

• refresh and expand their general knowledge of vocabulary;
• revise systematically for public examinations, using the word-groups to test their knowledge from Italian to English and *vice versa*;
• extend their knowledge of authentically Italian ways of saying things by studying the example sentences;
• support their speaking and writing on a given topic, when the logical arrangement of the sections will often prompt new ideas as well as supplying the means of expressing them.

THE STRUCTURE OF THE HANDBOOK

After the List of Contents, the Handbook is divided into four parts:

A   Introduction: Word building in Italian

A brief overview of the Italian language together with suggestions and strategies for vocabulary building. (For a more extensive treatment of this topic, see the Berlitz *Italian Grammar Handbook*.)

B   The Topic Vocabularies

96 Vocabularies, grouped under 27 major areas of experience. Most Vocabularies are divided into a number of sections, so that words and phrases are gathered together into closely related groups. Almost all sections contain example sentences showing the vocabulary in use. Wherever it makes sense to do so, these sentences are linked together to form short narratives or dialogues which help to fix them in the memory. In some Vocabularies the lists of words and phrases are both

extensive and more independent of context, so that the role of the example sentences is reduced.

C   The Appendices

Lists of specific terms such as the names of countries or musical instruments. These would simply clutter up the main Vocabularies, but they are linked to them by clear cross-references.

D   The Subject Index

An alphabetical index of topics and themes, enabling you to locate quickly the area you are interested in.

LOCATING THE RIGHT SECTION

The Handbook can be approached in two main ways.

•   If you are not sure which topic will be best suited to your needs, start with the *List of Contents* on page iii. This will give you a general picture of the areas covered. You can then browse through the sections until you find the one you want.

•   Alternatively, if you have a specific topic in mind, look it up in the *Subject Index* at the end of the book. This will take you directly to the relevant Vocabulary or Appendix. To help you find what you are looking for, topics are often listed more than once, under different headings. Within most sections there are cross-references to other, related areas.

A
INTRODUCTION

Word-building in Italian

Conventions used in this Handbook

Word-building in Italian

Together with French, Spanish, Portuguese and Romanian, Italian evolved from Latin. However, what is understood today as standard Italian is but one of the local variants which evolved in different parts of Italy. Due to the prominent political, artistic and social development of Tuscany from around the 12th century, the language spoken and written in that region took precedence over other regional forms in the course of the centuries, and this is what the student of Italian learns today.

1 Some useful strategies

Because English also contains many words derived from Latin and Greek, much successful language learning takes place when educated guesses are made and knowledge of English (or of other languages) is applied when making connections.

a) Many nouns and adjectives have similar endings:

English	Italian	Meaning	Examples
-ism	**-ismo**	mental attitude, ideology	**femminismo, comunismo, abolizionismo, marxismo, maccartismo, snobismo**
-ist	**-ista**	i) professions	**farmacista, analista, dentista**
		ii) ideology/ mental attitude	**razzista, fascista, umanista, pessimista**
		iii) instrumentalists	**violinista, pianista, violoncellista**
		iv) faith, creed	**buddista, calvinista**
		v) expertise in a discipline	**linguista, specialista**
-(a)ble	**-(a)bile**	feasibility, that can be done	**sopportabile, mangiabile**
-(i)ble	**-(i)bile**		**comprensibile, sostenibile, leggibile**
-em/-eme	**-ema**		**sistema, problema, fonema**
-ance/-ence	**-anza/-enza**		**costanza, assistenza, arroganza, consistenza, coerenza, confidenza**
-am/-amme	**-amma**		**telegramma, programma, anagramma**

b) The shared legacy of Greek is evident in the roots and prefixes of many words:

auto-	self	**autonomo, automatico**
cata-	major change	**cataclisma, catastrofe**
crazia-	power	**democrazia, meritocrazia**
crono-	time	**cronometro, cronologico**
fono-	sound	**microfono, fonetica, fonologia**
foto-	light	**fotografia, fotoamatore**
geo-	earth	**geologia, geografico, geotermico**
iper-	excess	**iperattivo, ipersensible, ipertensione**
ipo-	scarcity, below	**ipodermico, ipofunzionante**
-metria	measure	**geometria**
-iatria	medical science	**psichiatria**
-logia	study	**biologia, astrologia, psicologia**
mono-	one	**monologo, monotono**
poli-	many	**poliglotta, politecnico**
termo-	heat	**termometro**

c) English and Italian share some Latin-based prefixes:

bis-	two	**bicicletta, bilaterale, bisessuale**
cum-	union/company	**compagnia, coordinatore**
dis-	contrast, opposition	**disassociazione, discordante**
sub-	below	**sommergere, sotterraneo**

d) Another key available to the student of Italian is its use of endings which are tagged on to nouns and adjectives to modify their meaning.

• Some indicate that something is particularly small or pretty, dear or pleasant: **-ino, -etto, -ello, -icciolo** as in **casetta, manina, piedino, sorellina, cittadina, porticciolo**.

• Some add the notion of 'large': **-one** gives us **piedone, bottiglione**.

• Others emphasize roughness, ugliness or nastiness: as **-accio** in **ragazzaccio, vitaccia, nasaccio**.

• Others like **-ucolo, -uzzo** add the idea of mediocrity and are used ironically, as in **artistuncolo, medicuzzo, omunculo**.

A word like **scarponcino** is actually made up of **scarpa** 'shoe' and **one** 'big' = boot plus **-ino** 'small'. The final result is 'a small boot'.

e) Spelling patterns can provide additional clues:

English	Italian	
ph	**f**	**fotografia, filosofo, fallico**
ct	**z**	**azione, frazione**
x	**ss**	**ossigeno, massimo, asse**
pt	**tt/z**	**scrittura, attitudine, corruzione**

2 *Grammatical terms*

A basic knowledge of the nuts and bolts of the language, or its grammar, is invaluable. A description of Italian grammar is beyond the scope of this Handbook but a brief outline of the main parts of speech may be useful. For a comprehensive treatment see Berlitz *Italian Grammar Handbook.*

a) The noun

• Italian nouns can be either masculine or feminine. Certain endings (see below) indicate the gender of the noun although there are exceptions to these rules:

Masculine		*Feminine*	
-o	fratello, presagio	-a	orchestra, casa, carta
-amma	telegramma, programma	-à	città, verità, felicità
-ema	problema, sistema, teorema	-ione	azione, colazione
igma	stigma, paradigma		

• Nouns ending in **-ista** can be either masculine or feminine according to the gender of the person; so **un dentista** (male) or **una dentista** (female), **un artista** (male) or **un'artista** (female).

• Nouns ending in **-e** can also be either masculine or feminine. Their correct gender can be found in the dictionary or this Handbook and should be learned together with the appropriate article:

il dovere	duty	**la ricezione**	reception
il televisore	TV set	**la neve**	snow
il giornale	newspaper	**la gente**	people

• Some nouns are formed by two different parts. Rules on the gender and plural form of compund nouns are complex but logical:

noun+noun	**il terremoto**	earthquake	**i terremoti** (pl)
noun+adjective	**la cassaforte**	safe	**le casseforti** (pl)
adjective+noun	**il bassorilievo**	bas-relief	**i bassorilievi** (pl)
verb+noun	**il/la lavastoviglie**	dishwasher	**le lavastoviglie** (pl)
adjective+adjective	**il pianoforte**	piano	**i pianoforti** (pl)

• The genders of some nouns change according to whether they are in the singular or the plural. The most common are:

Singular (masculine)	*Plural (feminine)*
l'uovo	**le uova**
il lenzuolo	**le lenzuola**
il braccio	**le braccia**
il paio	**le paia**

All nouns in the Handbook are given in the singular only but the plural is given when irregular. The definite article is included. For complete rules on nouns see Berlitz *Italian Grammar Handbook* ➤20.

b) The adjective

Adjectives, including adjectives of nationality, take the same gender and number as the noun they refer to. Like nouns, they usually end in **-o** (m), **-a** (f) or **-e** (m or f). Thus, a noun and an adjective may look like this: **la ragazza italiana** (f) or **il ragazzo italiano** (m), which look logical, but they could also look like this: **la ragazza inglese**. Adjectives can be used simply to describe, in which case they are usually placed before the noun or to express a contrast, in which case their position is normally after the noun.

Metto le *vecchie foto* nell'album.	I put the old photos in the album. (all photos, any photos)
Metto le *foto vecchie* nell'album.	I put the *old* photos in the album. (but not the others)

A number of adjectives change meaning when their position is changed:

Una *certa* proposta.	A *certain* proposal.
Una proposta *certa*.	A *sure* proposal.

For complete details of adjectives and their uses see Berlitz *Italian Grammar Handbook* ➤22. Adjectives in this Vocabulary Handbook appear in the masculine singular form.

c) The verb

Italian verbs fall into three groups defined by their endings:

Group 1	**parl*are*, ascolt*are*, mangi*are*** [-are]
Group 2	**vend*ere*, legg*ere*** [-ere]
Group 3a	**part*ire*, vest*ire*** [-ire]
Group 3b	**fin*ire*, cap*ire*, ag*ire*** (insert **-isc-** between stem/ending in some tenses)

Many irregular verbs also exist.
In this Handbook only the first person of the present tense is given, i.e. 'I eat': **(io) mangio**, together with an indication of the group (either **-are, -ere** or **-ire**) for ease of reference.
For complete details of conjugations and verb usage see Berlitz *Italian Grammar Handbook* ➤section C and Berlitz *Italian Verb Handbook*.

3   *Vocabulary building*

The most effective way to acquire a wide vocabulary in Italian as in any language is to learn it in context. The greater the exposure to authentic or appropriate language, whether spoken or written, the faster the progress. Within this Handbook, the systematic collection and use of new vocabulary could take various forms.

a) Topical vocabulary building

If the context is, for example, the cinema/movies, it would be sensible to learn or revise the related vocabulary through word chains as in the example below:

cinema/movies

Action	**recitare girare produrre**
Equipment	**camera microfono**
People	**produttore attore regista**

Learners could test their memory in this way after studying the Vocabulary of a particular topic.

b) Building vocabulary by grammatical classification

One stem may produce four related words as in the example below:

Verb	*Noun*	*Adjective*	*Adverb*
consistere	**consistenza**	**consistente**	**consistentemente**

For a comprehensive treatment of the creation of compound words and the use of suffixes and prefixes to form new words, see Berlitz *Italian Grammar Handbook* ➤3.

Conventions used in this book

a) Nouns

All nouns are given in the singular form preceded by the definite article. However, the plural form is included if irregular.

il/lo (pl. **i/gli**) indicates masculine gender
la (pl. **le**) indicates feminine gender
l' could apply to either gender for nouns beginning wth a vowel, so the correct gender is given in brackets.

All nouns referring to professions are given in the masculine form except where the feminine form is irregular and is therefore included. In a number of professions the masculine gender is used for both genders e.g. **il politico** *(m/f)*. For details on the formation of feminines, see Berlitz *Italian Grammar Handbook* ➤20g.

b) Verbs

Regular verbs are followed by their group ending, either **-are, -ere** or **-ire**.
Reflexive verbs can be identified in this Handbook by the presence of the reflexive pronoun **mi**, e.g **mi lavo [-are]**, as well as the verb group. The infinitive forms are **lavarsi, sedersi** and **tradirsi**.
When a preposition is required in Italian it is normally given, e.g. 'I decide' **decido (di)**.
All verbs are in the first person except when an impersonal form is given. In the example sentences both familiar and polite forms of 'you' are used as appropriate in that particular context. When the polite form is used in Italian, **Lei, Loro, Suo,** etc. take a capital letter.

c) Adjectives

All adjectives are in the masculine singular form.

Abbreviations

adj	adjective	intr	intransitive
adv	adverb	invar	invariable
f	feminine	m	masculine
fam	familiar usage	pl	plural
inf	infinitive	tr	transitive

Symbols

( )	a part of a translation which is optional: **il detersivo (in polvere).**
/	alternative word: **a buon prezzo/mercato - a buon prezzo** or **a buon mercato.**
,	an alternative translation
➤	a cross-reference to a Vocabulary or chapter

B

VOCABULARY TOPICS

Functional words

1

Articles

a   **un, una, un'**
the   **il, lo, la, l', i, gli, le**

Demonstrative adjectives/pronouns

this/that   **questo/a, quel(lo)/la**
these   **questi/e**
this one   **questo/a**
that one   **quel(lo)/la**
the red one   **quello/a rosso/a**

Stressed pronouns (subject)

I   **io**
you (informal/formal sing)   **tu/Lei**
he   **lui**
she   **lei**
it   **esso**
we   **noi**
you (informal/formal pl)   **voi/Loro**
they   **loro**
one   **si**
it's me   **sono io**

Stressed pronouns (direct object)

me   **me**
you (informal/formal sing)   **te/Lei**
him   **lui**
her   **lei**
it   **sè**
us   **noi**
you (informal/formal pl)   **voi/Loro**
them   **loro**

Unstressed (indirect object)

me   **mi**
you (informal/formal sing)   **ti/Lei**
him   **gli**
her   **le**

it   **gli, le**
us   **ci**
you (informal/formal pl)   **vi/Loro**
them   **loro, gli**

Unstressed pronouns (direct object)

me   **mi**
you (sing)   **ti**
him   **lo**
her   **la**
it   **lo, la**
us   **ci**
you (pl)   **vi**
them   **li, le**

Unstressed pronouns (indirect object)

me   **me**
you (informal/formal sing)   **te/Lei**
him   **lui**
her   **lei**
it   **esso**
us   **noi**
you (informal/formal pl)   **voi/Loro**
them   **loro**

Reflexive pronouns

myself   **mi**
yourself (informal/formal)   **ti/Si**
himself   **si**
herself   **si**
itself   **si**
ourselves   **ci**
yourselves (informal/formal)   **vi/Si**
themselves   **si**
oneself   **si**
each other   **si**

➤ For a detailed explanation of the usage of demonstrative and personal adjectives and pronouns, consult Berlitz *Italian Grammar Handbook*.

Possessive adjectives

my **il mio**
your *(informal/formal sing)* **il tuo/il Suo**
his **il suo**
her **il suo**
its **il suo**
our **il nostro**
your *(informal/formal pl)* **il vostro/il Loro**
their **il loro**
one's **il prorio**

Possessive pronouns

mine **(il) mio**
yours *(informal/formal sing)* **(il) tuo/(il) Suo**
his **(il) suo**
hers **(il) suo**
yours *(informal/formal pl)* **(il) vostro/(il) Loro**
ours **(il) nostro**
theirs **(il) loro**

Relative pronouns

who **che**
which **che**
that **che**
of which/whose **di cui**

Indefinite pronouns

all (of them) **tutti**
anybody/one **chiunque**
both (of them) **entrambi**
each (one) **ognuno**
everybody **tutti**
everything **tutto**
no one/nobody **nessuno**
nothing **nulla, niente**
some (of them) **alcuni (di loro)**
somebody/one **qualcuno**
something **qualche cosa, qualcosa**

Questions

how? **come?**
how far is? **quanto dista?**
how long is? **quanto è lungo?**
how much is? **quanto fa/costa?**
what? **cosa?**
what's it (all) about? **di cosa si tratta?**
with what? **con cosa?**
when? **quando?**
where? **dove?**
which one? **quale?**
who? **chi?**
whom? **chi?**
to whom? **a chi?**
with whom? **con chi?**
whose is? **di chi è?**
why? **perchè?**

Common prepositions & conjunctions

after **dopo (che)**
although **sebbene, benchè**
and **e**
as *(since)* **poichè**
as if **come se**
as soon as **appena**
because **perchè**
but **ma**
despite **malgrado (che)**
either ... or **o ... o**
except **eccetto**
if **se**
neither ... nor **né ... né**
not only ... but also **non solo ... ma anche**
on condition that **a patto che, a condizione che, sempre che**
only **solo, solamente**
or **o, oppure**
so **così**
then **allora, poi**
therefore **perciò, dunque, quindi**
until **fino/sino a**
when **quando**
while/whereas **mentre**
with **con**
without **senza**

2 Where? – position & movement

2a Position

about **attorno, intorno, in giro**
above **sopra, in alto**
    above *(adv)* **di sopra**
across **attraverso**
    across there **dall'altra parte**
after **dopo**
against **contro**
ahead **avanti, davanti**
    ahead of **davanti a**
along **lungo**
among **tra, fra**
anywhere **dovunque, ovunque**
around *(adv)* **intorno, attorno**
    around the garden **in giro nel giardino**
as far as **fino a**
at **a**
    at home **a casa**
    at school **a scuola**
    at work **al lavoro**
back **(in) dietro**
    at the back of **dietro a**
    to the back **in fondo (a)**
backwards **all'indietro**
behind **dietro**
below **sotto**
beside **accanto**
between **fra, tra**
beyond **oltre, al di là di**
bottom **fondo**
    at the bottom (of) **in fondo (a), al fondo (di)**
centre/center **il centro**
    in the centre/center **al centro**
direction **direzione, via, senso**
    in the direction of Rome **verso Roma**
distance **la distanza**
    in the distance **in lontananza**
distant **distante, lontano**

down there **laggiù**
downstairs **dabbasso, al pian terreno**
edge **bordo**
    at the edge **sul bordo di**
end **fine, termine**
    at the end of **alla fine di**
everywhere **dappertutto**
far **lontano**
    far away (from) **lontano (da/di)**
first (of all) **prima di tutto**
    I am first **sono [essere] il primo/la prima**
forward(s) **(in) avanti**
from **da**
front **fronte, davanti**
    at the front **davanti**
    I am in front **sono [essere] davanti**
    in front of **davanti a, di fronte a**
    to the front **a fronte di**
here **qui**
    here and there **qui e là**
in **in**
    in there **là dentro**
inside **dentro**
    inside *(adv)* **(di) dentro**
into **in**
last **ultimo**
    last of all **l'ultimo** *(m)*
    last of all *(adv)* **per ultimo**
    I am last **sono l'ultimo**
left **sinistra**
    on the left **a sinistra**
    to the left **alla sinistra**
middle **mezzo**
    in the middle (of) **in mezzo (a), al centro di**
near **vicino**

near(by)   **vicino a**
nearness   **la vicinanza**
neighbourhood/neigborhood   **il quartiere, il vicinato, le vicinanze**
in the neighbourhood/ neigborhood of   **nel quartiere, nelle vicinanze di**
next *(adj)*   **prossimo, più vicino, successivo**
next *(adv)*   **dopo, seguente**
next to *(prep)*   **accanto, vicino a**
nowhere   **da nessuna parte**
on   **su, sopra**
onto   **sopra**
opposite   **di fronte (a)**
out of   **fuori di**
out there   **là fuori**
outside   **esterno, fuori**
outside *(adv)*   **all'esterno, fuori**
over   **su, sopra, al di sopra**
over there   **là, laggiù**
past   **oltre**
right   **destra**
from the right   **dalla destra**

on the right   **alla destra**
to the right   **a destra**
round/around   **intorno, attorno**
round/around the tree   **intorno all'albero**
side   **l'accanto** *(m)*, **il vicino**
at the side   **a fianco, accanto**
at both sides of   **a entrambi i lati**
somewhere   **da qualche parte**
there   **là**
to   **a, in, da**
top   **sopra, il più alto**
top *(of mountain)*   **la cima**
at the top   **in cima**
on top   **sopra**
towards   **verso, in direzione di**
under   **sotto**
up here/there   **quassù, làssu**
upstairs   **di sopra, al piano superiore**
where?   **dove?**
where from?   **da dove?**
where to?   **verso dove?**
with   **con, insieme a**

Over there in the distance is the river. It's not far away – about 1 km from our house.

Laggiù in distanza c'è il fiume. Non è lontano, solo a circa un chilometro da casa nostra.

Opposite the houses is the church and nearby are the shops/stores.

Di fronte alle case c'è la chiesa e vicino ci sono i negozi.

At the top of the hill is a farm and in the middle of the village is the post office.

In cima alla collina c'è una cascina e al centro del paese c'è l'ufficio postale.

The first house in the high/main street is near the river. Our house is the last. The next village is about five km away.

La prima casa nella via principale è vicino al fiume. La nostra casa è l'ultima. Il prossimo paese è a circa cinque chilometri.

The distance from there to Venice is about 100 km.

Da qui a Venezia ci sono circa 100 chilometri.

2b Directions & location

Points of the compass

atlas **l'atlante** *(m)*
compass **la bussola**
compass needle **l'ago** *(m)* **della bussola**
coordinate **la coordinata**
east **(l')est** *(m)*, **il levante**
  in the east **all'est, a levante**
  to the east **verso (l')est**
  east wind **il vento di levante**
  on the east side **al lato est**
  eastern Italy **l'Italia orientale**
gazeteer **il dizionario geografico**
latitude **la latitudine**

location **la posizione**
longitude **la longitudine**
magnetic compass **la bussola magnetica**
magnetic north **il nord magnetico**
map **la carta (geografica), la mappa**
north **(il) nord, il settentrione**
  in the north **al nord**
  to the north **a nord, verso (il) nord**
  north coast **la costa settentrionale**
  north wind **il vento del nord, la**

Florence is north of Rome. Right in the north is Milan. I prefer the south of Italy to the north.

Firenze è a nord di Roma. Al nord c'è Milano. Preferisco l'Italia meridionale a quella settentrionale.

Look on the map. You go north(wards).

Guarda la cartina. Prendi la direzione nord.

To the south of the wood you can see the church spire.

A sud del bosco vedi la guglia della chiesa.

– Are you lost?
– Yes. Can you tell me the quickest way to the post office?

– Si è smarrito?
– Sì. Può indicarmi il percorso più breve per (raggiungere) l'ufficio postale?

– It's down there on the left.

– È laggiù a sinistra.

– How do I get to Assisi?
– Go straight on to the second crossroads/intersection.
Turn right at the lights and take the road to Perúgia.
It's 25 kilometres/kilometers from here.

– Come si va a Assisi?
– Vada diritto (fino) al secondo incrocio.
Giri a destra al semaforo e prenda la strada per Perugia.
È a 25 chilometri da qui.

tramontana
in Northern Italy **nell'Italia
settentrionale**
northeast **nord-est**
northwest **nord-ovest**
south **(il) sud, il meridione** [see
also north]
west **(l')ovest, l'occidente** [see
also east]
in the west **all'ovest, a
ponente**
west wind **il vento di ponente**

Location & existence

I am **sono [essere]**
there is/are **c'è/ci sono**

there isn't/aren't (any) **non
c'è/ci sono**
I become **divento [-are]**
I exist **esisto [-ere]**
existence **l'esistenza** *(f)*
I have got/I have **ho [avere]**
it lies **sta [-are], si trova [-arsi]**
I possess **possiedo [possedere]**
possession **il possesso**
present **presente**
I am present (at) **sono [essere]
presente (a), presenzio [-are]**
I am situated **sono [essere]
situato, mi trovo [-are]**

The town lies at a longitude of 32°. | **La città si trova a una
longitudine di 32°.**

How do you get to the other side? | **Come si raggiunge l'altro lato?**

– Is there a bank nearby? | **– C'è una banca qui vicino?**
– It's behind the supermarket. | **– È dietro al supermercato.**
– Where's the tourist office? | **– Dov'è l'ufficio turistico?**
– Opposite the town hall. | **– Di fronte al municipio.**

– Who's that? – It's me. | **– Chi è? – Sono io.**

– How many children are present? | **– Quanti bambini sono presenti?**
– There are 25. Five of them are at home. | **– Ce ne sono 25. Cinque (di loro) sono a casa.**

– Is there any cake left? Are there still any biscuits/cookies? | **– C'è ancora della torta? Ci sono ancora biscotti?**
– I am sorry, there is no cake, but there are some sandwiches. | **– Mi dispiace, non c'è torta, ma ci sono dei panini.**

I have been to London. I was at a concert when she arrived. | **Sono stato a Londra. Ero a un concerto quanto (lei) è arrivata.**

2c Movement

I arrive **arrivo [-are]**

I bring **porto [-are]**

by car **in macchina, in auto**

I carry **porto [-are], trasporto [-are]**

I climb *(intr)* **mi arrampico [-are]**

I climb *(tr)* **salgo [salire]**

I come **vengo [venire]**

I come back (home) **rincaso [-are]**

I come down **scendo [-ere]**

I come in **entro [-are]**

I come out **esco [uscire]**

I come up **vengo su, salgo [salire]**

I drive **guido [-are]**

I drive on the right **guido a destra**

I fall **cado [-ere]**

I fall down **cado giù**

I follow **seguo [-ire]**

I get in **entro [-are]**

I get out **esco [uscire]**

I get up **mi alzo [-are]**

I go **vado [andare]**

I go down **scendo [-ere]**

I go for a walk **vado a fare una passeggiata**

I go in **entro [-are]**

I go out **esco [uscire]**

I go round **giro [-are]**

I go up **salgo [salire]**

I go (by vehicle) **vado [andare] in**

I hike **faccio [fare] un'escursione a piedi**

I hurry **mi affretto [-are], mi sbrigo [-are]**

I hurry up **mi sbrigo [-are]**

I jump **salto [-are]**

I leave *(place)* **parto [-ire] da**

I leave *(something)* **lascio [-are]**

I leave (person) **abbandono [-are]**

I lie down **mi sdraio [-are]**

I march **marcio [-are], avanzo [-are]**

I move *(tr)* **muovo [-ere]**

I move *(intr)* **mi muovo**

movement **il movimento**

on foot **a piedi**

I pass **passo [-are]**

I pass/overtake *(in car)* **sorpasso [-are]**

I pull **tiro [-are]**

I push **spingo [-ere]**

I put *(flat)* **stendo [-ere]**

I put (into) **introduco [-durre]**

I put (on) **indosso [-are]**

I put *(upright)* **metto diritto**

I am going by car but some of them will go on foot. John is going by bike.

(Io) vado in auto, ma alcuni di loro andranno a piedi. Giovanni va in bicicletta.

Have you put the picnic in the car? Don't forget to bring your corkscrew.

Hai messo il cestino del picnic in auto? Non dimenticare di portare l'apribottiglie.

I will take you as far as the river. Then you must get out and walk.

Ti do un passaggio fino al fiume. Poi devi scendere e continuare a piedi.

[-ere], raddrizzo [-are]
I ride   faccio [fare] un giro (in)
   I ride *(a horse)*   vado [andare]
   a cavallo, faccio [fare]
   equitazione
I run   corro [-ere]
   I run away   corro [-are] via,
   scappo [-are]
I rush   mi sbrigo [-are], mi affretto
   [-are]
I sit down   mi siedo [sedere]
I sit up   mi siedo [sedere] diritto
I slip   scivolo [-are]
I stand   mi alzo [-are]
   I stand still   resto [-are]
   immobile
   I stand up   mi alzo in piedi
I step   faccio [fare] un passo
I stop   mi fermo [-are]
straight   dritto, diritto
   straight ahead   sempre dritto
I stroll   faccio [fare]
   quattro passi
I take   prendo [-ere]
I turn   (mi) giro [-are]
   I turn left   giro [-are] a sinistra
   I turn off   spengo [-ere]
   I turn round   mi giro [-are]
   I turn towards   mi giro [-are]
   verso
walk   la passeggiata
I walk   passeggio [-are]

I wander   vago [-are]
way   la via, il cammino

Here & there

Come here!   Vieni qui!
I go there   vado [andare] là, ci
   vado
I rush there   accorro [-ere]
I travel there   viaggio [-are] là

Up & down

Do sit down!   Siediti! Accomodati!
I climb the mountain   scalo la
   montagna [-are]
I climb the stairs   salgo [salire] le
   scale
I climb up the mountain   mi
   arrampico [-are] su per la
   montagna
I fall down   cado [-ere] giù
I go down the path   seguo [-ire] il
   sentiero, scendo [-ere] per il
   sentiero
I lie down   mi stendo [-ere]
Stand up!   Alzati! [-are]

Round

I go round the town   giro [-are] per
   la città
round the world   attorno/intorno al
   mondo

Go down the hill, along the river,
and then turn left towards the
woods. You will pass a farm half-
way there.

Scendi la collina, lungo il fiume
poi gira a sinistra verso il bosco.
A metà strada passerai una
cascina.

When you get to the village, take
the first road on the left, then
straight ahead up to the market
place.

Quando arrivi in paese, prendi la
prima strada a sinistra poi
prosegui fino alla piazza del
mercato.

I will follow you as far as the market.

(Io) ti seguo fino al mercato.

 POSITION 2a; DIRECTIONS 2b

③ **When? – expressions of time**

3a Past, present & future

about **verso, circa**
after **dopo, poi**
  afterwards **in seguito, dopo, più tardi**
again **di nuovo, ancora**
  again and again **più volte, ripetutamente**
ago **fa**
  a short time ago **poco fa**
already **già, di già, ormai**
always **sempre**
anniversary **l'anniversario** *(m)*
annual **annuo, annuale**
as long as *(conj)* **finchè**
as soon as *(conj)* **appena**
at once **subito, immediatamente**
before **prima (di)**
  before *(adv)* **prima d'ora, già**
  beforehand **in anticipo**
  before leaving **prima di partire**
I begin **comincio [-are], inizio [-are]**
beginning **l'inizio** *(m)*
birthday **il compleanno**
brief **breve, corto**
briefly **in breve, brevemente**
by (next month) **entro (il mese prossimo)**
calendar **il calendario**
centenary **il centenario**
century **il secolo**
  in the twentieth century **nel ventesimo secolo**
continuous **continuo**
continuously **ininterrottamente**
daily **giornaliero**
date **la data, il tempo, il periodo**
  date *(appointment)* **la data fissa, l'appuntamento** *(m)*
dawn **l'alba** *(f)*

at dawn **all'alba**
day **il giorno, la giornata**
  by day **di giorno**
  every day **ogni giorno, tutti i giorni**
  one day (when) **un giorno (quando)**
decade **il decennio**
delay **il ritardo**
  delayed **ritardato**
during **durante**
early **presto, di buon'ora**
  I am early **sono [essere] in anticipo**
end **la fine**
I end (something) **finisco [-ire]**
  it ends **finisce**
ever **mai**
every **ogni, tutti**
  every time **ogni volta, tutte le volte**
exactly **esattamente, precisamente**
fast **veloce, rapido**
  my watch is fast **il mio orologio è [essere] in anticipo**
finally **alla fine, in fine**
I finish (doing) **finisco [-ire] (di +inf)**
first **prima**
  at first **per incominciare, per primo**
firstly **prima di tutto, in primo luogo**
for **per**
  for a day *(duration)* **per una giornata**
  (past continuous/progressive) **da un giorno**
for good/ever **per sempre**

formerly **precedentemente**
fortnight/two weeks **quindici giorni**
frequent **frequente**
frequently **frequentemente**
from **da**
    as from (today) **da oggi in poi**
    from now on **da adesso in poi, d'ora in poi**
I go on (doing) **continuo [-are] (a +**inf)
half **la metà, il mezzo**
    one and a half **uno e mezzo**
it happens **succede [-ere], capita [-are]**
holiday/vacation **le ferie** (pl), **le vacanze** (pl)
hurry **la fretta, la furia, la precipitazione**
    I am in a hurry **ho [avere] fretta**
I hurry up **mi affretto [-are], mi sbrigo [-are]**
instant **l'istante** (m), **l'attimo** (m)
just **appena, poco fa**
    just now **proprio adesso**
last (final) **ultimo, finale**
    last night **ieri sera**
    last (previous) **scorso**
    last week **la settimana scorsa**
it lasts a long/short time **dura [-are] molto/poco tempo**
late **tardi, in ritardo**
    I am late **sono [essere] in ritardo**
    it's late **è tardi**
lately **recentemente, ultimamente**
later (on) **più tardi, in seguito**
long **lungo**
    in the long term **a lunga scadenza**
many **tanti, vari, diversi**
    many times **tante volte, diverse volte**
meanwhile **mentre, intanto**
    in the meanwhile **intanto, nel frattempo**

middle **la metà**
millenium **un millennio**
moment **il momento, l'istante** (m), **l'attimo** (m)
    at the moment **in questo momento**
    at this moment (right now) **proprio adesso**
    at that moment **a/in quel momento**
    in a moment **fra poco, in un attimo**
month **il mese**
    monthly **mensile, mensilmente**
never **mai**
next (adj) **prossimo, successivo**
    next week **la settimana prossima**
    next (adv) **poi, dopo, in seguito**
not yet **non ancora**
now **adesso, ora**
nowadays **al giorno d'oggi, oggigiorno**
occasionally **a volte, occasionalmente**
often **spesso, sovente**
on and off **di quando in quando**
once **una volta**
    once upon a time **c'era una volta**
    once in a while **una volta ogni tanto**
    once a day **una volta al giorno**
one day (when) **un giorno (quando)**
only **solo, solamente**
past **il passato**
    past (adj) **scorso**
per day **al giorno**
present **il presente**
    present (adj) **presente, esistente**
    presently **subito, tra poco**
    at present **attualmente**
previously **precedentemente, in precedenza**

prompt **sollecito, pronto, immediato**
promptly at (two) **alle (due) in punto**
rarely **raramente**
recent **recente, di recente**
recently **recentemente**
I remain **rimango [rimanere], resto [-are]**
right away **subito, immediatamente**
Saint's day **l'onomastico** *(m)*
school term **il trimestre**
season **il stagione**
in season *(fruit)* **di stagione**
seldom **raramente**
several **diversi, parecchi**
several times **diverse volte**
short **corto**
(in the) short term **a breve termine**
shortly **presto, tra poco, fra poco**
since then **da allora**
slow **lento**
my watch is slow **il mio orologio ritarda (di)**
sometime **qualche volta**
sometimes **a volte**
soon **fra poco**
sooner or later **prima o poi, presto o tardi**
I stay **resto [-are], rimango [rimanere]**
still **ancora**
I stop (doing) **smetto [-ere] (di +inf)**
suddenly **all'improvviso, di colpo**
sunrise **l'alba** *(f)*, **l'aurora** *(f)*
at sunrise **all'alba, all'aurora**
sunset **il tramonto**
at sunset **al tramonto**
I take (an hour) **ci metto [-ere] (un'ora)**

– Hello Pietro, Gianni Rossi here/speaking. I have been working on this project for a few days. Have you finished yours yet? Call me this afternoon.

– Pronto, Pietro? Sono Gianni Rossi. Lavoro a questo progetto da alcuni gioni. Hai già finito il tuo?
Richiamami questo pomeriggio.

– Hello, Gianni, Pietro here/ speaking. Thank you for yesterday's call. Sorry I couldn't call then. I had only got back from London a quarter of an hour earlier.

– Pronto, Gianni? Sono Pietro. Grazie per la telefonata di ieri. Scusa se non ho potuto richiamare – ero appena ritornato da Londra da un quarto d'ora.

After getting back I spent a long time with Anna; she thinks the project will take all month.

Dopo essere rientrato ho parlato a lungo con Anna – lei pensa che il progetto durerà tutto il mese.

We should start on the work at the beginning of June. We can then get it done in good time.

Dovremmo cominciare il lavoro all'inizio di giugno. Possiamo allora terminarlo.

it takes (an hour)   **ci vuole [volere] (un'ora)**

then *(next)*   **poi, allora**

then *(at that time)*   **all'epoca, a quel tempo**

till   **fino a**

time *(in general)*   **il tempo**

time *(occasion)*   **il momento**

at any time   **in qualsiasi momento**

at other times   **in altri momenti**

at the same time   **allo stesso momento/tempo**

from time to time   **di quando in quando**

for a long time   **per molto tempo, a lungo**

in good time   **con (buon) anticipo**

a long time ago   **molto tempo fa**

the whole time   **tutto il tempo**

time zone   **il fuso orario**

twice   **due volte**

until   **fino a, sino a**

usually   **di solito, usualmente**

I wait   **attendo [-ere], aspetto [-are]**

week   **la settimana**

this week   **questa settimana**

weekly   **settimanalmente**

weekday   **il giorno feriale**

weekend   **il fine settimana**

when   **quando, nel momento in cui**

whenever   **ogni volta che**

while *(conj)*   **mentre, invece**

year   **l'anno** *(m)*

yearly   **annualmente**

yet   **ancora**

not yet   **non ancora**

– Last Friday the train was late and you didn't get there till a quarter to/before three.

– I'll make it by three at the latest. How long does your bus take?

– Half an hour.

– If I'm late, you can have a coffee till I get there.

– I don't want to spend all afternoon drinking coffee. Then there will be no time left for shopping.

– You're sometimes late too.

– Yes, but only in bad weather.

– Last week I had to wait for twenty minutes.

– Venerdì scorso il treno era in ritardo e tu non sei arrivato che alle 14.45.

– Ce la farò per le quindici al massimo. Quanto ci mette il tuo autobus? – Mezz'ora.

– Se sono in ritardo, prendi un caffè mentre aspetti.

– Non voglio passare tutto il pomeriggio a bere caffè. Poi non ci sarà più tempo per fare gli acquisti.

– Anche tu sei in ritardo a volte.

– Sì, ma solo quando c'è maltempo.

– La settimana scorsa ho dovuto aspettare per oltre venti minuti.

3b The time, days & date

The time of day

a.m. **di mattina**
morning **la mattina**
   in the morning **di mattina**
   in the mornings **durante la mattina, in mattinata**
   early in the morning **la mattina presto**
noon **mezzogiorno**
afternoon **il pomeriggio**
   in the afternoon **di pomeriggio**
   in the afternoons **nel pomeriggio, durante il pomeriggio**
p.m. **di sera**
evening **la sera**
   in the evening **di sera**
   in the evenings **durante la sera, in serata**
night **la notte**
   at night **la notte, di notte**
midnight **mezzanotte**
   at midnight **a mezzanotte**

today **oggi**
   today week **fra una settimana (sette giorni)**
tomorrow **domani**
   tomorrow morning **domani mattina, domattina**
   tomorrow afternoon **domani pomeriggio**

tomorrow evening **domani sera**
the day after tomorrow **dopodomani**
tonight **stasera, questa sera**
yesterday **ieri**
   yesterday morning **ieri mattina**
   yesterday evening **ieri sera**
   the day before yesterday **l'altro ieri**

Telling the time

second **il secondo**
minute **il minuto**
hour **l'ora** *(f)*
   half an hour **mezz'ora**
   in an hour's time **fra un'ora**
   hourly **ogni ora**
quarter **il quarto**
   quarter of an hour **il quarto d'ora**
   three quarters of an hour **tre quarti d'ora**
   quarter past/after (two) **(le due) e un quarto**
   quarter to/of (three) **(le tre) meno un quarto**
half past (two) **(le due) e mezzo**
half past twelve **mezzogiorno** *(m)* **e mezza** *(f)*, **la mezza** *(fam)*
17:45 **le diciassette e quarantacinque**
five past/after six **le sei e cinque**
five to/of six **le sei meno cinque**

 – What's the date today?
 – A moment please! Ah, yes, the twenty-first of January.
 – What time does the film/movie start this evening?
 – 20:00 hours.
 – How long does it last?
 – One and a half hours.

 – **Che giorno è oggi?**
 – **Un momento, per favore! Ah sì, il ventun gennaio.**
 – **A che ora comincia il film questa sera?**
 – **Alle venti.**
 – **Quanto dura?**
 – **Un'ora e mezza.**

two a.m. **le due di mattina**
eight a.m. **le otto di mattina**
two p.m. **le due del pomeriggio**
eight p.m. **le otto di sera**
12:00 noon **mezzogiorno**
12:00 midnight **mezzanotte**

*The days of the week**

Monday **lunedì**
Tuesday **martedì**
Wednesday **mercoledì**
Thursday **giovedì**
Friday **venerdì**
Saturday **sabato**
Sunday **domenica** *(f)*

*The months**

January **gennaio**
February **febbraio**
March **marzo**
April **aprile**
May **maggio**
June **giugno**
July **luglio**
August **agosto**
September **settembre**
October **ottobre**
November **novembre**
December **dicembre**

The seasons

spring **la primavera**
  spring *(adj)* **primaverile**
summer **l'estate** *(f)*

summer *(adj)* **estivo**
autumn/fall **l'autunno** *(m)*
  autumn/fall *(adj)* **autunnale**
winter **l'inverno** *(m)*
  winter *(adj)* **invernale**
in spring **in primavera**
in summer **in estate**
in autumn **in autunno**
in winter **in inverno**

The date

last Friday **venerdì scorso**
on Tuesday **(di) martedi**
on Tuesdays **il martedì**
by Friday **entro venerdì**
the first of January **il primo
  gennaio**
on the third of January **il tre
  gennaio**
in (the year) 2000 **nel 2000**
1st January/January 1st, 1994 **1
  gennaio, 1994**
1.1.1994 **1-1-1994**
at the end of 1999 **alla fine del 1999**
by the end of 1999 **entro la fine
  del 1999**
at the beginning (of July) **all'inizio
  (di luglio)**
by the beginning (of July) **entro
  l'inizio (di luglio)**
in December **a dicembre**
in mid/the middle of January **a
  metà gennaio**
at the end of March **a fine marzo**

We're going on holiday/vacation next week. In five days we'll be in Sardinia.The flight only lasts a short time, but in 1993 we had to wait a long time at the airport. We got there three hours late.

Anyway, I'll call you as soon as we get there.

Andiamo in ferie la settimana prossima. Fra 5 giorni saremo in Sardegna. Il volo dura solo per poco tempo, ma nel 1993 abbiamo dovuto aspettare a lungo all'aeroporto – siamo arrivati con tre ore di ritardo. Comunque, ti telefono appena arriviamo.

* All days (except **la domenica**) and months are masculine.

④ How much? — expressions of quantity

4a Length and shape

angle   l'angolo *(m)*
area   l'area *(f)*, la superficie
big   grande
centre/center   il centro
concave   concavo
convex   convesso
curved   curvo
deep   profondo
degree   il grado
depth   la profondità
diagonal   diagonale
distance   la distanza
I draw   traccio [-are]
height   l'altezza *(f)*, l'altitudine *(f)*
high   alto
horizontal   orizzontale
large   largo
length   la lunghezza
line   la linea
long   lungo
low   basso
it measures   misura [-are]
narrow   stretto

parallel   parallelo
perpendicular   perpendicolare
point   il punto
round   rotondo
ruler   il righello
shape   la forma
short   corto
size   la misura
small   piccolo
space   lo spazio
straight   dritto
tall   alto
thick   spesso
thin   sottile
wide   largo
width   la larghezza

Shapes

circle   il cerchio, il circolo
circular   circolare
cube   il cubo
cubic   cubico
cylinder   il cilindro

You need a straight ruler and pencil. Measure the space and then draw a plan.
Leave room for some vegetables.

The distance from the house to the fence is 12 metres/meters.

– How high is the tree? – About 5 metres/meters.

Hai bisogno di un righello e di una matita.Prendi le misure e poi disegna una pianta.
Lascia un po' di spazio per qualche ortaggio.
Le distanze tra la casa e il recinto è di dodici metri.

– Quanto è alto l'albero? – Circa cinque metri.

cylindrical **cilindrico**
hectare **l'ettaro** *(m)*
pyramid **la piramide**
rectangle **il rettangolo**
  rectangular **rettangolare**
sphere **la sfera**
  spherical **sferico**
square **il quadrato**
  square *(adj)* **quadrato**
triangle **il triangolo**
triangular **triangolare**

Units of length

centimetre/centimeter **il centimetro**
foot **il piede**
inch **il pollice**
kilometre/kilometer **il chilometro**
metre/meter **il metro**
mile **il miglio, le miglia** *(pl)*
millimetre/millimeter **il millimetro**
yard **la iarda**

Expressions of quantity

about **circa**
almost **quasi**
approximate **approssimativo**
approximately **circa, approssimativamente**
as much as **quanto**

at least **almeno**
capacity **la capacità**
it contains **contiene [contenere]**
cubic capacity **la capacità cubica**
it decreases **diminuisce [-ire]**
difference **la differenza**
empty **vuoto**
I empty **svuoto [-are], vuoto [-are]**
enough **sufficiente**
I fill **riempio [-ire]**
full (of) **pieno (di)**
hardly **appena**
increase **l'aumento** *(m)*, **l'incremento** *(m)*
it increases **aumenta [-are]**
little **poco**
  a little **un po', un poco**
a lot (of) **molto, tanto**
I measure **misuro [-are]**
measuring tape **il metro**
more **ancora, più**
nearly **quasi**
number **il numero**
part **la parte**
quantity **la quantità**
sufficient **sufficiente**
too much **troppo**
volume **il volume**
whole **totale, completo, intero**

The shed will be at an angle of about 40 degrees to the house, diagonally across from the gate.

Il capannore sara' a un angolo di circa quaranta gradi dalla casa, in direzione diagonale dal giardino.

The area of our garden is 100 square metres/meters. It is 10 metres/meters long and 10 wide, so it is a square.
We put a round pond in, only 80-100 centimetres/centimeters deep.

Il nostro giardino misura 100 metri quadrati. È lungo 10 metri e largo 10; è quindi un quadrato.

Ci mettiamo uno stagno rotondo, di soli 80-100 centimetri di profondità.

➤ CALCULATIONS 4d

4b Measuring

Expressions of volume

bag **la borsa**
bottle **la bottiglia**
box **la scatola**
container **il recipiente**
cup **la tazza**
gallon **il gallone**
glass **il bicchiere**
litre/liter **il litro**
    centilitre/centileter **il centilitro**
    millilitre/milliliter **il millilitro**

pack **il pacco**
    packet **la confezione**
    packet(small) **il pacchetto**
pair **il paio, le paia** *(fpl)*
piece **il pezzo**
pint **la pinta**
portion **la porzione**
pot **il vaso**
sack **il sacco, il sacchetto**
tube **il tubo**

– How many centilitres/centiliters are there in the bottle?
– 75, but you can also get it in litre/liter bottles.

– Quanti centilitri ci sono nella bottiglia?
– 75, ma si può comprare una bottiglia da un litro.

– Would you like a cup of tea?
– No, I would prefer a glass of water.

– Vuole una tazza di tè?
– No qrazie, preferirei un bicchiere d'acqua.

Could I have two packets of tissues and a tube of aspirin, please?

Vorrei due pacchi di fazzoletti di carta e un tubo di aspirina, per favore.

– What is the volume of water in the swimming pool?
– 10,000 gallons, that is about 45,000 litres/liters.

– Qual è il volume d'acqua nella piscina?
– 10.000 galloni, cioè circa 45.000 litri.

– How much wood do you want?
– Enough for the whole fence.
I must not buy too much. Yes, that should be sufficient. Give me a bag of cement too.

– Quanto legno vuole? – –
Sufficiente per tutta la cancellata. Non devo comprarne troppo. Sì, quello dovrebbe essere sufficiente. Mi dia anche un sacco di cemento, per favore.

Temperature

it boils	**bolle [-ire]**
I chill	**raffreddo [-are]**
cold	**il freddo**
cold *(adj)*	**freddo**
cool	**fresco**
I cool down	**rinfresco [-are]**
degree	**il grado**
I freeze	**congelo [-are]**
heat	**il calore, il gran caldo**
I heat	**scaldo [-are], riscaldo**
I heat (the house)	**scaldo la casa [-are]**
hot	**caldo**
temperature	**la temperatura**
I warm (up)	**riscaldo [-are]**
warmth	**il calore**

Weight and density

dense	**denso**
density	**la densità**
gramme/gram	**il grammo**
heavy	**pesante**
kilo	**il chilogrammo**
light	**leggero**
mass	**la massa**
ounce	**l'oncia** *(f)*
pound *(lb)*	**la libbra** *(f)*
scales/balance	**la bilancia**
ton(ne)	**la tonnellata**
I weigh	**peso [-are]**
weight	**il peso**

It's so hot! What's the temperature? It must be nearly 30 degrees. I am too hot.

Fa così caldo! Quanti gradi ci sono? Ci saranno quasi trenta gradi. Ho troppo caldo.

In winter it's cold here. We all freeze in this house and have to put the heating on in October. When the temperature reaches zero we have to light two fires.

In inverno, qui fa freddo. Abbiamo tutti così freddo in questa casa che dobbiamo accendere il riscaldemento in ottobre. Quando la temperatura tocca lo zero dobbiamo accendere due camini.

– Let's weigh out the ingredients. How many gram(me)s of sugar do we need?
– I want a pound – that must be about 500 gram(me)s.

– Pesiamo gli ingredienti? Quanti grammi di zucchero occorrono?
– Ne voglio una libbra, dovrebbe essere circa cinquecento grammi.

I need a little flour and a lot of sugar. Give me a piece of butter – half a packet will do.

Mi occorre un po' di farina e molto zucchero. Mi dia un po' di burro – metà panetto dovrebbe bastare.

– That's too little. We need even more cakes. Make a bit more.

– Così è troppo poco. Abbiamo bisogno di altre torte. Ne faccia un po' di più.

4c Numbers

Cardinal numbers

zero	**zero**
one	**uno**
two	**due**
three	**tre**
four	**quattro**
five	**cinque**
six	**sei**
seven	**sette**
eight	**otto**
nine	**nove**
ten	**dieci**
eleven	**undici**
twelve	**dodici**
thirteen	**tredici**
fourteen	**quattordici**
fifteen	**quindici**
sixteen	**sedici**
seventeen	**diciassette**
eighteen	**diciotto**
nineteen	**diciannove**
twenty	**venti**
twenty-one	**ventuno**
twenty-two	**ventidue**
twenty-nine	**ventinove**

thirty	**trenta**
thirty-one	**trentuno**
thirty-two	**trentadue**
thirty-three	**trentatre**
forty	**quaranta**
forty-one	**quarantuno**
forty-two	**quarantadue**
fifty	**cinquanta**
sixty	**sessanta**
seventy	**settanta**
eighty	**ottanta**
ninety	**novanta**
a hundred	**cento**
a hundred and one	**cento uno**
two hundred	**duecento**
five hundred	**cinquecento**
a thousand	**mille**
one thousand two hundred	**milleduecento**
two thousand	**duemila**
million	**un milione**
two million	**due milioni**
milliard/billion *(US)*	**un miliardo**
billion	**un bilione**

Half of the house belongs to my brother. We divided it between us. However, he only pays a quarter of the costs as I let/rent my half out in summer.

La metà della casa è di mio fratello. La dividiamo tra noi due. Comunque lui paga solo un quarto delle spese, visto che io do in affitto la mia metà in estate.

– How old are you?
– (I am) thirty.

– Quanti anni hai?
– (Me ho) trenta.

Ordinal numbers

first	**primo**
second	**secondo**
third	**terzo**
fourth	**quarto**
fifth	**quinto**
sixth	**sesto**
seventh	**settimo**
eighth	**ottavo**
ninth	**nono**
tenth	**decimo**
nineteenth	**diciannovesimo**
twentieth	**ventesimo**
twenty-first	**ventunesimo**
hundredth	**centesimo**

Nouns

one **uno**
   unit **la unità**
a couple **un paio**
ten **dieci**
   tens (of) **decine (di)**
a dozen **la dozzina**
about fifteen/a fortnight **una quindicina**
hundred **cento**
   about a hundred **un centinaio**
   hundreds of **centinaia di**
about a thousand **un migliaio**

Writing numerals

1,000	**1000**
1,525,750	**1.525.750**
1st	**1º**
2nd	**2º**
1.56	**1,56**
.05	**0,5**

Fractions

half **mezzo, metà**
   a half **una metà**
   one and a half **uno e mezzo**
   two and a half **due e mezzo**
quarter **il quarto**
a quarter **un quarto (di)**
a third **un terzo**
a fifth **un quinto**
five and five sixths **cinque e cinque sesti**
a tenth **un decimo**
a sixth **un sesto**
a hundredth **un centesimo**

Years

1990 **il millenovecentonovanta**
in 1962 **nel millenovecentosessantadue**
in '79 **nel settantanove**
the sixties **gli anni sessanta**

– You can't all have half a bar of chocolate.
There is only enough for a quarter each.
And a quarter of a litre/liter of apple juice.
– I don't want a quarter, I want a half.

– **Non potete avere tutti mezza tavoletta di cioccolata.**
Ce n'è solo abbastanza per un quarto a testa.
E un quarto di litro di succo di mela a testa.
– **Non ne voglio un quarto, ne voglio metà.**

4d Calculations

addition **la somma, l'addizione** (f)
I add **aggiungo [-ere]**
average **la media**
  on average **in media**
I average out **faccio [fare] la media**
I calculate **calcolo [-are]**
calculation **il calcolo**
calculator **la calcolatrice**
I correct **correggo [-ere]**
I count **conto [-are]**
data **i dati** (pl)
  piece of data **l'informazione** (f) **di dati**
decimal **decimale**
  decimal point **la virgola**
diameter **il diametro**
digit **la cifra**
  two digits **due cifre**
I double **raddoppio [-are]**
division **la divisione**

I divide by **divido [-ere] per**
  six divided by two **sei diviso per due**
it equals **è uguale [-ere] a, equivale [-ere] a**
three times four equals twelve **tre (moltiplicato) per quattro fa [fare] dodici**
equation **l'equazione** (f)
it is equivalent to **è uguale a**
I estimate **valuto [-are]**
even **pari**
figure **la cifra**
graph **il grafico**
is greater than **è superiore a**
is less than **è minore di**
maximum **il massimo**
  maximum (adj) **massimo**
  up to a maximum of **per un massimo di**
medium **medio**

An inch is the same as 2.54 cm, and there are twelve inches in a foot, 36 in a yard. A mile is 1760 yards. A kilometre/kilometer is 1000 metres/meters.

Un pollice è uguale a 2.54 centimetri, e ci sono dodici pollici in un piede e 36 in una iarda. Un miglio equivale a 1760 iarde. Un chilometro è 1000 metri.

What is 14 plus 8? It equals 22. Did you get the right result?

Quanto fa 14 più 8? Fa 22. Hai (ottenuto) il risultato corretto?

20 minus 5 is 15, 20 divided by 5 equals 4.

20 meno 5 fa 15, 20 diviso 5 fa 4.

Work out 12 times 22. That is an easy sum.

Moltiplica 12 per 22. È una moltiplicazione facile.

How do you work out the square root of a number?

Come si calcola la radice quadrata di un numero?

You have made a mistake there.

Hai fatto un errore qui.

minimum **il minimo**
    minimum *(adj)* **minimo**
minus **meno**
mistake/error **l'errore** *(m)*, **lo sbaglio**
multiplication **la moltiplicazione**
I multiply **moltiplico [-are]**
    three multiplied by/times two
    moltiplicare tre per due
negative **negativo**
number **il numero**
numeral **numerale**
odd **dispari**
percent **per cento**
    10% **10 per cento**
percentage **la percentuale**
plus **più**
    two plus two **due più due**
positive **positivo**
power **il potere**
    to the fifth **fino al quinto**
problem **il problema**
quantity **la quantità**

ratio **il rapporto**
    a ratio of 100:1 **il rapporto di 100 a 1**
result **il risultato**
solution **la soluzione**
I solve **risolvo [-ere]**
I square **elevo [-are] al quadrato**
square root **la radice quadrata**
    three squared **la radice cubica**
statistics **le statistiche**
statistical **statistico**
sum **la somma**
I subtract **sottraggo [-trarre]**
subtraction **la sottrazione**
symbol **il simbolo**
total **il totale**
    in total **in totale**
I treble **triplico [-are]**
triple **il triplo**
I work out **risolvo [-ere], elaboro [-are]**
wrong **sbagliato**

– I estimate that we have about 500 visitors a year.
– What percentage of visitors are local? – 20 percent.
– Have you got any statistics about it?

– Ritengo che avremo circa 500 visitatori all'anno.
– Quale percentuale di visitatori è della zona? – Il 20 percento.
– Hai delle statistiche al riguardo?

A snail travels at an average speed of 0.041 kilometres/kilometers per hour.

Una lumaca viaggia ad una velocità di 0,041 chilometri all'ora.

– In this game you add up your score over the week.

– In questo gioco devi sommare il tuo punteggio durante la settimana.

– What was the total score?
– I have a total of 500 points. To calculate the average, you add up the totals and divide by the number of games.

– Qual è stato il punteggio finale?
– Io ho ottenuto 500 punti. Per calcolare la media devi fare la somma dei totali e dividere per il numero dei giochi.

---

⑤ What sort of? – descriptions & judgements

5a Describing people

appearance **l'aspetto** *(m)*, **l'apparenza** *(f)*
attractive **attraente**
average **normale, medio**
bald **calvo**
beard **la barba**
he is bearded **ha [avere] la barba**
beautiful **bellissimo, magnifico**
beauty **la bellezza**
blond **biondo**
build **il fisico**
chic **elegante, alla moda**
clean-shaven **ben rasato**
clumsy **sgraziato**
complexion **la carnagione**
curly **riccio**
dark **scuro**
I describe **descrivo [-ere]**

description **la descrizione**
different (from) **diverso (da)**
elegant **elegante**
energy **l'energia** *(f)*
expression **l'espressione** *(f)*
fat **grasso**
features **i lineamenti** *(pl)*
feminine **femminile**
figure **la figura, il personale**
fit **in forma**
I frown **aggrotto [-are] le sopracciglia**
glasses **gli occhiali**
good-looking **bello, attraente**
I grow **cresco [-ere]**
hair **i capelli** *(pl)*
hairstyle **l'acconciatura** *(f)*, **la pettinatura** *(f)*

---

adolescence **l'adolescenza** *(f)*
adolescent **l'adolescente** *(m/f)*
age **l'età** *(f)*
elderly **anziano**
grown up/adult **l'adulto** *(m)*
grown up *(adj)* **maggiorenne**
middle-aged **di mezza età**

old **anziano**
older/elder **più anziano**
young **giovane**
young person **il giovane**
young people **i giovani**
youth **la gioventù**
youthful **giovanile**

I brush my hair **mi spazzolo [-are] i capelli**
I comb my hair **mi pettino [-are]**
I cut my hair **mi taglio [-are] i capelli**
I'm on a diet **sono [essere] a dieta**
I get fat **ingrasso [-are]**

I get thin **dimagrisco [-ire]**
I lose weight **perdo [-ere] peso**
I make up **mi metto [-ere] il trucco**
I put on weight **ingrasso [-are]**
I slim **dimagrisco [-ire]**
I wash my hair **mi lavo [-are] i capelli**

---

handsome **bello, di bell'aspetto**
heavy **pesante**
height **l'altezza** *(f)*
large **grande**
laugh **la risata**
I am left-handed **sono [essere] mancino**
light **leggero**
long-sighted **presbite**
I look like **assomiglio [-are] a**
I look well **ho [avere] un buon aspetto**
masculine **maschile**
moustache **i baffi** *(pl)*
neat **accurato**
neatness **l'accuratezza** *(f)*
obese **obeso**
I'm overweight **peso [-are] troppo**
paunch **la pancia**
physical **fisico**
plump **grassoccio**
pretty **grazioso, carino**
red-haired **con capelli rossi**
I am right-handed **uso [-ere] la mano destra**

scowl **lo sguardo minaccioso**
sex/gender **il sesso, il genere**
short **basso**
short-sighted **miope**
similar (to) **simile a**
similarity **la somiglianza**
size **la taglia, la misura**
slim/slender **sottile, esile**
small **piccolo**
smile **il sorriso**
spotty **foruncoloso, pieno di foruncoli**
stocky **corpulento**
strength **la forza**
striking **che fa colpo, bello**
strong **forte**
tall **alto**
thin **magro**
tiny **minuscolo**
trendy **alla moda**
ugly **brutto**
walk **l'andatura** *(f)*
wavy **ondulato**
I weigh **peso [-are]**
weight **il peso**

– What a wonderful family photo! Look at your father, he does look strange.
What's your uncle like? Can you describe him?
– He looks very like my father, but he wears glasses.
– Look, who's that tall fellow?
– That's my brother, with the beard. He's mad on keeping fit.
– What a pretty girl! Is that your cousin?

– Ben now is about 1 metre tall.
– He looks very well, but he's very thin.
– Yes, he only weighs 16 kilos.

– **Che meravigliosa foto di famiglia! Guarda tuo padre, ha un aspetto strano.**
Com'è tuo zio? Puoi descriverlo?
– **Assomiglia molto a mio padre, ma porta gli occhiali.**
– **Guarda, chi è quel tipo alto?**
– **È mio fratello, con la barba. È un fanatico della forma.**
– **Che ragazza carina! È tua cugina?**

– **Ben è alto circa un metro.**
– **Ha (un) buon aspetto ma è molto magro.**
– **Sì, pesa solo 16 chili.**

➤ THE SENSES 5b; DESCRIBING THINGS 5c; EVALUATING THINGS 5d

5b The senses

bitter **amaro**
bright **luminoso, chiaro, brillante**
bright *(light)* **intenso**
cold **freddo**
   cold **il freddo**
dark **scuro**
dark blue **blu scuro**
delicious **delizioso, squisito**
disgusting **disgustoso**
dull **ottuso, tardo**
I feel ... **sento [-ire]**
   it feels **sembra [-are]**
I hear **sento [-ire]**
hot **caldo**
light **la luce**
light *(colour/color)* **chiaro**
I listen **ascolto [-are]**
I look (at) **guardo [-are]**
loud **forte**
noise **il rumore**
noisy **rumoroso**
odour/odor **l'odore** *(m)*
opaque **opaco, oscuro**
perfume **il profumo**
perfumed **profumato**
quiet **tranquillo, calmo, taciturno**

rough **ruvido, scabro, tempestoso**
salty **salato**
I see **vedo [-ere]**
sense **il senso**
silence **il silenzio**
silent **silenzioso, taciturno, zitto**
   I am silent **sono silenzioso,**
   rimango [-ere] in silenzio
smell **l'odore** *(m)*, **l'olfatto** *(m)*
I smell **sento [-ire] odore di**
   it smells (of) **odora [-are] di,**
   puzza [-are] di
smelly **maleodorante, puzzolente**
soft *(sound)* **tenue, attenuato**
   soft *(texture)* **soffice**
sound **il suono, il rumore**
it sounds **suona [-are]**
   it sounds like **suona come**
sour **acido, aspro**
sticky **appiccicaticcio**
sweet **dolce, amabile**
taste **il sapore, il gusto**
I taste **assaggio [-are]**
it tastes (of) **ha [avere] sapore di,**
   sa [-ere] di
tepid **tiepido**

– What colour/color are you painting the living room? – Pale bluey-green.
– And the bedroom? – Pale pink, with a dark stripe.

– In che colore dipingi il soggiorno? – Verde-blu chiaro.
– E la camera da letto? – Rosa chiaro con striscie scure.

The jam tastes of fruit but is very bitter.

La marmellata sa di frutta, ma è molto amara.

Don't touch that book, your hands are all sticky.

Non toccare quel libro, hai le mani tutte appiccicose.

The children are so noisy. I wish they would play more quietly.

I bambini sono così rumorosi. Se solo giocassero senza strepito.

I touch **tocco [-are]**
touch **il tocco**
transparent **trasparente**
visible (in-) **(in)visibile**
warm **caldo, cordiale**
warmth **il calore, la cordialità**

Common parts of the body

arm **il braccio, le braccia** *(fpl)*
back **la schiena**
body **il corpo**
chest **il petto**
ear **l'orecchio** *(m)*, **le orecchie**
 (fpl)

eye **l'occhio** *(m)*
face **la faccia, il viso**
hand **la mano**
head **la testa, il capo**
leg **la gamba**
mouth **la bocca**
neck **il collo**
neck (back of) **la nuca**
nose **il naso**
shoulder **la spalla**
stomach **il stomaco, la pancia**
tooth **il dente**

Colours/Colors

beige **beige**
black **nero**
blue **blu**
brown **marrone**
brownish **marroncino**
cream **color crema**
gold **oro**
green **verde**
grey/gray **grigio**
maroon **rossiccio**

orange **arancio**
pink **rosa**
purple **porpora** *(invar)*
red **rosso**
scarlet **scarlatto**
silver **argento**
turquoise **turchese**
violet **violetto, viola**
white **bianco**
yellow **giallo**

Their cousin is always very quiet. He hardly says anything.

– What's in that bag? It feels hard.

– Let me feel … It's a bottle. What's in it?
– It looks like orange juice.
– I'll taste it … it's disgusting. It tastes of oranges but it's too sweet.

Il loro cugino è sempre molto taciturno. Parla a malapena.

– Cosa c'è in quella borsa? Sembra dura al tatto.
– Fammi toccare … È una bottiglia. Cosa contiene?
– Sembra succo d'arancia.
– Lo assaggio … È disgustoso. Ha gusto d'arancia, ma è troppo dolce.

5c Describing things

broad **largo, ampio**
broken **rotto**
appearance **l'aspetto** *(m)*,
  l'apparenza *(f)*
clean **pulito**
closed **chiuso**
colour/color **il colore**
colourful/colorful **colorato,**
  variopinto
damp **umido**
deep **profondo**
depth **la profondità**
dirt **la sporcizia**
dirty **sporco**
dry **secco**
empty **vuoto**
enormous **enorme**
fashionable **alla moda**
fat **grasso**
firm **solido, compatto**

flat **piatto**
flexible **flessibile**
fresh **fresco**
full (of) **pieno (di)**
genuine/real **genuino, vero**
hard **duro**
height **l'altezza** *(f)*
kind **il tipo**
large **grande**
liquid **liquido**
little **piccolo**
long **lungo**
it looks like **sembra [-are]**
low **basso**
main **maggiore, principale**
material **la stoffa**
  material *(adj)* **materiale**
it matches **armonizza [-are] (con)**
matter **la faccenda, l'affare** *(f)*
moist **umido, madido**

Ten questions

What's that thingummyjig? **Cosa**
  è quel coso?
What's it for? **A cosa serve?**
What do you use it for? **A cosa**
  ti serve?
Can you see it? **Puoi vederlo?**
What's it like? **Com'è?**
What does it look like? **A cosa**
  assomiglia?

What does it smell of? **Che**
  profumo ha?
What colour is it? **Di che colore**
  è?
What kind of thing is it? **Che tipo**
  di cosa è?
What does it taste of? **Che**
  sapore ha?

– All the chairs are too low.

Both the two cupboards are too
high.
– Fetch a ladder. – Which one?
This one?
– No, that one there.

– Tutte le sedie sono troppo
basse.

Entrambe le dispense sono
troppo alte.
– Prendi una scala. – Quale?
Questa?
– No, quella là.

mouldy/moldy **ammuffito**
narrow **stretto**
natural **naturale**
new **nuovo**
open **aperto**
out of date **scaduto**
painted **dipinto**
pale **pallido, chiaro**
pattern **il disegno**
patterned **a disegni**
plump **paffuto, pienotto**
resistant **resistente**
rotten **marcio, fradicio**
shade **ombra**
shallow **poco profondo,
  superficiale**
shiny **brillante, lucido**
short **corto**
shut **chiuso**
small **piccolo**
smooth **liscio**
soft *(texture)* **soffice, morbido**

solid **solido**
soluble **solubile**
sort **il tipo**
spot **il punto, la macchia**
spotted **macchiato, chiazzato**
stain **la macchia**
stained **macchiato**
stripe **la striscia**
striped **a striscie**
subsidiary **sussidiario, ausiliario**
substance **la sostanza,
  l'essenza** *(f)*
synthetic **sintetico**
thick **spesso**
thing **la cosa**
thingummyjig **l'affare** *(m)*, **il coso**
tint **la tinta**
varied **vario**
water-proof **impermeabile**
wet **bagnato**
wide **largo, ampio**

The fridge/refrigerator is empty and the sink full of water. Those dirty cups there need washing.

Il frigorifero è vuoto e il lavello pieno d'acqua. Si devono lavare quelle tazze sporche.

– I am looking for a striped material, something to match my coat.
– This is a genuine natural material, soft and thick. That is a synthetic material; it feels smooth but the colours/colors are harsh.
– Have you nothing else? Something cheaper?
– No, we haven't anything cheaper.

– Cerco una stoffa a strisce, qualcosa che armonizzi con il cappotto.
– Questa è vera stoffa naturale, morbida e spessa. Quella è una stoffa sintetica, è morbida al tatto ma i colori sono violenti.
– Non ha nient'altro? Qualcosa di più economico?
– No, non abbiamo nient'altro di più a buon mercato.

5d Evaluating things

abnormal **anormale**

I adore **adoro [-are]**

all right *(adv)* **bene**
  it is all right **va bene, può andare**

appalling **spaventoso**

bad **cattivo**

beautiful **bellissimo, magnifico**

best **il migliore**

better **migliore**
  better *(adv)* **meglio**

cheap **a buon mercato, economico**

correct **corretto, esatto**

it costs **costa [-are]**

delicious **delizioso, squisito**

I detest **detesto [-are], odio [-are]**

difficulty **la difficoltà**

difficult/hard **difficile, duro**

disgusting **disgustoso**

I dislike **non mi piace [-ere]**

I enjoy **mi piace [-ere], godo [-ere]**

easy **facile**

essential **essenziale**

excellent **eccellente**

expensive **caro, costoso**

I fail **fallisco [-ire]**

failure **il fallimento, il fiasco**

false **falso**

fine **bello, bravo, fine, aguzzo**
  fine *(adv)* **bene**

good **buono**

good value **a prezzo conveniente**

great/terrific **straordinario**

I hate **odio [-are]**

hate **l'odio** *(m)*

high **alto**

important (un-) **importante (senza importanza)**

---

a bit **un pò, un poco**

enough **abbastanza**

extremely **estremamente**

fairly **discretamente**

hardly ... at all **difficilmente, appena**

little **poco**
  a little **un poco, un po'**

a lot **molto**

much (better) **(molto) meglio**

not at all **affatto**

particularly **particolarmente**

quite **abbastanza**

rather **piuttosto**

really **veramente, davvero**

so **così**

too (good) **troppo (buono)**

very **molto**

How do you like our neighbour's garden/neighbor's lawn? We do not like it at all.

Ti piace il giardino del vicino? A noi non piace affatto.

I wish he would throw away that broken table.

Se solo buttasse via quel vecchio tavolo!

I fear he's not a very successful gardener. His vegetables are a complete failure.

Temo non abbia il pollice verde. I suoi ortaggi sono un fiasco completo.

incorrect **inesatto**
interesting (un-) **(non)
interessante**
I like **mi piace [-ere]**
mediocre **mediocre**
necessary (un-) **necessario
(superfluo)**
normal **normale**
order **ordine**
   in order to **allo scopo di**
   out of order **fuori uso**
out of date **scaduto**
ordinary **normale**
pleasant (un-) **piacevole,
(s)gradevole**
poor **povero**
practical (im-) **(in)attuabile**
I prefer **preferisco [-ire]**
quality **la qualità**
   top quality **la migliore qualità**
   poor quality **la qualità
mediocre**

right **giusto, corretto**
strange **strano**
I succeed **riesco [riuscire] (a)**
success **il successo**
successful **di successo, riuscito**
true **vero, autentico**
I try **provo [-are], tento [-are]**
ugly **brutto**
unsuccessful **non riuscito, vano**
I use **uso [-are]**
use **l'uso** *(m)*
useful **utile**
useless **inutile**
well **bene**
worse **peggiore**
   worse *(adv)* **peggio**
worst **il peggiore**
I would rather **preferisco [-ire]**
wrong **sbagliato, falso**

I tried to ring/call you yesterday, but the telephones were out of order.

Ho cercato di telefonarti ieri, ma il telefono non funzionava.

– Do you enjoy going to the cinema/movies?

– Ti piace andare al cinema?

– Yes, I particularly enjoyed last week's film/movie.

– Sì, mi è particolarmente piaciuto il film la settimana scorsa.

The new play is extremely interesting. I prefer going to the theatre/theater than to the cinema/ movies.

La nuova commedia è estremamente interessante. Preferisco andare a teatro che al cinema.

– Did you succeed in finding something less expensive?
– Yes, this dress is particularly good value. And it's better quality.

**– Sei riuscito a trovare qualcosa di meno costoso?
– Sì, questo vestito è particolarmente a buon prezzo. E la qualità è migliore.**

5e Comparisons

Regular comparatives & superlatives

happy **felice**
  happier **più felice**
  happiest **il più felice**

Irregular comparatives and superlatives

bad **cattivo**
  worse **più cattivo, peggiore**
  worst **il peggiore, pessimo**

big **grande**
  bigger **più grande, maggiore**
  biggest **il maggiore, massimo**
good **buono**
  better **più buono, migliore**
  best **il migliore, ottimo**
high **alto**
  higher **più alto, superiore**
  highest **il più alto, altissimo**
small **piccolo**
  smaller **più piccolo, minore**
  smallest **il minore, minimo**

Look at the children! Peter, our eldest son, is now the tallest. He's best at football/soccer, too. That's what he enjoys best.

John is now almost as tall as Peter, and he really is too fat. He prefers to swim.

The smallish boy over there is Alan. He is quite small compared with the others, but on the other hand very confident. He behaves less well than his brother.

John has eaten the largest cake. He gets larger and larger.

Guarda i bambini! Pietro, il maggiore, è ora il più alto. È anche il migliore nel calcio. È la cosa che preferisce di più.

Gianni è ora quasi alto come Pietro. Ed è veramente troppo grasso. Preferisce nuotare.

Quel piccolino laggiù è Alan. È piuttosto piccolo rispetto agli altri, d'altra parte è molto sicuro di sè. Si comporta meno bene di suo fratello.

Gianni ha mangiato la torta più grande. Sta diventando sempre più grasso.

5f Materials

acrylic **l'acrilico** *(m)*	**artificiale**
brick **il mattone**	material **il tessuto, la stoffa**
cardboard **il cartone**	metal **il metallo**
cashmere **il cachemire**	mineral **il minerale**
cement **il cemento**	nylon **il nailon**
chiffon **lo chiffon**	oil **l'olio** *(m)*, **il petrolio**
china **la porcellana**	paper **la carta**
concrete **il cemento armato, il calcestruzzo**	plastic **la plastica**
	polyester **il poliestere**
corduroy **il velluto a coste**	pottery **la ceramica**
cotton **il cotone**	satin **il raso**
crepe **il crespo**	silk **la seta**
denim **il tessuto jeans**	silver **l'argento** *(m)*
felt **il feltro**	steel **l'acciaio** *(m)*
flannel **la flanella**	stone **la pietra**
gas **il gas**	terylene **il terilene**
glass **il vetro**	towelling **il tessuto di spugna**
gold **l'oro** *(m)*	velvet **il velluto**
iron **il ferro**	viscose **la viscosa**
lace **il pizzo**	wood **il legno**
leather **il cuoio, la pelle**	wooden **di legno**
linen **il lino**	wool **la lana**
man-made fibre/fiber **la fibra**	woollen/woolen **in/di lana**

Have you seen our latest products? They are just as cheap as the competition.	**Ha visto i nostri ultimi prodotti? Sono altrettanto economici di quelli della concorrenza.**
We can't ask a higher price, as the greatest demand is for the cheaper product.	**Non possiamo chiedere un prezzo più alto, in quanto la maggiore domanda è per i prodotti più economici.**
Which dress would you like? Silk is softer than wool, but it costs a lot. Cotton is cheapest.	**Quale vestito preferisci? La seta è più morbida della lana, ma costa molto. Il cotone è il più economico.**

➤ CLOTHES 9c; COMPOUNDS & ALLOYS, CHEMICAL ELEMENTS App. 23b

⑥ The human mind & character

6a Human character

active **attivo**
I adapt **mi adatto [-are]**
amusing **divertente**
I annoy **disturbo [-are], do [dare] fastidio**
bad **cattivo**
bad-tempered **irritabile, irascibile**
I behave **mi comporto [-are]**
behaviour/behavior **il comportamento**
I boast **mi vanto [-are]**
calm **tranquillo, calmo**
I care **mi importa [-are], ci tengo [-ere]**
careful **attento, prudente**
careless **trascurato, negligente**
character **il carattere, la personalità**
characteristic **caratteristico, tipico**
charming **attraente, incantevole, delizioso**
cheerful **allegro, di buon' umore**
clever **intelligente, furbo**
confident **sicuro di sé**
discipline **la disciplina**
dreadful **tremendo, spaventoso**

evil **malvagio**
I forget **(mi) dimentico [-are]**
forgetful **smemorato**
friendly (un-) **simpatico (antipatico)**
fussy **pignolo**
generous **generoso**
I get on (well) with **mi trovo [-are] bene con**
gifted **di gran talento, intelligente, dotato**
good **bravo, buono**
good-tempered **amabile**
habit **l'abitudine** *(f)*
hard-working **buon lavoratore, diligente**
I help **aiuto [-are]**
helpful **utile, servizievole**
honest (dis-) **(dis)onesto**
humour/humor **l'umore** *(m)*
humorous **divertente, spiritoso**
immorality **l'immoralità** *(f)*
impolite **maleducato, sgarbato**
innocent **innocente**
innocence **l'innocenza** *(f)*

Do you remember our neighbour/neighbor? He is a lazy fellow, but very gifted. He has a good sense of humour/humor.

Your colleague is very pleasant and helpful. She always appears to be relaxed and yet she is extremely hard working.

Ricordi il nostro vicino di casa? E' un tipo pigro, ma ha molto talento. Ha un gran senso dell'umorismo.

La tua collega è molto amabile e servizievole. Lei ha sempre un'aria distesa eppure è una grande lavoratrice.

intelligence **l'intelligenza** *(f)*
intelligent **intelligente**
kind (un-) **(non) gentile**
kindness **la cortesia, la gentilezza**
lazy **pigro**
laziness **la pigrizia**
lively **vivace**
mad **pazzo, matto**
manners **le maniere, il comportamento**
mental **mental**
mentally **mentalmente**
moral (im-) **(im)morale**
morality **la moralità**
morals **i valori morali/etici**
nervous **nervoso**
nice **simpatico**
I obey (dis-) **(dis)obbedisco [-ire]**
optimistic **ottimista**
patient (im-) **(im)paziente**
personality **la personalità**
pessimistic **pessimista**
pleasant **cordiale, simpatico**
polite **educato, garbato**
popular **popolare, benvoluto**
quality **la qualità**
reason **la ragione**
reasonable (un-) **(ir)ragionevole**
reliable (un-) **(in)affidabile**
respect **il rispetto, la stima**
I respect **rispetto [-are], tengo [tenere] in considerazione**

rude **maleducato**
sad **triste**
self-confidence **la sicurezza di sé**
self-esteem **la stima di sé**
sense **il senso**
common sense **il buonsenso**
good sense **il buon senso**
sensible **assennato**
serious **serio**
shy **timido**
skill **la capacità**
skilful **abile, capace, esperto**
sociable (un-) **(non) socievole**
strange **strano, bizzarro**
stupid **scemo, stupido**
stupidity **la stupidità, stupidaggine**
suspicious **sospettoso**
sympathetic **simpatico**
sympathy **la simpatia**
tactful **delicato, discreto**
tactless **indisceto**
talented **esperto, abile, capace**
temperament **il carattere**
temperamental **capriccioso**
I trust **ho [avere] fiducia in**
trusting **fiducioso**
warm **gentile, cordiale**
well-known **conosciuto**
wise **saggio**
wit **lo spirito, l'umorismo** *(m)*
witty **spiritoso**

The children have such different personalities. The eldest is very sensible and rather shy. Our daughter is more sociable and witty. The youngest is musically gifted but rather temperamental.

Mr Tristoloni is a serious person – I wish he looked less gloomy.

**I bambini hanno personalità talmente differenti. Il maggiore è molto assennato e piuttosto timido. Nostra figlia è più socievole e spiritosa. Il minore è dotato per la musica ma è piuttosto capriccioso.
Il Signor Tristoloni è una persona seria – io vorrei che avesse un aspetto meno lugubre.**

➤ THOUGHT PROCESSES 6c; EXPRESSING VIEWS 6d

6b Feelings & emotions

I am afraid (of) **ho [avere] paura di**

I am amazed (at) **mi stupisco [stupire] che**

amazement **la sorpresa, lo stupore**

I amuse **diverto [-ire], intrattengo [-ere]**

I amuse (myself) **mi diverto [-ire]**

amusement **il divertimento, lo svago**

anger **la rabbia**

angry **arrabbiato**

I am annoyed (at/about) **mi dà [dare] fastidio**

anxiety **l'ansia** (f), **l'ansietà** (f)

anxious **ansioso, inquieto**

I approve (of) **approvo [-are]**

I am ashamed (of) **mi vergogno [-are] di**

I am bored **sono annoiata**

boredom **la noia**

content (with) **contento (di)**

cross (with) **arrabbiato (con)**

delighted (about) **felice (di)**, **contentissimo**

I dislike **non mi piace [-ere]**

I dislike (person) **mi è antipatico**

dissatisfaction **l'insoddisfazione** (m), **la scontentezza**

dissatisfied (with) **scontento di**

embarrassed **imbarazzato**

embarrassment **l'imbarazzo** (m), **la confusione**

emotion **l'emozione** (m), **il sentimento**

emotional **emotivo**

I enjoy **mi piace [-ere]**

envy **l'invidia** (f)

envious (of) **invidioso di**

I feel **sento [-ire], provo [-are]**

I forgive **perdono [-are]**

forgiveness **il perdono**

I am frightened (of) **temo [-ere], ho [avere] paura di**

furious (about) **infuriato, furioso**

fussy **pignolo**

grateful **grato, riconoscente**

gratitude **la gratitudine, la riconoscenza**

– I worry about Helen. She cares for her mother, who is quite old and who has not adapted to life in town. She is often in a bad temper and very fussy.

– Does her sister help?

– Not much. She never approved of her mother remarrying and she does not feel very close to the family now.

– **Elena mi preoccupa. Accudisce alla madre, che è piuttosto anziana e che non si è abituata alla vita in città. Spesso è di cattivo umore e molto pignola.**

– **Sua sorella l'aiuta?**

– **Non molto. Non ha mai approvato che la madre si risposasse e ora non sente molto attaccamento alla famiglia.**

guilt **la colpa**
guilty **colpevole**
happiness **la contentezza, la felicità**
happy (about) **contento/felice (di)**
hate **l'odio** *(m)*
I hate **odio [-are]**
I have a grudge against him **ce l'ho [avere] con**
hope **la speranza**
I hope **spero [-are]**
hopeful **speranzoso**
idealism **l'idealismo** *(m)*
indifference **l'indifferenza** *(f)*
indifferent (to) **indifferente a**
 I am indifferent **mi è indifferente**
interest **l'interesse** *(m)*
jealous **geloso**
jealousy **la gelosia**
joy **la gioia**
joyful **pieno di gioia, gioioso, lieto**
I like **mi piace [-ere]**
love **l'amore** *(m)***, l'affetto** *(m)*
I love **amo [-are], voglio [-ere] bene a**
miserable (about) **infelice (di)**

misery **l'infelicità** *(f)*
mood **l'umore** *(m)***, lo stato d'animo**
 I'm in a good/bad mood **sono di buon/mal umore**
I prefer **preferisco [preferire]**
I regret **mi dispiace [-ere], mi pento [-ire]**
satisfaction **la soddisfazione**
satisfied (with) **soddisfatto**
surprise **la sorpresa**
I am surprised (at) **mi sorprende**
thankful **grato, riconoscente**
unhappy **infelice**
unhappiness **l'infelicità** *(f)*
I am upset (about) **sono [essere] addolorato/sconvolto**
I wonder (at) **mi stupisco [-ire], mi meraviglio [-are]**
 I wonder if **mi chiedo [-ere] se, chissà se**
worried (about) **preoccupato (di)**
worry **la preoccupazione**
I worry (about) **mi preoccupo [-are] di**
 it worries me **mi preoccupa**

I am really ashamed of my behaviour/behavior yesterday. I was so upset and worried. Please forgive me.

Mi vergogno moltissimo del mio comportamento ieri. Ero così sconvolta e preoccupata. Ti prego di scusarmi.

We are very fond of our uncle. He has many good qualities. He hates it when we thank him. It makes him incredibly embarrassed.

Vogliamo molto bene allo zio. Ha molte buone qualità. Detesta essere ringraziato. La cosa lo imbarazza incredibilmente.

The boss is in a bad mood. She is cross with her secretary. He is bored with the work and doesn't care less.

Il capo è di cattivo umore. E' arrabbiata con il segretario. Lui è stufo del lavoro e se ne infischia.

6c Thought processes

against **contro**
I am against **sono [essere] contro**
I analyze **analizzo [-are]**
analysis **l'analisi** *(f)*
I assume **suppongo [supporre]**
assuming that ... **supponendo che, dato per scontato che**
I base **baso [-are]**
basic **basilare, essenziale**
basically **fondamentalmente, sostanzialmente**
basis **la base**
belief **la credenza, la fede, l'opinione** *(m)*
I believe (in) **credo [-ere] (in)**
certainty **la certezza**
certain/sure **sicuro, certo**
I consider **considero [-are], ritengo [-ere]**
I consider it (to be) **lo considero**
consideration **la considerazione**
I take into consideration **prendo [-ere] in considerazione**
taking everything into consideration **tutto considerato**
context **il contesto**

on the contrary **al contrario**
controversial **controverso, discutibile**
I decide **decido [-ere] di**
decision **la decisione**
I determine **stabilisco [-ire], determino [-are]**
disbelief **l'incredulità** *(f)*
I disbelieve **non credo [-ere] a**
I distinguish **individuo [-are], distinguo [-ere]**
doubt **il dubbio**
I doubt **dubito [-are], sospetto [-ere]**
doubtful **dubbioso, indeciso**
doubtless/without a doubt **senza dubbio, indubbiamente**
exception **l'eccezione** *(f)*
evidence **le prove, la testimonianza**
evidently **chiaramente, evidentemente**
fact **il fatto**
in fact **infatti**
false **falso**
I am for it **sono [essere] a favore (di)**
I forbid **proibisco [-ire]**
hypothesis **l'ipotesi** *(f)*

– What is your conclusion?
– I would like to make our position clear from the beginning. In my opinion he is asking too much.
– I think you are wrong.
– No, I know that I am right.
– Can you justify that view? I believe that basically he will be for it.

– Qual è la sua conclusione?
– Io vorrei chiarire sin dall'inizio la nostra posizione. Secondo me chiede troppo.
– Penso che Lei abbia torto.
– No, so di avere ragione.
– Può giustificare quell'asserzione? Io credo invece che fondamentalemte lui accetterà.

implication **la conseguenza**
interesting **interessante**
issue **il problema, la questione**
I judge **giudico [-are]**
judgement **il giudizio**
justice **la giustizia**
I justify **giustifico [-are]**
I know **conosco [-ere]**
knowledge **la conoscenza, la sapienza**
logic **la logica**
logical **logico**
I memorize/learn by heart **imparraro [-are] a memoria**
memory **la memoria**
philosophy **la filosofia**
point of view **il parere, l'opinione** *(m)*, **il punto di vista**
I presume **suppongo [-porre], presumo [-ere]**
principle **il principio**
  in/on principle **per principio**
problem **il problema**
proof **la prova**
I prove **provo [-are] , dimostro [-are]**
I reason **affermo [-are], sostengo [-tenere], ragiono [-are]**
reason *(faculty)* **la ragione**
I recognize **riconosco [-ere], ammetto [-ere]**

I reflect **rifletto [-ere], considero [-are]**
relevant **pertinente**
I remember **(mi) ricordo [-are]**
right **giusto, esatto, corretto**
  I am right **ho [avere] ragione**
  it is right **è [essere] giusto**
I see **vedo [-ere]**
I solve **risolvo [-ere]**
solution **la soluzione**
I suppose **suppongo [-porre]**
theoretical **teoretico**
theory **la teoria**
  in theory **in teoria**
I think **penso [-are], credo [-ere], ritengo [-tenere]**
thought **il pensiero**
true **vero**
truth **la verità**
I understand **capisco [-ire], comprendo [-ere], intendo [-ere]**
understanding **la comprensione**
valid (in-) **(in)valido**
view **l'opinione** *(m)*, **il parere, l'asserzione** *(f)*
  in my view **a mio parere**
wrong **sbagliato**
  I am wrong **mi sbaglio [-are], ho [avere] torto**

– On the one hand we need to do more research. On the other hand we must cut the budget. In short, we cannot afford it right now.

– Da una parte dobbiamo fare ulteriori ricerche, dall'altra dobbiamo ridurre il bilancio. In breve, non possiamo permettercelo proprio ora.

– He probably wants us to decide at once. Perhaps we should, but in general I am against hasty action.

– Lui probabilmente vorrebbe che noi prendessimo una decisione immediata. Forse dovremmo, ma di regola io sono contrario alle decisioni affrettate.

6d Expressing views

I accept **accetto [-are]**
I agree **convengo [-venire], sono [essere] d'accordo**
I answer **rispondo [-ere]**
answer **la risposta**
I argue **discuto [-ere]**
argument **la discussione**
I ask **chiedo [-ere]**
I ask (a question) **faccio [fare] (una domanda)**
in brief **brevemente**
I contradict **contraddisco [-ire]**
I criticize **critico [-are]**
I define **definisco [-ire], chiarisco [-ire]**
definition **la definizione**
I deny **nego [-are]**
I describe **descrivo [-ere]**
description **la descrizione**
I disagree (with) **non sono [essere] d'accordo (con)**
I discuss **discuto [-ere]**
discussion **la discussione**
I maintain **sostengo [-tenere]**
I mean **voglio [-ere] dire**
opinion **l'opinione** (f)
in my opinion **a parere mio, secondo me**
question **la domanda**
a thorny question **una questione spinosa**
it is a question of **si tratta di, è una questione di**
I question **interrogo [-are]**
I say **dico [dire]**
I state **affermo [-are], dichiaro [-are]**
statement **l'affermazione** (f)**, la dichiarazione**
suggestion **il suggerimento**

beginning **l'inizio** (m)
from the beginning **dall'inizio**
I shall be brief **sarò breve**
I conclude **concludo [-ere]**
conclusion **la conclusione**
in conclusion **per concludere, in conclusione**
final **finale**
finally **infine**
firstly **prima di tutto, per cominciare**
furthermore **inoltre**
on the one hand **da una parte**
on the other hand **dall'altra parte**
initially **inizialmente**
lastly **per finire, per concludere**
at last **finalmente**
next (adv) **poi**
place **il luogo, il posto**
in the first place **in primo luogo**
in the second place **in secondo luogo**
in short **in breve**
I sum up **riassumo [-ere]**
summing up **riassumendo**

– What do you think of the speaker?
– In my opinion he did not consider the basic problem. I would have liked to ask more questions.

– **Che ne pensi del relatore?**
– **Mi pare che non abbia preso in considerazione il problema fondamentale. Avrei voluto fargli altre domande.**

I suggest   **suggerisco [-ire]**
I summarize   **riassumo [-ere]**
summary   **il riassunto**
I think (of/about)   **penso di/a**
thought   **il pensiero**

Giving examples

as is known   **come sappiamo,
   com'è noto**
etc./and so on   **e così via,
   eccetera**
example   **l'esempio** *(m)*
for example   **per esempio**
i.e.   **cioè**
namely   **vale a dire, cioè**
I quote   **cito [-are]**
such as   **come, per esempio**

Comparing and contrasting

advantage   **il vantaggio**
I compare   **confronto [-are],
   paragono [-are]**

comparison   **il paragone, il
   confronto**
   in comparison with   **a paragone
   con, a confronto con**
I contrast   **contrasto [-are]**
   it contrasts with   **contrasta con**
contrast   **il contrasto**
   in contrast   **in contrasto**
I differ   **differisco [-ire], sono
   [essere] diverso**
difference   **la differenza**
different (from)   **diverso (da)**
different   **diverso, differente**
disadvantage   **lo svantaggio**
dissimilar   **diverso, dissimile**
I distinguish   **differenzio [-are],
   distinguo [-ere]**
pros and cons   **il pro e il contro**
relatively   **relativamente**
same   **stesso, medesimo,
   identico**
similar   **simile, equivalente**

In principle I agree with his views.
On the one hand he proved the
need for new housing. On the
other hand he discussed the
problems of finding a suitable site.

**Fondamentalmente sono
d'accordo con il suo punto di
vista. Da un lato ha dimostrato la
necessità di nuove abitazioni.
Dall'altro ha discusso il problema
di trovare un posto adatto.**

I suggest we try to analyze the
problem carefully. Then we shall
be able to judge the situation and
come to a sound conclusion.

**Propongo di analizzare i
problema con attenzione. Saremo
allora in grado di valutare la
situazione e di raggiungere una
conclusione sensata.**

Let me quote my colleague. As is
well known, these statements are
contradictory. For example, we can
not have total freedom of the
press, and censorship at the same
time.

**Permettetemi di citare il mio
collega. Com'è noto, queste
affermazioni sono
contradditorie. Ad esempio, non
possiamo avere totale libertà di
stampa e, allo stesso tempo,
una censura.**

Expressing reservations

even if	**anche se**
even so	**tuttavia, nondimeno**
to some extent	**fino ad in certo punto**
at first sight	**a prima vista**
hardly	**appena**
in general	**in genere, generalmente**
in the main	**per la maggior parte**
in part	**in parte**
partly	**parzialmente**
perhaps/maybe	**forse**
presumably	**presumibilmente**
probably	**probabilmente**
relatively	**abbastanza, relativamente**
unfortunately	**sfortunatamente**
unusual(ly)	**insolito, insolitamente**
virtually	**praticamente, virtualmente**
in a way	**in un certo senso**

Arguing a point

admittedly	**certo, certamente**
all the same	**nondimeno**
although	**sebbene, benché**
anyway	**comunque, in ogni modo, tuttavia**
apart from	**a parte**

as for ...	**per quanto riguarda**
as I see it	**come lo vedo io, dal mio punto di vista**
as well	**anche**
despite this	**nonostante questo**
fortunately	**fortunatamente**
in effect	**in effetti**
however	**comunque**
incidentally	**per inciso**
instead	**invece, piuttosto**
instead of	**al posto di, invece di**
just as important	**altrettanto importante**
likewise	**allo stesso modo**
that may be so	**forse è vero (ma), sarà pur vero**
nevertheless	**nonostante ciò, tuttavia**
otherwise	**altrimenti**
in reality	**in realtà**
in many respects	**sotto molti aspetti**
in return	**in cambio**
as a rule	**di regola**
so to speak	**per dire**
in spite of	**nonostante, tuttavia**
still ...	**ancora, tuttora**
to tell the truth	**a dire il vero**
whereas	**mentre, laddove**
on the whole	**tutto sommato, nel complesso**

– How did he break his leg?
– When he fetched the ladder he did not notice it was broken. So he fell off it.
– Why did he want the ladder?
– Because he wanted to paint the house.
– What are the reasons for his behaviour/behavior?
– Maybe he is cross with me and that is why he went away.

– Come si è rotto la gamba?
– Quando è andato a prendere la scala, non si è accorto che era rotta. Così è caduto.
– Perchè voleva la scala?
– Perchè voleva decorare la casa.
– Perchè si comporta in questo modo?
– Forse è arrabbiato con me e ciò spiega perchè se ne sia andato.

Cause & effect

as **come**
because **perchè**
cause **la causa**
consequence **la conseguenza**
consequently **di conseguenza**
effect **l'effetto** (m)
it follows that **ne segue che**
how? **come?**
if **se**
reason **la ragione**
for this reason **per questa ragione**
result **il risultato**
    as a result **di conseguenza**
since **da**
so long as **finché, purché**
thanks to **grazie a**
that is why **per questo motivo**
therefore/so **perciò, quindi**
thus **dunque**
when(ever) **ogni volta che**
when (past event) **quando, tutte
    le volte che**
why? **perché?**

Emphasizing

above all **soprattutto**
in addition **in più**
all the more reason **una ragione
    in più per**
also **anche**

both ... and **sia ... tanto ...**
certainly **certo**
clearly **senza dubbio,
    chiaramente**
under no circumstances **in nessun
    caso**
completely **completamente**
especially **specialmente**
even (more) **ancora più**
without exception **senza
    eccezione**
I emphasize **sottolineo [-are]**
extremely **estremamente**
honestly **in tutta sincerità,
    sinceramente**
just when **proprio quando**
mainly **soprattutto,
    principalmente**
moreover **inoltre, per di più**
naturally **naturalmente**
not at all **affatto**
not in the least **per niente, affatto**
obviously **ovviamente,
    chiaramente**
in particular **in particolare**
particularly **particolarmente**
in every respect **sotto ogni
    aspetto**
I stress **sottolineo [-are]**
undeniably **incontestabilmente**
very **molto**

Honestly I'm extremely angry with him. Thanks to his carelessness we missed the plane.

Fortunately there was another, but we got to London completely exhausted.
And what is more, he was clearly didn't care at all.
Under no circumstances will I work with him again.

Sinceramente, sono estremamente arrabbiato con lui. Grazie alla sua noncuranza abbiamo perso il volo.

Per fortuna ce n'era un'altro, ma siamo arrivati a Londra completamente esausti.
Per di più, lui chiaramente se ne infischiava completamente.
Io non lavorerò più con lui in nessun caso.

7 Human life & relationships

7a Family & friends

Friendship

acquaintance	**il/la conoscente**
boyfriend	**il ragazzo, l'innamorato** *(m)*
chum/pal	**l'amicone** *(m)*
classmate	**il compagno di scuola**
companion	**il compagno**
friend	**un amico, un'amica**
friendly	**amichevole**
friendship	**l'amicizia** *(f)*
gang	**il gruppo, la banda**
we get on well together	**ci troviamo [-are] bene insieme, stiamo [-are] bene insieme**
we get together	**ci incontriamo [-are]**
I get to know	**faccio [fare] la conoscenza (di)**
girlfriend	**l'amica** *(f)*
I introduce	**presento [-are]**
mate/buddy	**l'amicone** *(m)*
penfriend/pen pal	**il/la corrispondente**
relationship	**il rapporto**
school-friend	**il compagno di scuola**

The family and relatives

adopted	**adottivo**
ancestor	**il progenitore, l'antenato** *(m)*
aunt	**la zia**
baby	**il bambino, il/la bebé**
brother	**il fratello**
brother-in-law	**il cognato**
child	**il figlio, la figlia**
close relative	**il parente stretto**
common-law husband/wife	**il/la convivente**
cousin	**il cugino, la cugina**
dad	**il papá**
daughter	**la figlia**
daughter-in-law	**la nuora**
distant relative	**il lontano parente**
elder	**maggiore**
family	**la famiglia**

When I was a teenager I used to challenge my parents' authority. I used to provoke my father. I questioned everything he said. "Why don't you respect my views?" he would say.
"You just can't talk to your father like that!" my mother used to say. Our relationship has improved now. We get on very well; I am really very fond of him.

Quando ero adolescente sfidavo l'autorità dei miei genitori Provocavo mio padre. Dubitavo di tutto quello che diceva «Perchè non rispetti il mio punto di vista?» mi diceva.
«Non puoi parlare a tuo padre in quel modo!» diceva mia madre. Ora il nostro rapporto è migliorato. Andiamo molto d'accordo, gli voglio veramente molto bene.

family-tree **l'albero** *(f)* **genealogico**
father **il padre**
father-in-law **il suocero**
fiance(e) **il fidanzato, la fidanzata**
forbear **l'antenato** *(m)*
foster **adottivo**
godchild/son **il figlioccio**
goddaughter **la figlioccia**
godfather **il padrino**
godmother **la madrina**
grandad/pa **il nonno**
grandchildren **i nipoti**
granddaughter **la nipote**
grandfather **il nonno**
grandma/granny **la nonna**
grandmother **la nonna**
grandparents **i nonni**
grandson **il nipote**
great-aunt **la prozia**
great grandchild **il/la pronipote**
great-grandfather **il bisnonno**
great-grandmother **la bisnonna**
great-nephew **il pronipote**
great-niece **la pronipote**
great-uncle **il prozio**
guardian **il tutore**
half-brother **il fratellastro**
half-sister **la sorellastra**
husband **il marito**

in-laws **i parenti d'acquisto**
mother **la madre**
mother-in-law **la suocera**
mum/mom **la mamma**
nephew **il nipote**
niece **la nipote**
only (child) **(il figlio) unico**
parents **i genitori**
partner **il/la coniuge, il compagno, la compagna**
related **di parentela**
relation **il/la parente**
relative **il/la parente**
second cousin **il cugino/la cugina di secondo grado**
sister **la sorella**
son **il figlio**
son-in-law **il genero**
spouse **il/la coniuge**
stepbrother **il fratellastro**
stepdaughter **la figliastra**
stepfather **il patrigno**
stepmother **la matrigna**
stepsister **la sorellastra**
stepson **il figliastro**
twin brother **il (fratello) gemello**
twin sister **la (sorella) gemella**
uncle **lo zio**
wife **la moglie**
youngest **minore**

Has the nuclear family completely replaced the traditional extended family?

La famiglia nucleare ha completamente rimpiazzato la famiglia tradizionale estesa?

It runs in the family.

È una caratteristica di famiglia

Have you met Robert? He and my mother are distantly related.

Conosci Roberto? Lui e mia madre sono lontani parenti.

He is the spitting image of his grandfather.

Assomiglia a suo nonno come una goccia d'acqua.

➤ LOVE & MARRIAGE, CHILDREN 7b; GROWING UP, DEATH 7c

7b Love & children

Love & marriage

affair l'avventura *(f)*, la relazione
bachelor lo scapolo
best man il testimone di nozze
betrothal il fidanzamento
betrothed fidanzato
bride la sposa
bridegroom lo sposo
bridesmaid la damigella d'onore
couple la coppia
I court corteggio [-are], faccio [fare] la corte a
courtship il corteggiamento
divorce il divorzio
divorced divorziato
divorcee il divorziato, la divorziata
engaged fidanzato
engagement il fidanzamento
I fall in love (with) m'innamoro [-are] di
I get divorced (from) divorzio [-are]
I get engaged (to) mi fidanzo [-are] (con)
I get married (to) mi sposo [-are] (con)
I go out with esco [uscire] con, frequento [-are]
honeymoon la luna di miele

lover l'amante *(m/f)*
marriage/matrimony il matrimonio
married sposato
I marry sposo [-are]
mistress l'amante *(f)*, l'amica *(f)*
newly-married couple la coppia appena sposata
promiscuity la promiscuità
promiscuous promiscuo
I separate from mi separo [-are] da
separated separato
separation la separazione
unmarried celibe *(m)*, nubile *(f)*
unmarried/single mother la madre nubile
wedding il matrimonio, lo sposalizio
widow la vedova
widower il vedovo

Birth & children

abortion l'aborto *(m)*
I have an abortion abortisco [-ire]
I adopt adotto [-are]
adoption l'adozione *(f)*
au pair la ragazza alla pari
baby il bébé
baby food gli alimenti per neonati/bebè

– I am crazy about him. We were made for each other!
– I can't live without her. It was love at first sight.

– He doesn't understand me. We have nothing to say to each other.
– She is always nagging, shouts at me for the slightest reason and drives me mad! Our relationship is breaking up.

– Sono pazza di lui. Siamo fatti l'uno per l'altra
– Non posso vivere senza di lei. È stato amore a prima vista.

– Lui non mi capisce. Non abbiamo più niente da dirci.
– Lei mi fa continui rimproveri, urla per un nonnulla, mi fa impazzire! Il nostro rapporto si sta guastando.

babysitter   **il/la babysitter**
baptism   **il battesimo**
bib   **il bavaglino**
birth   **la nascita**
birth-rate   **il tasso di natalità**
birthday   **il compleanno**
I was born   **sono nato [nascere]**
boy   **un maschio, un bambino**
I bring up a child   **allevo [-are] un bambino**
I breast feed   **allatto [-are] al seno**
caesarian operation   **il taglio cesareo**
child(ren)   **il figlio, la figlia, i figli**
child-minder/baby-sitter   **il/la babysitter**
childhood   **l'infanzia** *(f)*
christening   **il battesimo**
condom   **il preservativo**
contraception   **l'anticoncezionale** *(m)*, **il contraccettivo**
contractions   **le contrazioni**
cot/crib   **il lettino**
I deliver a baby   **aiuto [-are] a partorire**
dummy/teat   **la tettarella, il succhiotto**
I am expecting a baby   **sono [essere] incinta**
feeding bottle   **il biberon**
fertile (in-)   **(in)fecondo**
fertility   **la fecondità**

first born   **il primogenito**
foetus   **il feto**
I foster   **adotto [-are]**
I get pregnant   **resto [-are] incinta**
I give birth   **metto [-ere] al mondo, partorisco [-ire]**
girl   **una femmina, una bambina**
I go into labour/labor   **ho [avere] le doglie**
incubator   **l'incubatrice** *(f)*
infancy   **l'infanzia** *(f)*
infant   **l'infante** *(m/f)*
infertility   **la sterilità**
lad   **il ragazzo**
lass   **la ragazza**
live birth   **un nato vivo**
I have a miscarriage   **ho [avere] un aborto spontaneo**
nanny   **la bambinaia**
nappy/diaper   **il pannolino**
new-born child   **il neonato**
orphan   **l'orfano** *(m)*
period   **il periodo**
pill   **la pillola (anticoncezionale)**
pram/perambulator   **la carrozzina**
pregnant   **incinta**
still birth   **il parto di un feto morto**
still born   **nato morto**
toddler   **il bambino ai primi passi**
toys   **i giocattoli**
triplets   **il trigemino**
twin   **il gemello**

My daughter went into labour/labor at 7 p.m. and her first baby boy was born three hours later.

Mia figlia ha avuto le doglie alle 19 e il suo primogenito è nato tre ore dopo.

I spoil my child.

Vizio mio figlio.

Adoption laws are now changing in many countries in response to changes in society.

Le leggi sull'adozione stanno cambiando in molti paesi a seguito dei cambiamenti nella società.

➤ SOCIAL ISSUES 12

7c Life & death

Growing up

adolescent **l'adolescente** *(m/f)*
adult **l'adulto**
age **l'età** *(f)*
aged **attempato, anziano**
centenarian **il centenario**
he comes from **viene [venire] da**
I come of age **divento [-are] maggiorenne**
early retirement **il pre-pensionamento**
elderly **anziano**
female **la femmina, la donna**
female *(adj)* **femminile**
foreigner **lo straniero**
generation **la generazione**
generation gap **il divario generazionale**
grow up! **non fare il bambino!**
life **la vita**
life insurance **l'assicurazione** *(f)* **sulla vita**
I look my age **dimostro [-are] la mia età**
male **il maschio**
male *(adj)* **maschile**
man **l'uomo** *(m)*
manhood **la virilità**

manly **virilmente**
mature **maturo, adulto**
maturity **la maturità**
menopause **la menopausa**
middle-aged **di mezza età**
name **il nome**
nickname **il soprannome**
octogenarian **l'ottuagenario** *(m)*
old **vecchio**
old age **la vecchiaia, la terza età**
old man/woman **il vecchio, la vecchia, l'anziano** *(m)*, **l'anziana** *(f)*
old people's home **il pensionato per anziani**
pension **la pensione**
pensioner **il pensionato**
people **la gente**
permissive society **la società permissiva**
person **la persona**
I prosper **prospero [-are]**
responsibility **la responsabilità**
responsible **responsabile**
retired **pensionato**
single **celibe, nubile**
spinster **la nubile**
stranger **lo straniero, il forestiero**

Unless they have a motorbike, young people have to rely on their parents and the school bus for transport.

In Italian families with teenage children there are endless discussions about motorbikes and road safety!

A meno che non abbiano il motorino, per il trasporto i giovani devono dipendere dai genitori o dal bus scolastico

Nelle famiglie italiane con figli adolescenti ci sono discussioni interminabili sull'uso delle moto e della sicurezza stradale!

surname   il cognome
woman   la donna
womanhood   la femminilità
young   giovane
young person   adolescente
younger   più giovane
youngest   il/la più giovane
youth   la gioventù
youth *(persons)*   i giovani

Death
_____

afterlife   l'aldilà *(m)*
angel   l'angelo *(m)*
ashes   le ceneri
autopsy   l'autopsia *(f)*
body   il cadavere
burial   la sepoltura
I bury   seppellisco [-ire]
cemetery   il cimitero, il
   camposanto
corpse   il cadavere
he is cremated   è cremato
cremation   la cremazione
crematorium/crematory   il
   crematorio
dead   morto
death   la morte
death certificate   il certificato di
   morte
death rate   il tasso di mortalità

he dies   muore [morire]
epitaph   l'epitaffio (m)
eulogy   l'elogio *(m)* funebre
funeral   il funerale
grave   la tomba
gravestone/tombstone   la pietra
   tombale
graveyard/cemetery   il
   camposanto
heaven   il paradiso, il cielo
hell   l'inferno *(m)*
I inherit   eredito [-are]
inheritance   l'eredità *(f)*
last rites   i riti funebri
he lies in state   è esposto al
   pubblico
mortuary   la camera mortuaria
I mourn   lamento [-are]
mourning   il lutto
I am in mourning for   sono
   [essere] in lutto per
obituary   il necrologio
he passes away   passa [-are] a
   miglior vita
reincarnation   la reincarnazione
remains   la salma, i resti
tomb   la tomba
undertaker   l'impresario *(m)* di
   pompe funebri
will   il testamento

– What about the elderly? How do
they cope?
– Most try to stay on in their own
homes rather than go into an old
people's home.

Their pensions are barely
adequate. However, the family
looks after them well.

– E gli anziani, come se la
cavano?
– La maggior parte cerca di
continuare ad abitare nella
propria casa, piuttosto che
andare nelle case per anziani.

Le loro pensioni sono a
malapena sufficienti per vivere
Comunque la famiglia se ne
prende cura.

➤ RELIGION 13

 Daily life

8a The house

amenties **le amenità, le comodità**
apartment/flat **l'appartamento** *(m)*
block of flats/apartment house **il palazzo, il condominio**
(of) brick **di mattone**
I build **costruisco [-ire]**
building **l'edificio** *(m)*
building plot **il terreno da costruzione**
building site **il cantiere**
bungalow **il bungalow, la villetta**
caretaker **il/la custode**
chalet **lo chalet**
council flat/apartment **l'appartamento in case comunali**
council house **la casa comunale**
detached house **una casa unifamiliare**
flat/apartment **l'appartamento** *(m)*
furnished flat/apartmenthouse **l'appartamento arredato** *(m)*

furnished house **la casa arredata** *(f)*
freehold **la proprietà assoluta**
I have an extension built **faccio [fare] construire un'estensione**
house **la casa**
housing **l'alloggio** *(m)*, **l'abitazione** *(f)*
landlord **il padrone di casa, il locatore**
leasehold/lease **il contratto di locazione**
leasehold property **la proprietà in affitto/locazione**
lodger/roomer **il/la pensionante**
I modernize **modernizzo [-are]**
mortgage **il mutuo**
mortgage rate **il tasso di mutuo**
I move (house) **cambio casa [-are], trasloco [-are]**
I move in **entro [-are], occupo [-are]**

We are buying a new detached house. | **Stiamo comprando una nuova casa/villa.**
I prefer a fine old house which I can do up little by little. | **Preferisco una bella casa vecchia che posso riattare poco per volta.**
We are having a house built. | **Stiamo facendoci costruire una casa.**
I live in a rented, furnished apartment. | **Vivo in un appartamento ammobiliato in affitto.**
My tenancy has two weeks to run. | **Il mio contratto di locazione scade fra due settimane.**

I move out   **sgombro [-are]**
I occupy   **occupo [-are]**
I own   **possiedo [possedere]**
owner-occupied house   **la casa occupata dal proprietario**
penthouse   **l'attico** *(m)*
partly furnished   **parzialmente arredato**
prefabricated house   **la casa prefabbricata**
premises   **gli immobili**
refuse/garbage collection   **la raccolta di rifiuti**
rent   **l'affitto** *(m)*
I rent   **affitto [-are]**
semi-detached house   **la casa bifamiliare**
sewage disposal   **la rimozione delle acque di rifiuto**
(of) stone   **di pietra**
street light   **il lampione**
I take out a mortgage   **ottengo [-tenere] un mutuo**
tenancy   **l'affitto** *(m)*
tenant   **l'inquilino** *(m)*
unfurnished *(flat/apartment)*   **non arredato**
   unfurnished *(house)*   **non ammobiliato**

Rooms

attic   **l'attico** *(m)*, **la mansarda**
basement   **lo scantinato**
bathroom   **il bagno**
bedroom   **la camera da letto**
breakfast room   **la culina, l'angolo** *(m)* **per la colazione**
cellar   **la cantina**
corridor   **il corridoio**
dining-room   **la sala da pranzo**
hall(way)   **il corridoio, l'entrata** *(f)*
kitchen   **la cucina**
landing   **il pianerottolo**
lavatory/bathroom   **il bagno, il gabinetto**
living room   **il salone, il soggiorno, il salotto**
loft   **la soffitta**
lounge   **Il salone, il salotto**
shower room   **la doccia**
sitting-room/living room   **il salone, il salotto**
study   **lo studio**
utility room   **il ripostiglio**
verandah   **il veranda**
W.C.   **il gabinetto**

She is putting her penthouse up for rent.

Mette il suo attico in affitto.

The estate agency is looking for a small terraced house for a client.

L'agenzia immobiliare sta cercando una villetta a schiera per un cliente.

The house has a pleasant view on the orchard – pity about the railway line/railtrack!

La casa ha una bella vista sul frutteto; peccato ci sia la linea ferroviaria!

The whole house needs painting before we put it up for sale.

Bisogna dipingere tutta la casa prima di metterla in vendita.

We moved (house) two years ago.

Abbiamo traslocato due anni fa.

➤ HOUSING & HOMELESSNESS 12c

8b The household

aerial   l'antenna *(f)*
back-door   la porta di dietro
balcony   il balcone
blind   le veneziane
boiler   il bollitore
burglar alarm   l'antifurto *(m)*
carpet   il tappeto
ceiling   il soffitto
chimney/smokestack   il camignolo
clean   pulito
comfortable (un-)   (s)comodo
cosy   accogliente, confortevole
curtain   la tende
desk   la scrivania
dirty   sporco
door   la porta
door-handle   la maniglia
door-knob   il pomello
door-mat   lo stuoino
downstairs   giù, al primo piano
dustbin/trash can   la pattumiera
electric   elettrico
electric plug   la spina
electric socket   la presa di corrente
electricity   l'elettricità *(f)*
en-suite   la camera da letto con bagno
fire alarm   l'allarme *(m)* antincendio
fire extinguisher   l'estinore *(m)*

flex/extension cord   il filo
floor   il pavimento
floor *(storey/story)*   il piano
   on the first floor   al primo piano
   upper floor   il piano superiore
front door   la porta d'ingresso
furnished   arredato, ammobiliato
furniture   i mobili
   item of furniture   il mobile
garage   il box per auto
garret   il sottotetto
gas   il gas
glass *(material)*   il vetro
ground floor   il piano terra
gutter   la gronda(ia)
handle *(on drawer, etc.)*   la maniglia
   handle *(on jug, etc.)*   il manico
hearth   il camino
heating   il riscaldamento
   central heating   il riscaldamento centrale
included   incluso, compreso
key   la chiave
keyhole   il buco della serratura
lamp   la lampadina
lampshade   il paralume
letterbox   la buca delle lettere
lever   la leva
lift/elevator   l'ascensore *(m)*
light bulb   la lampadina

Come into the dining-room.	**Vieni nella sala da pranzo.**
The hot tap is leaking.	**Il rubinetto dell'acqua calda perde!**
The table has not yet been cleared! Whose turn is it?	**La tavola non è ancora stata sparecchiata! A chi tocca?**

light **la luce**
light-switch **l'interruttore** *(m)*
lighting **l'illuminazione** *(f)*
lock **il lucchetto**
it looks onto **dà [dare] su**
mat **lo zerbino**
mended **riparato**
mezzanine floor **il (piano) mezzanino**
modern **moderno**
new **nuovo**
off *(switches, electrical apparatus)* **spento**
off *(tap)* **chiuso**
old **vecchio**
on *(switches, electrical apparatus)* **acceso**
on *(tap)* **aperto**
own **proprio**
passage **il passaggio, il corridoio**
pipe **il tubo**
hot-water pipes **i tubi dell'acqua calda**
radiator **il radiatore, il termosifone**
railing **la ringhiera**
rent **l'affitto** *(m)*
roof **il tetto**
roof garden **il giardino pensile**
room **la camera, la stanza**
shelf **lo scaffale**
shutters **le persiane**
situation **la posizione**

skirting board/baseboard **lo zoccolo**
skylight **il lucernario**
small **piccolo**
spacious **spazioso**
staircase **la scalinata**
stairs **le scale**
steps **gli scaline**
terrace **la terrazza**
tidy **lindo, ordinato**
tile *(floor, wall)* **la mattonella, la piastrella**
roof tile **la tegola**
toilet **il bagno**
upstairs **sopra**
verandah **la veranda**
view **la vista, il panorama**
wall **il muro**
garden wall **il recinto**
inside wall **la parete**
partition wall **la parete divisoria**
wallpaper **la carta de parati**
waste paper basket **il cestino per la carta straccia**
water **l'acqua** *(f)*
window **la finestra**
windowpane **il ventro di finestra**
window-sill **il davanzale**
wire **il filo**
wiring **l'impianto** *(m)* **elettrico**
wood **il legno**
worn out **consunto, logoro**

Who is going to wash up/wash the dishes?	**Chi lava i piatti?**
Sweep up that mess right now!	**Spazza via quel sudiciume immediatamente!**
The furniture needs polishing. And don't forget to switch/turn off the lights.	**Bisogna lucidare i mobili. E non dimenticare di spegnere le luci.**

8c Furnishings

Lounge

armchair   **la poltrona**
ashtray   **il portacenere**
book-shelf/bookshelf   **gli scaffali**
bookcase   **la libreria**
bureau   **la scrivania**
coffee table   **il tavolino da caffè**
cupboard/closet   **la credenza,**
   l'armadio *(m)*
cushion   **il cuscino**
easy chair   **la poltrona**
fireplace/hearth   **il camino**
mantelpiece   **la cappa del camino**
ornament   **l'ornamento** *(m)*
picture   **il quadro**
   picture *(portrait)*   **il ritratto**
photo   **la fotografia**
poster   **il manifesto**
rocking-chair   **la sedia a dondolo**
rug   **il tappeto**
settee   **la divano**
sofa   **il sofà**

Kitchen

bottle-opener   **l'apribottiglie** *(f)*
bowl   **la ciotola, la scodella**
clothes line   **la corda del bucato**
clothes peg   **la molletta da bucato**
coffee machine   **la macchinetta da**
   caffè
coffee pot   **la caffetiera**
cooker/stove   **la cucina**
crockery   **la stoviglie**
cup   **la tazza**
cupboard   **la credenza**
   wall-cupboard   **la credenza a**
   muro
cutlery   **le posate**
dish   **il piatto**
dishwasher   **il lavastoviglie**
draining-board   **lo scolatoio**
fork   **la forchetta**
gas cooker/stove   **la cucina a gas**
glass   **il bicchiere**
   wine-glass   **il bicchiere da vino**

jug   **la brocca**
knife   **il coltello**
   carving knife   **il trinciante**
leftovers   **gli avanzi**
milk jug   **il bricco da latte**
oven   **il forno**
plate   **il piatto**
pepper pot   **la pepaiola**
rubbish bin/garbage can   **il bidone**
   della spazzatura
saltcellar   **la saliera**
saucer   **il piattino**
sink   **il lavandino**
sink unit   **il lavello**
spoon   **il cucchiaio**
tap/faucet   **il rubinetto**
teapot   **la teiera**
tea-towel   **l'asciugapiatti** *(m)*
tray   **il vassoio**
washing powder   **il detersivo in**
   polvere
washing-up/washing liquid   **il**
   detergente per stoviglie

Dining-room

chair   **la sedia**
candle   **la candela**
candlestick   **il candeliere**
chandeliers   **il lampadario**
dresser   **la credenza**
sideboard   **la credenza**
table   **la tavola**
table cloth   **la tovaglia**
table mat   **il sottopiato**
table napkin/serviette   **la salvietta,**
   il tovagliolo

Bedroom

alarm clock   **la sveglia**
bed   **il letto**
   bunk bed   **il letto a castello**
   double bed   **il letto a due piazzi**
bedclothes   **il pigiama, la camicia**
   da notte
bedding   **la biancheria**

bedside table   il **tavolino da notte**
bedspread   il **copriletto**
blanket   la **coperta**
chest of drawers   il **cassettone**
dressing table   la **toletta**
duvet   il **piumone**
mattress   il **materasso**
pillow   il **guanciale**
quilt   il **piumone**
sheet   il **lenzuolo, le lenzuola** *(pl)*
wardrobe   l'**armadio** *(m)*

Bathroom

basin   il **lavandino**
bath   il **bagno**
bath-mat   il **tappetino da bagno**
bidet   il **bidè**
clothes brush   la **spazzola per vestiti**
flannel   la **pezzuola per lavarsi**
handbasin   il **lavandino**
laundry basket   il **cesto del bucato**
lavatory   il **gabinetto**
mirror   lo **specchio**
nail-brush   lo **spazzolino per le unghie**
plug   il **tappo**
razor socket   la **presa per rasoio**
scales   la **bilancia pesapersone**
shampoo   lo **sciampo**
shower   la **doccia**
sink   il **lavandino**
soap   il **sapone**
tap/faucet   il **rubinetto**
toilet   il **bagno, il gabinetto**
toilet paper   la **carta igienica**
toothbrush   lo **spazzolino da denti**
toothpaste   il **dentifricio**
towel   l'**asciugamano** *(m)*

towel rail   il **portasciugamani**
washbasin   il **lavandino**

Electrical goods

cassette player   il **mangianastro**
cassette recorder   il **registratore**
compact-disc player   il **CD**
electric appliance   l'**elettrodomestico** *(m)*
electric cooker/stove   la **cucina elettrica**
electric razor/shaver   il **rasoio elettrico**
food mixer   il **frullatore**
freezer   il **congelatore**
fridge/refrigerator   il **frigorifero**
hi-fi   il **hi-fi, l'alta fedeltà** *(f)*
iron   il **ferro da stiro**
micro-wave oven   il **forno a microonde**
radio   la **radio**
record player   il **giradischi**
refrigerator   il **frigorifero**
spin-drier   la **centrifuga**
stereo system   lo **stereo**
tape player   il **mangianastri**
tape recorder   il **mangianastri**
trouser press   lo **stirapantaloni**
tumble-drier   l'**essiccatoio** *(m)*, l'**esciugatrice** *(f)*
TV set   il **televisore**
television (TV)   la **televisione**
vacuum cleaner   l'**aspirapolvere** *(m)*
video recorder   il **video registratore**
walkman®   il **walkman®**
washing machine   la **lavatrice**

The washing machine doesn't work! Can you repair it?

La lavatrice non funziona! Puoi ripararla?

I have just bought a compact-disc player.

Ho appena acquistato un lettore per compact/CD.

➤ TOILETRIES 9b; TOOLS App.8c

8d Daily routine

bath   **il bagno**
bed   **il letto**
breakfast   **la (prima) colazione**
clean   **pulito**
daily routine   **la abitudini quotidiana**
dinner   **la cena**
dressed   **vestito**
evening meal   **il pranzo serale**
home   **la casa**
  at home   **a casa**
housekeeper/maid   **la colf (collaboratrice familiare)**
housework   **i lavori domestici**
lunch   **la seconda colazione, il pranzo** *(fam)*
rubbish/garbage   **l'immondizia** *(f)*, **i rifiuti** *(pl)*
school   **la scuola**
shop   **il negozio**
shower   **la doccia**
sleep   **il sonno**
spare time   **il tempo libero**
supper   **la cena**
time *(commodity)*   **il tempo**
  time *(of day)*   **l'ora** *(f)*
washing   **il bucato**
  dirty washing   **gli indumenti da lavare**
  washing *(hung to dry)*   **il bucato appeso**

washing up/dish washing (dishes to be washed)   **i piatti da lavare**
work   **il lavoro**

Actions

I bath   **faccio [fare] il bagno a**
I break   **rompo [-ere]**
I bring   **porto [-are]**
I build   **costruisco [-ire]**
I buy   **compro [-are]**
I carry   **porto [-are]**
I change (clothes)   **mi cambio [-are] i vestiti**
I chat   **chiacchiero [-are]**
I clean   **pulisco [-ire]**
I clear away   **ripongo [riporre]**
I clear the table   **sparecchio [-are] la tavola**
I cook   **cucino [-are]**
I darn   **rammendo [-are]**
I do   **faccio [fare]**
I drink   **bevo [-ere]**
I drop   **faccio [fare] cadere**
I dry up   **asciugo [-are]**
I dust   **pulisco [-ire], spolvero [-are]**
I eat   **mangio [-are]**
I empty   **svuoto [-are]**
I enter   **entro [-are]**
I fall   **cado [-ere]**
I fasten   **attacco [-are]**

We usually get up at 7 o'clock, except for Simon, who is on night shifts.

The person who did not prepare the meal the night before makes the breakfast.

Lunch is in the dining-room, but as soon as the warm season comes, we eat in the garden.

Di solito ci alziamo alle sette, ad eccezione di Simone che fa i turni di notte.

La persona che non ha preparato la cena la sera prima prepara la colazione.

La seconda colazione è nella sala da pranzo, ma quando arriva la bella stagione, mangiamo in giardino.

I fill   **riempio [-ire]**
I garden/work in the yard   **pratico
   [-are] il giardinaggio**
I get dressed   **mi vesto [-ire]**
I get undressed   **mi svesto [-ire],
   mi spoglio [-are]**
I get up   **mi alzo [-are]**
I go to bed   **vado [andare] a letto**
I go to sleep   **vado [andare] a
   dormire**
I go to the toilet/bathroom   **vado
   [andare] in bagno**
I grow   **cresco [-ere]**
I have breakfast   **faccio [fare]
   colazione**
I have dinner   **ceno [-are]**
I have lunch   **pranzo [-are]**
I have a bath   **faccio [fare] il
   bagno**
I heat   **riscaldo [-are]**
I hire/rent   **prendo [-are] a nolo**
I hire out/rent out   **noleggio [-are]**
I iron   **stiro [-are]**
I knit   **lavoro [-are] a maglia**
I knock   **busso [-are]**
I lay the table   **apparecchio [-are]
   la tavola**
I leave *(place)*   **parto [-ire]**
I let (allow)   **permetto [-ere], lascio
   [-are]**
I let/rent out   **affitto [-are],
   noleggio [-are]**
I live   **vivo [-ere], abito [-are]**
I lock   **chiudo [-ere] a chiave**
I make   **faccio [fare]**
I paint   **dipingo [-ere]**
I pick up   **raccolgio [-cogliere]**
I plant   **pianto [-are]**
I polish   **lucido [-are]**
I prepare   **preparo [-are]**
I press (a button)   **premo [-ere] (un
   pulsante)**
I put on (clothes)   **mi metto [-ere] (i
   vestiti), mi vesto [-ire]**
   I put on the radio   **accendo
   [-ere] la radio**
I rest   **mi riposo [-are]**

I ring *(telephone)*   **telefono [-are]**
   I ring the doorbell   **suono [-are]
   il campanello**
I scrub   **sfrego [-are], strofino
   [-are]**
I sell   **vendo [-ere]**
I sew   **cucio [-ire]**
I share   **divido [-ere], spartisco
   [-ire]**
I shine   **lucido [-are]**
I shop   **faccio [fare] la spesa**
I shower   **faccio [fare] la doccia**
I shut/close   **chiudo [-ere]**
I sit   **siedo [-ere]**
I sit down   **mi siedo [-ere]**
I sleep   **dormo [-ire]**
I speak   **parlo [-are]**
I stand   **sto [stare] in piedi**
I stand up   **mi alzo [-are] in piedi**
I start   **incomincio [-are]**
I stop   **smetto [-ere]**
I sweep   **spazzo [-are], scopo
   [-are]**
I switch off/turn off   **spengo
   [spegnere]**
I switch on/turn on   **accendo [-ere]**
I take off *(clothes)*   **mi spoglio
   [-are], mi svesto [-ire]**
I take   **prendo [-ere], porto [-are]**
I talk   **parlo [-are]**
I throw away   **butto [-are] via**
I tidy/straighten up   **metto [-ere] in
   ordine**
I tie   **lego [-are]**
I trim   **taglio [-are]**
I unblock   **sturo [-are]**
I use   **uso [-are], utilizzo [-are]**
I wake up   **mi sveglio [-are]**
I wallpaper   **rivesto [-ire] con carta
   da pareti, tappezzo [-are]**
I wash up/wash dishes   **lavo [-are]
   i piatti [-are]**
I wash   **lavo [-are]**
I watch TV   **guardo [-are] la
   televisione**
I water   **annaffio [-are]**
I wear   **indosso [-are]**

Shopping

9a General terms

article **l'articolo** *(m)*
assistant **il commesso, la commessa**
automatic door **la porta automatica**
bar code **il codice a barre**
bargain **l'occasione** *(f)*, **l'affare** *(m)*
brand new **nuovissimo, nuovo di zecca**
business **il commercio**
cash desk/register **la cassa**
cash-dispenser/auto-teller **la cassa automatica, il bancomat**
catalogue/catalog **il catologo**
change *(money)* **il resto**
cheap **a buon prezzo/mercato, economico**
check-out **la cassa**
choice **la scelta**
closed **chiuso**
coin **la moneta**
consumer **il consumatore**
consumer protection **la difesa del consumatore**
contents **il contenuto**
costly **caro, costoso**
credit **il credito**
credit card **la carta di credito**
customer information **il servizio informazione clienti**
customer service **l'assistenza** *(f)* **alla clientela**
day off/closed **il giorno di chiusura**
dear **caro, costoso**
department **il reparto, il settore**
discount **lo sconto**
entrance **l'ingresso** *(m)*, **l'entrata** *(f)*

escalator **la scala mobile**
exit **l'uscita** *(f)*
expensive **caro, costoso**
fashion **la moda**
fire door/exit **l'uscita** *(f)* **di sicurezza**
fitting room **il salottino di prova**
free **libero, gratis, gratuito**
free gift **l'offerta** *(f)* **gratuita**
fresh **fresco**
frozen **congelato**
it is good value **è [essere] conveniente**
handbag **la borsa, la borsetta**
instructions for use **le istruzioni per l'uso**
item **l'articolo** *(m)*
label **l'etichetta** *(f)*
lift/elevator **l'ascensore** *(m)*
mail-order **la vendita per corrispondenza**
manager **il direttore, il gestore**
manageress **la direttrice, la gerente**
market **il mercato**
money **il denaro**
note *(money)* **la banconotta, il biglietto (da)**
open **aperto**
opening hours **l'orario** *(m)* **di apertura**
packet **il pacchetto, il pacco**
perishable foodstuffs **i cibi deteriorabili**
pocket **la tasca**
pound *(weight)* **la libbra**
PULL **tirare**
purse **il portamonete**
PUSH **spingere**
quality **la qualità**

real/genuine **genuino, autentico**
receipt **lo scontrino, la ricevuta fiscale**
reduction **lo sconto, la riduzione**
refund **il rimborso**
sale **la svendita, l'offerta** *(f)* **speciale**
second-hand **di seconda mano, d'occasione**
security guard/store detective **la guardia**
self-service **il self-service**
shop-assistant/sales person **la commessa, il commesso**
shop/store-keeper **il/la negoziante**
shop-lifter **il taccheggiatore**
shopping **la spesa**
  I go shopping **faccio [fare] la spesa/acquisti**
shopping basket **il cestello**
shopping list **la lista della spesa**
shopping trolley/cart **il carrello**
shut **chiuso**
special offer **l'offerta** *(f)* **speciale**
stairs **le scale**
summer sale **la scendita estiva**
till **la cassa**
trader **il/la commerciante**
traveller's cheque/traveler's check **l'assegno** *(m)* **traveller**
wallet **il portafoglio**
way in **l'ingresso** *(m)*, **l'entrata** *(f)*
way out **l'uscita** *(f)*

Actions

I change **cambio [-are]**
I choose **scelgo [scegliere]**
I decide **decido [-ere]**
I exchange **scambio [-are]**
I have on/wear **porto [-are], indosso [-are]**
I order **ordino [-are]**
I pay **pago [-are]**
I put on **mi metto [-ere], indosso [-are] di**
I queue/stand in line **mi metto [-ere] in fila, faccio [fare] la coda**
I select **scelgo [scegliere]**
I sell **vendo [-ere]**
I serve **servo [-ire]**
I shop **faccio [fare] la spesa**
I shop-lift **taccheggio [-are]**
I show **dimostro [-are]**
I spend (money) **spendo [-ere] (soldi)**
I steal **rubo [-are]**
I take off **mi levo [-are], mi tolgo [toglere]**
I try on **provo [-are]**
I wait **aspetto [-are], attendo [-ere]**
I wear **indosso [-are]**
I weigh **peso [-are]**
I wrap up **avvolgo [-ere]**

Expressions you hear

Anything else?/Is that all? **Desidera altro?**

Are you being served? **La stanno servendo?**

Can I help you? **Desidera?**

Who's next? **A chi tocca?**

Whole or sliced? **Intero o affettato?**

I have been queuing/standing in line for ages. **Faccio la coda da un secolo.**

You've given me the wrong change. **Si è sbagliato nel darmi il resto.**

➤ TOILETRIES, HOUSEHOLD GOODS, FOODSTUFFS 9b; CLOTHING 9c

9b Household goods & toiletries

Toiletries

after-shave **il dopobarba**
anti-perspirant **l'antiperspirante** *(m)*
brush **la spazzola**
comb **il pettine**
condom **il preservativo**
cosmetics **la cosmetica**
cotton wool **l'ovatta** *(f)*
dental floss **il filo interdentale**
deodorant **il deodorante**
eye-liner **il eyeliner**
face cream **la crema per il viso**
face powder **la cipria**
foundation cream **la crema base**
glasses **gli occhiali**
hairbrush **la spazzola per capelli**
hairspray **la lacca per capelli**
lipstick **il rossetto**
lipsalve **il burro cacao**
make-up **il trucco, i cosmetici**
moisturiser **l'idratante** *(m)*
nail-file **la lima da unghie**
paper handkercief **il fazzolettino (di carta)**
perfume **il profumo**
razor **il rasoio**
razor blades **le lamette da barba**
sanitary towels **gli assorbenti**
shampoo **lo sciampo**

shaving cream **la crema da barba**
soap **il sapone**
spray **la bombola, lo spruzzatore**
sunglasses **gli occhiali da sole**
suntan lotion **la crema abbronzante**
talcum powder **il talco**
tampon **il tampone**
tissues **i fazzoletti di carta**
toilet water **la colonia**
toilet-paper **la carta igienica**
toiletries **gli articoli da toletta**
toothpaste **il dentifricio**
toothbrush **lo spazzolino da denti**
tweezers **le pinzette**

Household items

bleach **il decolorante**
bowl **la ciotola, la scodella**
clingfilm/cellophane wrapping **la pellicola**
clothes-pegs **le mollette da bucato**
cup **la tazza**
dish **il piatto**
foil/aluminum foil **la carta stagnola**
fork **la forchetta**
glass **il bicchiere**
insect spray **l'insetticida** *(m)*
jar **il vaso, il vasetto**
jug **la caraffa, la brocca**

Expressions of quantity

about ten … **una decina di …**
a bar of …. **una tavoletta di …**
a bottle of … **una bottiglia di …**
a box of … **una scatola di …**
a can of … **una lattina di …**
a dozen of … **una dozzina di …**
a hundred gram(me)s of … **centro grammi di …**
a kilo of … **un chilogrammo di …**

a litre/liter of … **un litro di …**
a packet/pack of … **un pacchetto di …, una confezione di …**
a pair of … **un paio di …**
a slice of … **una fetta di …**
a tin of … **una scatola di …**
a tube of … **un tubo di …**
half a pound of **mezza libbra di …**

kitchen roll **la carta da cucina assorbente**
knife **il coltello**
matches **i fiammiferi**
paper napkin/serviette **la salvietta, il tovagliolo**
paper towel **la salvietta di carta**
plate **il piatto**
pot **la pentola**
saucer **il piattino**
scouring pad **la paglietta**
spoon **il cucchiaio**
string **la corda, il cordino**
washing-up/dishwashing liquid **il detergente per i piatti**
washing/wash powder **il detersivo (in polvere)**

Basic foodstuffs

bacon **la pancetta**
beans **i fagioli**
beef **il manzo**
beer **la birra**
biscuits/cookies **i biscotti**
bread **il pane**
  bread roll **il panino**
  loaf of bread **la pagnotta**
  sliced bread **il pane affettato**
butter **il burro**
cakes **i dolci**
cannelloni **i cannelloni**
cereals **i cereali**
cheese **il formaggio**
  Parmesan cheese **il parmigiano**
chicken **il pollo**
chips/fries **le patate fritte**
chocolate spread **la crema di cioccolata**
cola **la cola**
coffee **il caffè**
condiments **i condimenti**
crisps/chips *(US)* **le chips**
custard **la crema pasticcera**
eggs **le uova**
fish **il pesce**

flour **la farina**
fruit **la frutta**
garlic **l'aglio** *(m)*
ham **il prosciutto**
ice-cream **il gelato**
jam **la marmellata**
juice **il succo**
lamb **l'agnello** *(m)*
lasagna **le lasagne**
lemonade **la limonata**
macaroni **i maccheroni**
margarine **la margarina**
marmalade **la marmellata di arance**
mayonnaise **la maionesa**
meat **la carne**
milk **il latte**
mineral water **l'acqua** *(f)* **minerale**
mustard **la mostarda, la senape**
oil **l'olio** *(m)*
olive-oil **l'olio** *(m)* **d'oliva**
pasta **la pasta**
pâté **il paté**
peanut-butter **il burro di arachide**
pepper **il peperone**
peppers **i peperoni**
pizza **la pizza**
pork **il maiale**
potatoes **le patate**
pudding **il dolce, il budino**
salt **il sale**
sandwich **il sandwich, il tramezzino**
  toasted sandwich **il toast**
sardines **le sardine**
sauce **la salsa**
sausage **la salsiccia**
soup **il brodo, la minestra**
spaghetti **gli spaghetti**
spices **gli aromi, le spezie**
sugar **lo zucchero**
tea **il té**
tea bag **la bustina de té**
vegetables **la verdura**
vinegar **l'aceto** *(m)*
wine **il vino**

➤ FOOD & DRINK 10; VEGETABLES, FRUIT 10c; HERBS & SPICES App.10c

9c Clothing

anorak/parka **il giaccone, l'eskimo** *(m)*
beautiful **bellissimo**
big **grande**
bikini **il bikini**
blouse **la camicetta**
boots **gli stivali**
bra **il reggiseno**
brand new **nuovissimo**
cagoule **la giacca a vento**
cap **il berretto**
cardigan **il golf**
checked **a quadri, a quadretti**
clothes **i vestiti**
clothing **l'abbigliamento** *(m)*
coat **il soprabito, il cappotto**
colour/color-fast **di colore solido**
colourful/colorful **colorato, variopinto**
cotton **il cotone**
cravate/tie **la cravatta**
dinner jacket **il smoking**
dress **il vestito, l'abito** *(m)*
elegant **elegante**

embroidered **ricamato**
fashionable **alla moda**
glove **il guanto**
handkerchief **il fazzoletto**
hat **il cappello**
heel **il tacco**
high-heeled **con i tacchi alti**
in the latest fashion **all'ultima moda**
jacket **la giacca**
jeans **i jeans**
jersey **il pullover, la maglia**
jewellery/jewelry **i gioielli**
jumper **il maglione**
knitted **a maglia**
knitwear **la maglieria**
ladies' wear **l'abbigliamento** *(m)* **da donna**
linen **il lino**
lingerie **la biancheria intima**
long **lungo**
long-sleeved **a maniche lunghe**
loose **sciolto, ampio**
loud/brash **vistoso, sgargiante**

Expressions in clothes shop/stores

Can I try it on? **Posso provarlo?**
Do you have the same type in red? **Ha lo stesso modello in rosso?**
I bought it at the sales. **L'ho comprato alla liquidazion.**
I like it. **Mi piace.**
You will soon tire of wearing it. **Ti stuferai presto d'indossarlo.**
I take/wear size 42 (clothes). **Prendo/Indosso la (taglia) 42.**
I take/wear size 38 (shoes). **Prendo la 38.**
I would like to change … **Vorrei cambiare …**

I would rather have … **Preferisco …**
I'll take it. **Lo prendo.**
I'll take the big one. **Prendo quello grande.**
I'm next. **Tocca a me.**
I'd like it two sizes bigger. **Vorrei due taglie più grandi.**
It suits me. **Mi va bene.**
That's is not quite right. **Non mi va molto bene.**
They don't go together. **Non si accordano.**
What colour/color? **(Di) che colore?**

➤ COLOURS/COLORS 5b; MATERIALS App.5f; DESCRIBING THINGS 5c

low-heeled **con i tacchi bassi**
man-made fibre/fiber **la fibra artificiale**
matching **assortito/intonato a**
material **la stoffa, il tessuto**
men's wear **l'abbigliamento** *(m)* **da uomo**
non-iron **non si stira**
nylon **il nylon**
pair **un paio**
panties **le mutandine, gli slip**
pants *(US)* **i pantaloni, i calzoni**
plain **semplice**
printed **stampato**
pyjamas/pajamas **il pigiama**
raincoat **l'impermeabile** *(m)*
sandals **i sandali**
scarf **la sciarpa**
shirt **la camicia**
shoe **la scarpa**
shoe-lace **il laccio (per scarpe)**
short-sleeved **a maniche corte**
silky **di seta**
size **la taglia, la misura**
skirt **la gonna**
slip **la sottoveste**
small **piccolo**
smart **elegante**
sneakers **le scarpe da tennis/ginnastica**
sock **il calzino**
soft **morbido, soffice**
stocking **le calze**
striped **a strisce**
suit **il vestito**
sweater **il maglione di lana**
sweatshirt **la maglietta (di tuta sportiva)**
swimming trunks **i calzoncini da bagno**
swimsuit/bathing suit **il costume da bagno**
tailored **su misura**
tie **la cravatta**
tight **stretto**
tights **i collant**
too big/small **troppo grande/piccolo**
trainers **le scarpe sportive**
trousers/pants *(US)* **i pantaloni**
T-shirt **la camicietta**
ugly **brutto**
umbrella **l'ombrello** *(m)*
underpants **le mutande**
underwear **la biancheria intima**
unfashionable **fuori moda**
vest **la maglietta**
wool **la lana**

Alterations & repairs

I alter **modifico [-are]**
belt **la cintura**
buckle **il fermaglio**
button **il bottone**
dry cleaning **la lavanderia a secco**
hem **l'orlo** *(m)*
hole **il buco**
knitting needle **il ferro da calza**
material **la stoffa, il tessuto**
needle **l'ago** *(m)*
pin **lo spillo**
pocket **la tasca**
press stud/snap fastener **il bottone a pressione**
sleeve **la manica**
stain **la macchia**
I stitch **cuco [-ire]**
tailor **il sarto**
thread **il filo**
threadbare **logoro**
zip(per) **la cerniera, il lampo**

I am looking for a nice leather belt. **Cerco una bella cintura in pelle.**
I am not quite sure about the size. **Non sono sicuro della misura.**

➤ LEISURE WEAR 16c

10 Food & drink

10a Drinks & meals

Drinks

alcoholic	**alcolico**
beer	**la birra**
brandy	**il cognac**
champagne	**lo champagne**
chocolate *(drinking)*	**la cioccolata**
cider	**il sidro**
cocktail	**il cocktail**
coffee	**il caffè**
cola	**la cola**
drink	**la bevanda, la bibita**
dry	**secco**
(fruit) juice	**il succo (di frutta)**
full-bodied *(wine)*	**corposo**
lemonade	**la limonata**
light	**leggero**
low-alcohol	**a basso contenudo alcolico**
orange/lemon squash	**la bibita di arancia/limone**
milk	**il latte**
milk-shake	**il frullato, il frappé**
mineral water	**l'acqua** *(f)* **minerale**
non-alcoholic	**non alcolico**
sherry	**lo sherry**
sparkling	**frizzante**
spirits	**le bevande alcoliche**
sweet	**dolce, amabile**
tea	**il té**
water	**l'acqua** *(f)*
fizzy water	**l'acqua gassata**
still water	**l'acqua naturale**

whisky	**il whisky**
wine	**il vino**
red/while	**rosso/bianco**
sparkling	**spumante**
vintage wine	**il vino d'annata**
with ice	**con ghiaccio**

Drinking out

aperitif	**l'aperitivo**
bar	**il bar**
barman	**il barista**
beer hall	**la birreria**
bottle	**la bottiglia**
cafe/coffee-shop	**il caffé**
coffee bar	**il bar**
counter/bar	**il banco**
cup	**la tazza**
I drink	**bevo [bere]**
glass	**il bicchiere**
pub/public-house	**il pub**
refreshments	**i rinfreschi**
saucer	**il piattino**
I sip	**sorseggio [-are]**
straw	**la cannuccia**
teaspoon	**il cucchiaino**
wine bar	**l'osteria** *(f)*, **la taverna**
wine cellar	**la cantina**
wine glass	**il bicchiere da vino**
wine list	**la lista dei vini**
wine-tasting	**la degustazione del vino**

---

cafeteria	**il caffé**
canteen	**la mensa**
ice-cream parlour	**la gelateria**
pizza parlour	**la pizzeria**
restaurant	**il ristorante**
self-service	**il self-service**
snack-bar	**il bar**
stall	**la bancarella**
take-away	**da portar via, da asporto**

Meals

breakfast **la prima colazione**
course **la portata, il piatto**
dessert **il dolce**
I dine **ceno [-are]**
dinner **la cena**
I drink **bevo [bere]**
I eat **mangio [-are]**
I have a snack **faccio [fare] uno spuntino**
I have breakfast **faccio [fare] colazione**
I have dinner **ceno [-are]**
I have lunch **pranzo [-are]**
lunch **il pranzo, la colazione**
main **principale**
meal **il pasto**
snack **lo spuntino**
starter/appetizer **l'antipasto** *(m)*
supper **la cena**

Eating out

I add up the bill **faccio [fare] il conto**
bill/check **il conto, la ricevuta fiscale**
charge *(service)* **il coperto**
cheap **economico**
I choose **scelgo [-ere]**
it costs **costa [-are]**
cover charge **il (prezzo del) coperto**
I decide **decido [-ere]**
expensive **caro, costoso**
first course **il primo piatto**
fixed price **il prezzo fisso**
fork **la forchetta**
inclusive **incluso, compreso**
knife **il coltello**
main course **il secondo**
menu **il menu**
menu of day **il menu del giorno**
napkin **il tovagliolo**
I order **ordino [-are]**
order **l'ordine** *(m)*
place-setting **il coperto**
plate **il piatto**
portion **la porzione**
reservation **la prenotazione**
I serve **servo [-ire]**
service **il servizio**
set menu **il menu fisso**
side-dish **il contorno**
spoon **il cucchiaio**
table **la tavola**
tablecloth **la tovaglia**
tip/gratuity **la mancia**
I tip **dò una mancia**
toothpick **lo stuzzicadenti**
tourist menu **il menu turistico**
tray **il vassoio**
waiter **il cameriere**
waitress **la cameriera**

I'd like a beer and some mineral water, please.

Vorrei una birra e dell'acqua minerale, per favore.

I'd like to try a glass of the liqueur, please.

Vorrei assaggiare (un bicchiere) del liquore.

Where does this wine come from?

Dove è prodotto questo vino?

What is there for starters?

Cosa c'è come antipasto?

We'll have the tomato soup.

Prendiamo la minestra di pomodoro.

➤ VEGETABLES, FRUIT, DESSERT 10c; COOKING & EATING 10d

10b Fish & meat

Fish & seafood

anchovy	**l'acciuga** (f), **l'alice** (f)
bass	**il branzino**
clam	**le vongole**
cod	**il merluzzo**
crab	**il granchio**
crayfish	**il gambero**
eel	**l'anguilla** (f)
fish	**il pesce**
hake	**il nasello**
herring	**l'aringa** (f)
lobster	**l'aragosta** (f)
mackerel	**lo sgombro**
mullet	**la triglia, il cefalo**
mussels	**le cozze**
octopus	**il polpo**
oyster	**l'ostrica** (f)
pike	**il luccio**
prawn	**il gamberetto**
ray	**la razza**
salmon	**il salmone**
sardine	**la sardina**
scallop	**il pesce pettine**
scampi	**gli scampi**
seafood	**i pesci**
shell	**la conchiglia**
shellfish	**i frutti di mare**
shrimp	**il gamberetto**
snails	**le lumache**
sole	**la sogliola**
squid	**i calamari**
trout	**la trota**
tuna/tunny	**il tonno**
whitebait	**i bianchetti**
whiting	**il merlano**

Would you prefer cod or sole?	**Preferisce il merluzzo o la sogliola?**
I'd rather have tuna than crab.	**Preferisco il tonno al granchio.**
Is this fish fresh?	**È fresco questo pesce?**
– Shall we try the chicken?	**– Assaggiamo il pollo?**
– I'd like a pork chop.	**– Preferisco una braciola di maiale.**
Can we both have beef steak, one rare and one well cooked?	**Prendiamo due bistecche, una al sangue e una ben cotta.**
I'll have a rare steak with chips and salad, please.	**Prendo una bistecca al sangue con patatine fritte e insalata.**

Meat & meat products

bacon **la pancetta**
beef **la carne di manzo**
beefburger **l'hamburger** *(m)*
bolognese **bolognese**
chop **la costoletta**
cold table **la tavola fredda**
cutlet **la costoletta**
escalope **la scaloppina**
ham **il prosciutto**
hamburger **l'hamburger** *(m)*
hot-dog **l'hot-dog** *(m)*
kidney **il rognone**
lamb **l'agnello** *(m)*
liver **il fegato**
meat **la carne**
meat-balls **le polpette**
mixed grill **lo spiedino misto**
mutton **il montone**
pâté **il paté**
pork **il maiale**
salami **il salame**
sausage **la salsiccia**
sirloin **la lombata**

steak **la bistecca**
stew **lo stufato**
veal **il vitello**

Poultry

capon **il cappone**
chicken **il pollo**
duck **l'anatra** *(f)*
goose **l'oca** *(f)*
pheasant **il fagiano**
pigeon **il piccione**
poultry **il pollame**
turkey **il tacchino**
quail **la quaglia**
woodcock **la beccaccia**

Eggs

egg **l'uovo** *(m) (fpl* **le uova***)*
boiled egg **l'uovo alla coque**
fried egg **l'uovo al burro**
omelette **la frittata**
poached egg **l'uovo affogato**
scrambled egg **l'uovo strapazzato**

Traditional Italian dishes

abbacchio casseroled roast lamb
bistecca alla fiorentina grilled steak with pepper, lemon and parsley
costoletta alla milanese breaded veal cutlet
costoletta alla valdostana breaded veal cutlet with cheese
fritto misto fry of small fish and shellfish
galletto amburghese oven-roasted chicken

osso buco veal shinbone with tomatoes and onions
pollo alla diavola highly spiced, grilled chicken
saltimbocca veal roll with ham and sage
scaloppina alla Valdostana veal escalope in wine with ham and sage
spezzatino meat or poultry stew
stoccafisso dried cod cooked in tomatoes, olives and artichoke
zampone pig's trotter filled with seasoned pork

10c Vegetables, fruit & dessert

Vegetables & pulses

artichoke **il carciofo**
asparagus **gli asparagi**
aubergine **la melanzana**
avocado **l'avocado** *(m)*
beans **i fagioli**
beetroot **la barbabietola**
broccoli **i broccoli**
Brussels sprouts **i cavoletti di Bruxelles**
cabbage **il cavolo**
carrot **la carota**
cauliflower **il cavolfiore**
celery **il sedano**
chick-peas **i ceci**
corn **il granturco**
corn on the cob **una pannocchia**
courgette **lo zucchino**
cucumber **il cetriolo**
eggplant **la melanzana**
endive **l'indivia** *(f)*
French beans **i fagiolini**
garlic **l'aglio** *(m)*
gherkin **il cetriolino**
haricot beans **i fagioli**
herbs **gli odori, le erbe aromatiche**
leek **il porro**
lentil **le lenticchie**
lettuce **la lattuga**
marrow **la zucca**
mushroom **i funghi**

onion **la cipolla**
parsley **il prezzemolo**
parsnip **la pastinaca**
pea **il pisello**
pepper **il peperone**
potato **la patata**
pumpkin **la zucca**
radish **il ravanello**
rice **il riso**
salad **l'insalata** *(f)*
spinach **gli spinaci**
sweetcorn **il granturco dolce**
tomato **il pomodoro**
truffles **i tartufi**
turnip **la rapa**
vegetable **i ortaggio**
  vegetable *(adj)* **vegetale**
watercress **il crescione**

Fruit

apple **la mela**
apricot **l'albicocca** *(f)*
banana **la banana**
berries **i frutti di bosco**
bilberry **il mirtillo**
blackberry **la mora**
blackcurrant **il ribes nero**
bunch of grapes **un grappolo d'uva**
cherry **la ciliegia**
chestnut **la castagna**
coconut **la noce di cocco**

Traditional Italian desserts

cassata siciliana sponge cake with sweet cream cheese & candied fruit

zabaglione hot or cold cream made with egg yolks, sugar and Marsala wine
zuppa inglese sponge cake in rum with candied fruit

---

currant **l'uva sultanina** (f)
date **il dattero**
fig **il fico**
fruit **la frutta**
gooseberry **l'uvaspina** (f)
grape **l'uva** (f)
grapefuit **il pompelmo**
hazelnut **la nocciola**
kiwi-fruit **il kivi**
lemon **il limone**
lime **la limetta**
melon **il melone**
nut **la noce**
olive **l'oliva** (f)
orange **l'arancia** (f)
passion fruit **il frutto della passiflora**
peach **la pesca**
peanut **la nocciolina**
pear **la pera**
peel **la buccia, la scorza**
I peel **sbuccio [-are]**
peeled **sbucciato**
piece of fruit **un frutto**
pineapple **l'ananas** (m)
pip **il seme**
plum **la susina, la prugna**
pomegranate **la melagrana**
prune **la prugna secca**
raisin **l'uva** (f) **secca**
raspberry **il lampone**
redcurrant **il ribes**
rhubarb **il rabarbaro**
stone **il nocciolo**

strawberry **la fragola**
tangerine **il mandarino**
walnut **la noce**
water melon **l'anguria** (f)

Dessert

apple pie **la crostata/la torta di mele**
biscuit **il biscotto**
chocolate **il cioccolato**
chocolates **i cioccolatini**
cake **la torta**
cream **la panna**
creme caramel **la creme caramel**
custard **la crema pasticcera**
dessert **il dolce**
flan **lo sformato**
flour **la farina**
fresh fruit **la frutta fresca**
fruit of the day/season **la frutta di stagione**
fruit salad **la macedonia**
gateau **la torta**
ice cream **il gelato**
mousse **la mousse**
pancake **la frittella**
pastry **la pasta (per dolci)**
pie **la torta**
pudding **il budino**
sweet **il dolce**
tart **la crostata**
trifle **la zuppa inglese**
vanilla **la vaniglia**
yoghurt **lo yogurt**

Two strawberry ice-creams.

Due gelati alla fragola.

I want a tomato salad. Does it have garlic in it?

Prendo un'insalata di pomodori. C'è aglio dentro?

Do you sell sliced bread?

Vende pane affettato?

10d Cooking & eating

Food preparation

I add   **aggiungo [-ere]**
additive   **l'additivo** *(m)*
I bake   **cucino [-are] al forno**
baked   **cotto al forno**
barbequed   **alla graticola**
I beat   **sbatto [-ere]**
beaten   **sbattuto**
I boil   **faccio [fare] bollire**
boiled   **bollito**
bone   **l'osso** *(m)*
   bone *(of fish)*   **la lisca di pesce**
boned   **disossato, senza lische**
I bone   **disosso [-are]**
I braise   **cucino [-are] in stufato**
braised   **brasato**
in breadcrumbs   **impanato [-are]**
breast   **il petto**
I carve   **trincio [-are]**
casseroled   **in casseruola**
I chop   **taglio [-are] a pezzi**
I clear the table   **sparecchio [-are] la tavola**
I cook   **cucino [-are]**
cooking/cuisine   **la cucina**
I cut   **taglio [-are]**
I dice   **taglio [-are] a dadini**
I dry up   **asciugo [-are]**
flavour/flavor   **il sapore, il gusto**

flavouring/flavoring   **l'aromatizzante** *(m)*
fried   **fritto**
I fry   **friggo [-ere]**
I grate   **grattugio [-are]**
grated   **grattugiato**
gravy   **il sugo/la salsa di carne**
I grill   **cucino [-are] sulla griglia**
grilled   **cotto alla griglia**
with ice   **con ghiaccio**
ingredient   **l'ingrediente** *(m)*
large   **grande**
I lay the table   **apparecchio [-are] la tavola**
I marinate   **marino [-are]**
marinated   **marinato**
medium   **medio**
I mix/stir   **mischio [-are], mescolo [-are]**
mixed   **misto**
I peel   **sbuccio [-are]**
peeled   **sbucciato**
I pickle   **metto [-ere] sottaceto**
pickled   **sottaceto**
I pour   **verso [-are]**
I prepare   **preparo [-are]**
rare   **al sangue**
recipe   **la ricetta**
roast   **arrosto**

Recipe for a fresh fruit tart

Mix 250 g of flour with 100 g of sugar. Add 125 g of soft butter, 1 whole egg and an egg yolk, a pinch of salt and a little grated lemon peel.

Quickly work into a dough with your fingertips, forming a ball which you wrap in cling-film.

Ricetta per una crostata di frutta fresca
Mescolate 250gr di farina con 100gr di zucchero. Aggiungete 125gr di burro, 1 uovo intero e un tuorlo d'uovo, un pizzico di sale e un po' di scorza di limone grattuggiata.
Impastate rapidamente con la punto delle dita, formate una palla che avvolgerete in pellicola.

I roast   **faccio [fare] arrostire**
in sauce   **in salsa**
I slice   **taglio [-are] a fette, affetto [-are]**
sliced   **affettato**
I spread   **spalmo [-are]**
stewed   **in umido**
I toast   **abbrustolisco [-ire]**
toasted   **tostato, abbrustolito**
I wash up   **lavo [-are] le stoviglie**
I weigh   **peso [-are]**
well-done   **ben cotto**
I whip   **sbatto [-are], frullo [-are]**
whipped   **battuto, montato**
I whisk   **sbatto, frullo**
whisked   **frullato**

Eating

I am hungry   **ho [avere] fame**
I am thirsty   **ho [avere] sete**
appetite   **l'appetito** *(m)*
appetizing   **appetitoso, stuzzicante**
I bite   **mordo [-ere]**
bitter   **amaro**
calorie   **la caloria**
   low-calorie   **povero di calorie**
I chew   **mastico [-are]**
cold   **freddo**
delicious   **squisito**
diet *(usual)*   **l'alimentazione** *(f)*

diet   **la dieta, il regime dietetico**
   I'm on a diet   **sto [-are] a dieta**
fatty/oily   **grasso**
fresh   **fresco**
I help myself   **mi servo [-ire]**
hot   **caldo**
hunger   **la fame**
I am hungry   **ho [avere] fame**
I like   **mi piace [piacere]**
mild   **di gusto leggero**
I offer   **offro [-ire]**
I pass the salt   **passo [-are] il sale**
piece   **il pezzo**
I provide   **fornisco [-ire]**
salty   **salato**
I serve   **servo [-ire]**
sharp   **tagliente, acuminato**
slice   **la fetta**
I smell   **sento [-ire] il profumo**
soft   **molle, morbido**
spicy   **piccante**
stale   **stantio**
still   **non frizzante**
strong   **forte**
I swallow   **inghiottisco [-ire]**
tasty   **saporito**
thirst   **la sete**
I am thirsty   **ho {avere} sete**
I try   **assaggio [-are]**
vegan   **vegetariano integrale**
vegetarian   **vegetariano**

Peel and slice the fruit and leave to soak for about 30 mins in a syrup of sugar and lemon.

Pour the cake mixture into a buttered cake tin and bake in the oven at 180°.
When the cake is ready, dissolve 4 tablespoons of jam in a little water and pour on the cake. Add the marinaded fruit.

Sbucciate e tagliate a fette della frutta e lasciatela macerare per 30 minuti circa in uno sciroppo di zucchero e limone.
Stendete la pasta in una tortiera imburrata e cuocetela in forna a 180 gradi.
Quando la torta è pronto sciogliete 4 cucchiaiate di marmellata in un po' d'acqua e versatele nella torta. Aggiungete la frutta macerata.

➤ HOUSEHOLD ITEMS 9b; BASIC FOODSTUFFS 9b

11 Health & illness

11a Accidents & emergencies

accident **l'incidente** *(f)*
ambulance **l'ambulanza** *(f)*
I attack **aggredisco [-ire]**
black eye **l'occhio** *(m)* **nero**
break **la rottura, la frattura**
I break **rompo [-ere], fratturo [-are]**
I break my arm **mi rompo [-ere] il braccio**
breakage **la rottura**
broken **rotto, fratturato**
I have broken my leg **mi sono rotto la gamba**
bruise **il livido**
I bruise **mi faccio [fare] un livido, ammacco [-are]**
burn **la bruciatura, la scottatura**
I burn **brucio [-are], mi scotto [-are]**

casualty **la vittima, il ferito**
casualty department **il pronto soccorso**
it catches fire **si incendia [-are]**
I collide **mi scontro [-are]**
collision **lo scontro, la collisione**
I crash **mi scontro [-are]**
I crush **schiaccio [-are]**
I cut **taglio [-are]**
I cut myself **mi sono tagliato [-are]**
I have cut my finger **mi sono tagliato il dito**
dead **morto**
death **la morte**
I die **muoio [morire]**
emergency **l'emergenza** *(f)*
emergency exit **l'uscita** *(f)* **d'emergenza**

There has been an accident! We need an ambulance immediately. Call the fire brigade!

C'è stato un incidente! Occorre un'ambulanza immediatamente. Chiamate i pompieri!

My friend is injured. Don't move him! He may have injured his spine.

Il mio amico è ferito. Non muoverlo! Può avere danneggiato la spina dorsale.

– Are you a doctor? Do you know any reanimation technique?
– I am sorry, I have never done any First Aid training.

– Lei è medico? Conosce la tecnica di rianimazione?
– Mi dispiace, non ho mai fatto un corso di pronto soccorso.

emergency services **i servizi d'emergenza**
it explodes **esplode [-ere]**
explosion **l'esplosione** *(f)*
I extinguish **estinguo [-ere]**
fatal **fatale, mortale**
fine **la multa, l'ammenda** *(f)*
fire **il fuoco, l'incendio** *(m)*
fire brigade **i pompieri**
fire engine **l'autopompa** *(f)*
fire extinguisher **l'estintore** *(m)*
fireman **il pompiere**
first aid **il pronto soccorso**
graze **l'escoriazione** *(f)*, **l'abrasione** *(f)*
I have had an accident **ho avuto [avere] un incidente**
hospital **l'ospedale** *(m)*
impact **l'impatto** *(m)*, **il colpo**
incident **l'incidente** *(m)*
I injure **faccio [fare] male, ferisco [-ire]**
injury **la ferita**
injured **ferito**
insurance **l'assicurazione** *(f)*
I insure **assicuro [-are]**

I kill **uccido [-ere]**
killed **ucciso**
life-belt **la cintura di sicurezza**
life-jacket **il giubbotto di salvataggio**
oxygen **l'ossigeno** *(m)*
para-medic **il paramedico**
I recover **mi rimetto [-ere]**
recovery **il ricupero, la ripresa**
I rescue **salvo [-are], soccorro [-ere]**
rescue **il soccorso, il salvataggio**
rescue services **i servizi di soccorso**
I run over **investo [-ire]**
safe and sound **sano e salvo**
safety-belt **la cintura di sicurezza**
salvage **il salvataggio**
I save **salvo [-are]**
scar **la cicatrice**
seat-belt **la cintura di sicurezza**
terrorist attack **l'attacco** *(m)* **terroristico**
third-party **i terzi** *(pl)*
witness **il/la testimone**
wounded **ferito**

Where's the nearest hospital? — **Dov'è l'ospedale più vicino?**

Hurry, my wife is about to have a baby! — **Si sbrighi, mia moglie sta per partorire!**

This casualty needs to be admitted to hospital immediately. — **Questo ferito deve essere ricoverato d'urgenza.**

This one can go to Outpatients. — **Questo può andare in ambulatorio.**

Call a doctor quick! — **Presto, chiamate un medico!**

➤ MEDICAL TREATMENT 11c; HEALTH & HYGIENE 11d; DEATH 7c

11b Illness & disability

ache **il dolore**
alive **vivo**
I am ill/sick **sto [-are] male, sono [essere] malato**
I am sick/vomit **vomito [-are]**
he amputates **amputa [-are]**
amputee **l'amputato** *(m)*
amputation **l'amputazione** *(f)*
arthritis **l'artrite** *(f)*
asthma **l'asma** *(f)*
I bleed **perdo [-ere] sangue**
blind **cieco, non vedente**
blood **il sangue**
breath **il fiato, l'alito** *(m)*, **il respiro**
I breathe **respiro [-are]**
breathless **senza fiato/respiro**
broken **rotto**
it burns **brucia [-are]**
cancer **il cancro**
catarrh **il catarro**
I catch cold **prendo [-ere] un raffreddore**
cold **il raffreddore**
constipated **stitico**
constipation **la stitichezza**
convalescence **la convalescenza**
I am convalescing **sono [essere] in convalescenza**
cough **la tosse**
I cough **tossisco [-ire]**
I cry **piango [-ere]**
dead **morto**
deaf **sordo, non udente**

deafness **la sordità**
death **la morte**
depressed **depresso**
depression **la depressione**
diarrhoea **la diarrea**
I die **muoio [morire]**
diet **la dieta**
disabled **invalido, disabile**
disease **la malattia**
dizziness **lo stordimento**
dizzy **stordito**
drugs/medication **i medicinali, le droghe, gli stupefacenti**
drugged **drogato, narcotizzato**
dumb **muto, non parlante**
earache **mal di orecchio**
I fall **cado [-ere]**
I feel dizzy **mi gira [-are] la testa**
I feel ill/unwell **mi sento [-ire] male, sto [-are] male**
fever **la febbre**
feverish **febbrile**
flu **l'influenza** *(f)*
I got better **mi sono rimesso [rimettere]**
I had an operation **sono stato [-are] operato**
I have a cold **ho [avere] un raffreddore, sono [essere] raffreddato**
I have a temperature **ho [avere] la febbre**
headache **il mal di testa**
heart attack **l'attacco** *(m)*

– I don't feel at all well!

– Have you checked your temperature?

– I am aching all over. I feel a sharp pain just here.

– **Non mi sento molto bene!**

– **Ti sei misurata la febbre?**

– **Mi fa male dappertutto! Sento un dolc・e acuto proprio qui.**

---

cardiaco
high blood pressure **l'ipertensione** *(f)*
hurt **ferito**
it hurts **mi fa [fare] male**
ill/sick **malato, ammalato**
illness **la malattia**
jaundice **l'itterizia** *(f)*
I live **vivo [-ere]**
I look (ill) **sembro [-are] (malato)**
mental illness **la malattia mentale**
mentally sick **malato mentale**
migraine **l'emicrania** *(f)*
mute **muto, non parlante**
pain **il dolore**
painful **doloroso**
pale **pallido**
paralysis **la paralisi**
paralyzed **paralizzato**
pneumonia **la polmonite**
I recover/get well **mi rimetto [-ere]**
recovery **la ripresa**
rheumatism **il reumatismo**
sick/ill **malato**
I sneeze **starnutisco [-ire]**
sore throat **il mal di gola**
sting **la puntura**
it stings **punge [-ere], pizzica [-are]**
stomach **lo stomaco**
stomachache **il mal di stomaco**
stomach upset **il mal di pancia**
I sweat **sudo [-are]**
symptom **il sintom**
I take drugs **prendo [-ere] medicine**

temperature **la febbre, la temperatura**
tonsillitis **la tonsillite**
toothache **il mal di denti**
ulcer **l'ulcera** (f)
visually handicapped **minorato della vista**
I vomit **vomito [-are]**
What's wrong? **Che c'è? Cosa hai?**

Medicines & first aid

analgesic **un analgesico**
aspirin **l'aspirina** *(f)*
(elastic) bandage **la benda (elastica)**
cotton wool **il cotone idrofilo**
cough mixture **lo sciroppo per la tosse**
disinfectant **il disinfettante**
eye drops **le gocce per gli occhi**
gauze **la garza**
iodine **la tintura di iodio**
laxitive **il lassativo**
mouthwash **il gargarismo**
sleeping pills **i sonniferi**
sticking plaster/Bandaid® **il cerotto adesivo**
tablets **le pastiglie**
throat lozenges **le pasticche per la gola**
tranquillizers **i tranquillanti**
vitamin pills **le vitamine**

– It's probably just flu. There is no need to call the doctor. You need to rest and drink lots of fluids. I'll check if we have aspirins in the medicine cabinet.

– Probabilmente è solo influenza. Non c'è bisogno di chiamare il medico. Devi riposare e bere molto. Ora vedo se abbiamo dell'aspirina nell'armadietto dei medicinali.

➤ PARTS OF THE BODY App.5b; PHYSICAL STATE 11d

11c Medical treatment

appointment **l'appuntamento** *(m)*
bandage **la benda, la fascia**
blood pressure **la pressione del sangue**
blood test **l'esame** *(m)* **del sangue**
blood transfusion **la trasfusione di sangue**
capsule **la capsula**
chemotherapy **la chemioterapia**
cosmetic surgery **la chirurgia estetica**
critical **critico**
cure **la cura**
danger to life **il pericolo mortale**
dangerous **pericoloso**
death **la morte**
I diet **sono [essere] a dieta**
doctor (Dr.) **il Dottor (Dott.), la dottoressa**
drug **la medicina, il medicinale**
E111-form **il modulo E111**
I examine **esamino [-are]**
examination **la visita medica,**

l'esame *(f)*
I fill **riempio [-ire]**
four times a day **4 volte al giorno**
hospital **l'ospedale** *(m)*
I improve **miglioro [-are]**
injection **l'iniezione** *(f)*
insurance certificate **il certificato d'assicurazione**
I look after **accudisco [-ire]**
medical **medico**
medicine **la medicina**
midwife **l'ostetrica** *(f)*
nurse **l'infermiere** *(m)*
I nurse **assisto [-ere], curo [-are]**
I operate **opero [-are]**
operation **l'operazione** *(f)*
pastille **la pastiglia**
patient **il/la paziente**
physiotherapy **la fisioterapia**
physiotherapist **il/la fisioterapista**
pill **la pillola**
plaster (of Paris) **il gesso**
   in plaster **ingessato**

I have a heavy cold. I can't breath very well.

Ho un gran raffreddore.

Non posso respirare bene.

I think I have broken my left arm. It hurts a lot.

Penso di essermi rotto il braccio sinistro. Fa molto male.

I feel dizzy if I stand up. I don't usually faint!

Ho il capogiro quando mi alzo. Normalmente non svengo!

I have been sick several times. However, the dizziness is wearing off.

Ho vomitato parecchie volte. Però il capogiro mi sta passando.

I don't know what is wrong with him. Does he suffer from high blood pressure?

Non so che cosa abbia. Soffre di ipertensione?

Remember that he is allergic to penicillin.

Ricordati che è allergico alla penicillina.

I prescribe **prescrivo [-ere]**
prescription **la ricetta, il ticket**
radio therapy **la radioterapia**
receptionist **il/la receptionist**
service **il servizio**
I set *(bone)* **messo [mettere] a posto**
smear test **il test di pap**
spa resort **la stazione termale**
specialist **lo/la specialista**
stitch **il punto**
surgery **la chirurgia**
surgery hours **l'orario** *(m)* **di consultazione medica**
symptom **il sintomo**
syringe **la siringa**
tablet **la pillola**
therapeutic **terapeutico**
therapy **la terapia**
therapist **il/la terapeuta**
thermometer **il termometro**
I treat **curo [-are]**
treatment **la cura, il trattamento**
ward **il padiglione, il reparto**
wound **la ferita**

he x-rays **radiografa [-are]**
x-rays **i raggi**

Dentist and optician

abscess **l'ascesso** *(m)*
anaesthetic **l'anestesia** *(f)*
contact lens **la lente a contatto**
dentist **il dentista**
denture **la dentiera**
extraction **l'estazione** *(f)*
eyesight **la vista**
eyestrain **la fatica oculare**
filling **l'otturazione** *(f)*
frame **la montatura**
lens **la lente**
long-sighted **presbite**
optician **l'ottico** *(m)*
short-sighted **miope**
spectacles/glasses **gli occhiali**
spectacle case **l'astuccio** *(m)* **per occhiali**
I test/check **controllo [-are]**
tooth **il dente**
I have toothache **ho [avere] mal di denti**

I have a sore throat and I have a migraine coming on. But I am not ill very often.

Ho mal di gola. E mi sta venendo l'emicrania. Non mi ammalo spesso.

She has fully recovered from cancer.

È guarita completamente dal cancro.

Is he a good doctor? Can he diagnose the symptoms and prescribe a cure?

È un bravo medico? Può fare una diagnosi dei sintomi e prescrivere una cura?

He does not like injections.

Non gli piacciono le iniezioni.

I have lost my tablets.

Ho perso le (mie) compresse.

Will I need an operation? I have my medical insurance.

Dovrò essere operato? Ho l'assicurazione medica.

He had an operation recently. He seems to be recovering.

È stato operato recentemente. Sembra si stia rimettendo.

11d Health & hygiene

Physical state

aching	**dolorante**
asleep	**addormentato**
awake	**sveglio**
blister	**la vescica**
boil	**il foruncolo**
bruise	**la contusione**
comfort	**il ristoro**
comfortable	**senza dolore**
dehydrated	**disidratato**
discomfort	**il fastidio**
dizziness	**lo stordimento, il capogiro**
dizzy	**stordito**
drowsiness	**la sonnolenza**
drowsy	**assonnato**
drunk	**ubriaco, sbronzo** *(fam)*
I exercise	**faccio [fare] del moto**
exercise bike	**la bicicletta da camera**
faint	**debole, pallido, che sta per svenire**
I faint	**svengo [svenire]**
I feel	**mi sento [-ire]**
fit	**in forma**
fitness	**la buona salute/forma**
health	**la salute**
healthy	**in buona salute, sano**
I am hot/cold	**ho [avere] caldo/freddo**
hunger	**la fame**
hungry	**affamato**
I'm hungry	**ho [avere] fame**
ill/sick	**malato**
I lie down	**mi sdraio [-are], mi stendo [-ere]**
I look well	**ho [avere] buon aspetto**
graze	**l'escoriazione** *(f)*
queasy	**nauseato**
I relax	**mi rilasso [-are]**
I rest/have a rest	**mi riposo [-are]**
seasick	**il mal di mare**
sick	**malato**
I sleep	**dormo [-ire]**
sleepy	**assonnato**
stable	**stabile**
stamina	**la resistenza, il vigore**
thirst	**la sete**
I'm thirsty	**ho [avere] sete**
tired	**stanco**
tiredness	**la fatica**
uncomfortable	**scomodo**
under the weather	**sentirsi [-ire] giù**
unfit	**malandato**
unwell	**indisposto**
I wake up	**mi sveglio [-are]**
well	**bene**
well-being	**il benessere**

Beauty & hygiene

bath	**il bagno**
beauty	**la bellezza**
beauty contest	**il concorso di bellezza**
beauty salon/parlor	**l'istituto** *(m)* **di bellezza**
beauty queen	**la reginetta di bellezza**

I need a shower.	**Devo fare una doccia.**
I'd like a haircut, please. Don't cut it too short.	**Vorrei il taglio dei capelli, per favore. Non li tagli troppo corti.**

beauty treatment **la cura di bellezza**
body odour/odor **l'odore** *(m)* **del corpo**
I burp/belch **erutto [-are]**
I brush **mi spazzolo [-are]**
brush **la spazzola**
I clean **pulisco [-ire]**
clean **pulito**
I clean my teeth **mi lavo [-are] i denti**
comb **il pettine**
I comb my hair **mi pettino [-are]**
I have a good complexion **ho [avere] un bel colorito**
condom **il preservativo**
contraceptive **il contraccettivo**
contraception **la contraccezione**
I cut **taglio [-are]**
dandruff **la forfora**
I defecate **defeco [-are]**
dirty **sporco**
diet *(usual food)* **l'alimentazione** *(f)*
　I am on a diet **sono [essere] a dieta**
electric razor **il rasoio elettrico**
face-pack **la maschera di bellezza**
flannel **la flanella, la pezzuola**
flea **la pulce**
hairbrush **la spazzola per capelli**
haircut **il taglio di capelli**
I get my hair cut **mi taglio [-are] i capelli**
healthy *(diet)* **la dieta** *(f)* **sana**
hygiene **l'igiene** *(f)*

hygienic/sanitary **igienico**
laundry *(establishment)* **la lavanderia automatica**
　laundry *(linen)* **la biancheria**
lotion **la lozione**
louse/nit **il pidocchio**
I'm losing my hair **perdo [-ere] i capelli**
manicure **la manicure**
I menstruate **mestruo [-are]**
menstruation **le mestruazioni** *(f)*
nailbrush **lo spazzolino per le unghie**
period **le mestruazioni**
period pains **i dolori mestruali**
razor **il rasoio**
sanitary towel **gli assorbenti**
sauna **la sauna**
scissors **le forbici**
shampoo **lo sciampo**
I shave **mi faccio la barba**
shower **la doccia**
smell *(odour)* **l'odore** *(m)*
I smell *(have an odour)* **puzzo [-are]**
soap **il sapone**
spotty **foruncoloso**
sweat **il sudore**
I sweat **sudo [-are]**
I take a bath **faccio [fare] il bagno**
I take a shower **faccio [fare] la doccia**
tampon **il tampone**
toothbrush **lo spazzolino da denti**
toothpaste **il dentifricio**
towel **l'asciugamano** *(m)*
I wash **(mi) lavo [-are]**

A little more off the back and sides, please. | **Ancora up po' dietro e ai lati.**

Please trim my moustache. | **Per favore, mi spunti i baffi.**

➤ AT THE HAIRDRESSER App.11d; DESCRIBING PEOPLE 5a

 Social issues

12a Society

abnormal **anormale**
alternative **l'alternativa** *(m)*
amenities **le amenità**
anonymous **anonimo**
attitude **l'atteggiamento**
available **disponibile**
basic **di fondo, basilare**
basis **la base, il fondamento**
burden **il carico, il peso**
campaign **la campagna**
care **la cura**
cause **la causa**
change **il cambiamento**
circumstance **la circostanza**
community **la comunità**
compulsory **obbligatorio**
contribution **il contributo**
it costs **costa [-are]**
I counsel **consiglio [-are], raccomando [-are]**
counselling **il servizio di consulenza**
criterion **il criterio**
dependence **la dipendenza**
dependent **dipendente**
deprived **indigente, bisognoso**
difficulty **la difficoltà**
effect **l'effetto** *(m)*
effective **efficace, valido**
finance **la finanza**
financial **finanziario**
frustrated **frustrato, insoddisfatto**
frustration **la frustazione**
guidance **la guida, l'orientamento**
increase **l'aumento** *(m)*
infrastructure **l'infrastruttura** *(f)*
insecurity **l'insicurezza** *(f)*
institution **l'istituzione** *(f)*
instability **l'instabilità** *(f)*

loneliness **la solitudine**
lonely **solo**
long-term **a lungo termine**
measure **la misura**
negative **negativo**
normal **normale**
policy **la politica, la tattica**
positive **positivo**
power **il potere**
prestige **il prestigio**
privilege **il privilegio**
problem **il problema**
protest movement **il movimento di contestazione/protesta**
I provide (with) **fornisco [-ire], doto [-are], procuro [-are]**
provision **il provvedimento, la misura**
psychological **psicologico**
quality of life **la qualità della vita**
question/issue **la questione**
rate **il tasso**
responsibility **la responsabilità**
responsible **responsabile**
result **il risultato**
right **giusto, esatto**
role **il ruolo**
rural **campestre, rurale**
scarcity **la scarsezza, la carenza**
scheme **il piano, il progetto**
I am on the scrap heap **sono [essere] da buttare, non valgo [valere] più nulla**
secure (in-) **(in)sicuro**
security **la sicurezza**
self-esteem **la stima di sè**
short-term **a breve termine**
situation **la situazione**
social **sociale**

society **la società**
stable (un-) **(in)stabile**
stability **la stabilità**
statistics **le statistiche**
status **lo stato, la posizione**
stigma **lo stigma**
stress **la tensione, lo stress**
stressful **stressante**
structure **la struttura**
superfluous **superfluo**
support **il sostegno, l'appoggio**
(m)
I support **reggo [-ere], sostengo**
[-ere], appoggio [-are]
urban **urbano, cittadino**
value **il valore, il pregio**

Some useful verbs

I adapt **mi adatto [-are]**
it affects **tocca [-are], influisce**
[-ire]
I afford **posso [potere]**
permettermi
I am alienated **sono [essere]**
alienato
I break down **fallisco [-ire], vado**
[andare] a pezzi
I campaign **partecipo [-are] a una**
campagna
I care for ... **... è importante per**
me, mi piace [piacere] ...
I cause **causo [-are], sono**

[essere] responsabile (di)
it changes **cambia [-are]**
I contribute **contribuisco [-ire] a**
I cope **faccio [fare] fronte a**
I depend on **dipendo [-ere] da**
I deprive **privo [-are]**
I discourage **scoraggio [-are],**
dissuado [-ere]
I dominate **domino [-are]**
I encourage **incoraggio [-are]**
I help **aiuto [-are]**
I increase **aumento [-are]**
I lack **manco [-are] di**
I look after **mi prendo [-ere] cura**
di
I need **ho bisogno [-are] di**
I neglect **trascuro [-are]**
I owe **devo [-ere]**
I protest **protesto [-are]**
I provide for **provvedo [-ere] a**
I put up with **sopporto [-are],**
reggo [-ere]
I rely on **conto [-are] su**
I respect **rispetto [-are]**
I share **condivido [-ere]**
I solve **risolvo [-ere]**
I suffer from **soffro [-ire], patisco**
[-ire] di
I support **sostengo [-ere]**
I tackle **affronto, esamino [-are]**
I value **valorizzo [-are]**

In most major cities there are
immense social problems.

In quasi tutte le grandi città ci
sono problemi sociali immensi.

The community can no longer
support all those who need help.

La comunità non può più
reggere tutti coloro che hanno
bisogno di aiuto.

Despite campaigns to help the
homeless and unemployed, the
situation remains serious.

Nonostante le campagne a
sostegno dei senzatetto e dei
disoccupati, la situazione
permane grave.

➤ ADDICTION & VIOLENCE 12d; PREJUDICE 12e

12b Poverty & social services

Social services

aid **l'aiuto** *(m)*, **il sostegno**
agency **l'agenzia** *(f)*
authority **l'autorità** *(f)*
benefit **l'idennità** *(f)*
I benefit **beneficio [-are] (di)**
charity **la beneficienza**
child maintenance **gli alimenti**
claim **la richiesta**
I claim **reclamo [-are], richiedo [-ere]**
disabled **disabile**
dole **il sussidio di disoccupazione**
I am eligible for **sono [essere] idoneo a, ho [avere] diritto a**
family allowance **gli assegni familiari**
frail **delicato, fragile**
frailty **la fragilità, la delicatezza**
grant **la borsa (di studio), il sussidio**
handicap **l'handicap** *(m)*, **lo svantaggio**
handicapped **l'handicappato, lo svantaggiato**
ill-health **la malattia**
income support **gli assegni familiari**
loan **il prestito**
maintenance **il mantenimento**
official **il funzionario**
reception centre/center **il centro di accoglienza**
Red Cross **la Croce Rossa**
refuge **il rifugio**
refugee **il profugo**
I register **registro [-are]**
registration **la registrazione**
Salvation Army **l'Esercito della Salvezza**
service **il servizio**
social security **l'assistenza** *(f)* **sociale**
social worker **l'assistente** *(m/f)* **sociale**
support **il sostegno, l'assistenza** *(f)*
I support **sostengo [-tenere]**
welfare **l'assistenza** *(f)*
welfare state **lo stato assistenziale**

Wealth & poverty

affluence **la ricchezza**
I beg **elemosino [-are]**
beggar **il/la mendicante**
broke **senza un soldo**
debt **il debito, l'obbligo** *(m)*
I am in debt **ho [avere] debiti**
deprivation **la privazione**
destitute **bisognoso, indigente**
living standards **il tenore di vita**
millionaire **il milionario**
need **il bisogno**
nutrition **l'alimentazione** *(f)*

– There is a reception centre/center for immigrants coming from countries other than Europe and for political refugees.
– What do the centres/centers provide? – Mainly food, temporary accommodation, legal advice and language training.

– Ci sono centri di accoglienza per gli extra-comunitari e per i profughi politici.

– Che cosa provvedono i centri?
– Principalmente a pasti, sistemazione temporanea, assistenza legale e corsi di lingua.

pension **la pensione**
pensioner **il pensionato**
poor **povero**
poverty **la miseria, la povertà**
 I live in poverty **vivo [-ere] in miseria**
subsistence **i mezzi di sussistenza**
tramp/vagrant **il vagabondo, il nomade**
vulnerability **la vulnerabilità**
vulnerable **vulnerabile**
wealth **i beni, la ricchezza**
wealthy/rich **ricco**
I am well-off **sono [essere] benestante**

Unemployment

I cut back *(on jobs)* **taglio [-are] la manodopera**
I dismiss **licenzio [-are]**
dole **il sussidio di disoccupazione**
employment **l'impiego, il lavoro, l'occupazione** *(f)*
full-time **a tempo pieno**
I give notice **do [dare] le dimissioni**
job **il lavoro, l'impiego** *(m)*, **il posto**
job centre/center **l'ufficio** *(m)* **di collocamento**
job-sharing **il lavoro diviso**
job creation scheme **il progetto per la creazione di posti di lavoro**

long-term unemployed **disoccupazione a lungo termine**
I have lost my job **ho perso [-ere] il posto**
occupation/job **l'occupazione** *(f)*
part-time **il lavoro a tempo parziale**
qualification **le qualifiche**
qualified **qualificato**
redundancy **il licenziamento (per ridurre il personale)**
redundant **licenziato**
 I am made redundant **sono licenziato**
retraining **la riqualificazione**
 I am retrained **sono riqualificato**
short-time working **il lavoro a breve termine**
staff cutback **i taglí al personale**
trade union **il sindacato**
training scheme/program **il programma di formazione**
unemployed **disoccupato**
unemployment benefit/insurance **il sussidio di disoccupazione**
unemployment figure **le cifre della disoccupazione**
unemployment rate **il tasso di disoccupazione**
unskilled **l'operaio** *(m)* **non qualificato**
vacancy **il posto vacante**

– Is the level of unemployment in Italy very high?
– In some areas it is about 15%.
– Are retraining schemes available?
– Yes, but not in all sectors.

– Il tasso di disoccupazione in Itala è molto alto?
– In alcune zone è del 15%.
– Ci sono programmi di riqualificazione?
– Sì ma non in tutti i settori.

➤ WORK 14; JOB APPLICATION 14c

12c Housing & homelessness

accommodation **l'alloggio** *(m)*, **l'abitazione** *(f)*

I build **costruisco [-ire]**

building **l'edificio** *(m)*

comfortable/homely **confortevole**

commune **la comunità**

I commute **faccio [fare] il pendolare**

commuter **il pendolare**

dilapidated **cadente, in rovina**

it deteriorates **peggiora [-are]**

digs/unfurnished rooms **le stanze ammobiliate**

drab **grigio, incolore**

estate/real estate agent **l'agente** *(m/f)* **immobiliare**

flat/apartment **l'appartamento** *(m)*
  block of flats/apartment house **il palazzo, il condominio**

furnished **ammobiliato**

house **la casa**
  detached house **la casa unifamiliare**
  council house **la casa comunale**
  semi-detached house **la casa bifamiliare**
  terraced house **la villetta a schiera**

housing **l'alloggiamento** *(m)*
  housing policy **la politica della casa**

landlord **il locatario, il proprietario**

I let/rent **affitto [-are]**

living conditions **le condizioni di vita**

I maintain **faccio [fare] la manutenzione**

I modernize **rimoderno [-are]**

mortgage **il mutuo**
  mortgage rate **il tasso di mutuo**

I move (house) **trasloco, cambio casa**

I occupy **occupo [-are]**

own **proprio**

owner-occupied house **la casa occupata da proprietario**

planning **la pianificazione**

property *(land)* **il terreno**

I renovate **rinnovo [-are]**

– Is the council/municipality planning to renovate the old market?
– Yes, the whole structure will be pulled down.

– Are you hoping to buy your own home soon?
– Yes, we are trying to get a mortgage. We have found an older property which we will modernize.

– Il comune sta progettando il rinnovo del vecchio mercato?
– Sì, demoliranno tutta la struttura.

– Sperí di comprarti la casa presto?
– Sì, stiamo cercando di ottenere un mutuo. Abbiamo trovato una vecchia proprietà che rinnoveremo.

I rent **affitto [-are]**
rent **l'affitto** *(m)*, **la locazione**
I repair **riparo [-are]**
repairs **le riparazioni**
residential area **la zona residenziale**
social housing/council housing/public housing **gli edifici comunali**
speculator **lo speculatore**
squalid **squallido**
suburb **la periferia**
tenant **l'inquilino** *(m)*
town planning **l'urbanistica** *(f)*
town planner **l'urbanista** *(m/f)*
urban development **lo sviluppo urbanistico**
unfurnished **senza mobili**
waste land **il terreno incolto**

Housing shortage

camp **il campeggio, il campo**
commune **la comunità, il comune**
I demolish **demolisco [-ire]**
demolition **la demolizione**
I evict **sfratto [-are] un inquilino**
eviction order **l'ordine** *(m)* **di sfratto**
it falls down **cade [-ere] a pezzi**

homeless **senzatetto**
housing problem **il problema della casa/dell'alloggio**
housing shortage **la crisi dell'alloggio**
hostel **l'ostello** *(m)*
overcrowded **sovraffollato**
overcrowding **il sovraffollamento** *(m)*
I pull down **demolisco [-ire]**
shanty town **la bidonville, la tendopoli**
shelter **il rifugio**
I sleep rough **dormo [-ire] per le srade**
slum **i quartieri poveri**
slum clearance **il risanamento dei quartieri poveri**
I squat **occupo [-are] abusivamente**
squatter **chi occupa abusivamente**
squatting **l'occupazione** *(f)* **abusiva**
it stands empty **rimane vuoto**

Living conditions in those blocks of flats/apartment blocks are poor. They are overcrowded and the landlords no longer repair them.

My sister lives on a new estate in the suburbs. She has a long journey every day into work.

Le condizione di vita in quei condomini sono scadenti. C'è sovraffollamento e i proprietari non eseguono più le riparazioni.

Mia sorella abita in un nuovo quartiere in periferia. Ha un lungo percorso da fare ogni giorno per recarsi al lavoro.

12d Addiction & violence

abuse **l'abuso** *(m)*
I abuse **abuso [-are]**
act of violence **l'atto** *(m)* **di violenza**
aggression **l'aggressione** *(f)*
aggressive **aggressivo**
alcohol **l'alcol**
alcoholic **l'alcolizzato** *(m)*
alcoholism **l'alcolismo** *(m)*
anger **la rabbia**
angry **arrabbiato, rabbioso**
I attack **aggredisco [-ire]**
attack **l'aggressione** *(f)*
I beat up **picchio [-are]**
I bully **intimidisco [-ire]**
bully **il prepotente, il bullo**
child abuse **la violenza ai minori**
consumption **il consumismo**
dangerous **pericoloso**
domestic violence **la violenza domestica**
I drink **bevo [bere]**
I get drunk **mi ubriaco [-are]**
drunk **ubriaco, ebbro**
drunken driving **la guida in stato d'ebbrezza**
effect **l'effetto** *(m)*
fatal **fatale, mortale**

fear **la paura**
I fear **ho [avere] paura**
force **la forza**
gang **la banda**
I harass **molesto [-are], tormento [-are]**
hooligan **il/la teppista**
hostile **ostile**
hostility **l'ostilità** *(f)*
insult **l'insulto** *(m)*, **l'offesa** *(f)*
I insult **insulto [-are]**
intoxication **l'ebbrezza** *(f)*, **l'ubriachezza** *(f)*
legal (il-) **(il)legale**
I mug **aggredisco [-ire] per rapina**
mugger **il rapinatore, l'aggressore** *(m)*
nervous **nervoso**
nervousness **il nervosismo**
pimp **il protettore**
pornographic **pornografico**
pornography **la pornografia**
prostitute **la prostituta**
prostitution **la prostituzione**
rape **lo stupro**
rapist **lo stupratore**
rehabilitation **la riabilitazione**

Sometimes gangs mug tourists on the streets or terrorize passers-by.

A volte gruppi di teppisti aggrediscono i turisti o terrorizzano i passanti.

I do not want to live in a society where older people and women are afraid to go out alone.

– Non voglio vivere in una società dove gli anziani e le donne hanno paura di uscire da soli.

Some young people have a drug problem.
Generally they start by sniffing solvents, or by taking soft drugs.

**Alcuni giovani hanno un problema di droga.
Generalmente cominciano ad annusare solventi o prendere droghe leggere.**

sexual harassment **le molestie sessuali**
I terrorize **terrorizzo [-are]**
I threaten **minaccio [-are]**
thug **il teppista**
vandal **il vandalo**
vandalism **il vandalismo**
victim **la vittima**
victimization **la vittimizzazione**
victim support **l'assistenza** *(f)* **alle vittime**
violent **violento**

Drugs

addict **il/la tossicodipendente**
addiction **la dipendenza**
addictive **che crea dipendenza**
addicted to drugs **tossicomane**
AIDS **l'AIDS**
cannabis **la canapa indiana**
cocaine **la cocaina**
crack **il crack**
I deal **traffico [-are]**
dealer **il trafficante di droga**
drug **la droga**
drug scene **l'ambiente** *(m)* **della droga**
drug traffic **lo spaccio della droga**
I dry out **faccio [fare] una cura disintossicante**

I get infected **sono [essere] infetto**
glue **la colla**
hard drugs **la droga pesante**
hash **l'hashish** *(m)*
I have a fix **prendo [-ere] la droga**
heroin **l'eroina** *(f)*
HIV-positive **HIV positivo**
I inject **inietto [-are]**
junkie **un tossicodipendente**
I kick *(the habit)* **smetto [-ere] di prendere**
I legalize **legalizzo [-are]**
LSD **LSD**
narcotic **il narcotico**
narcotics squad **la squadra narcotici**
pusher **lo spacciatore**
I smoke **fumo [-are]**
I sniff **fiuto [-are], annuso [-are]**
soft drugs **la droga leggera**
solvent **il solvente**
stimulant **lo stimolante**
stimulation **lo stimolo**
syringe **la siringa**
I take drugs/a fix **prendo [-ere] la droga, mi drogo [-are]**
tranquillizer **il tranquillante**
withdrawal symptoms **i sintomi di astinenza**

The longing for a quick fix becomes more and more urgent. Withdrawal symptoms are very unpleasant.

Il desiderio di bucarsi diventa sempre più impellente. Le crisi di astinenza sono molto sgradevoli.

Some people think soft drugs should be legal.

Alcuni pensano che le droghe leggere dovrebbero essere legalizzate.

Most people are now aware of the connection between drugs and AIDS.

La maggioranza delle persone è ormai cosciente del rapporto che esiste fra la droga e l'AIDS.

12e Prejudice

asylum seeker **il profugo**
citizenship **la cittadinanza**
country of origin **il paese d'origine**
cultural **culturale**
culture **la cultura**
I discriminate **discrimino [-are]**
discrimination **la discriminazione**
dual nationality **la doppia nazionalità**
emigrant **l'emigrante** *(m/f)*
emigration **l'emigrazione** *(f)*
equal **uguale, pari**
equal opportunities **le pari opportunità**
equal pay **la parità salariale**
equal rights **i pari diritti**
equality (in-) **l'(in)eguaglianza**
ethnic **etnico**
far right **della estrema destra**
fascism **il fascismo**
fascist **il fascista**
foreign **straniero**
foreign workers **i lavoratori stranieri**
freedom **la libertà**
freedom of movement **la libertà di movimento**
freedom of speech **la libertà di parola**
ghetto **il ghetto**
I immigrate **immigro [-are]**
immigration **l'immigrazione**
I integrate **mi integro [-are]**
integration **l'integrazione** *(f)*
intolerance **l'intolleranza** *(f)*
intolerant **intollerante**
majority **la maggioranza**
minority **la minoranza**
mother tongue **la madrelingua**
I persecute **perseguito [-are]**
persecution **la persecuzione**
politically correct **politicamente corretto**
prejudice **il pregiudizio**
prejudiced **prevenuto**
rabid **fanatico**
refugee **il profugo**
I repatriate **rimpatrio [-are]**
residence permit **il permesso di residenza**
right **il diritto**
right to asylum **il diritto d'asilo**

– Is racism a serious problem all over Europe?
– Yes, many religious and ethnic minorities suffer from discrimination.
Formerly foreign workers were asked to come and work in the industrial areas of Europe but this is no longer the case.

Immigration has contributed to the creation of a multi-cultural society.

– Il razzismo è un problema grave in tutta l'Europa?
– Sì, molti gruppi religiosi ed etnici minoritari sono vittime di discriminazione.
In passato si invitavano lavoratori stranieri a venire a lavorare nelle regioni industriali d'Europa, ma ora questo fenomeno non esiste più.
L'immigrazione ha contribuito a creare una società multiculturale.

right to residence **il diritto di residenza**
second language **la seconda lingua**
stereotype **lo stereotipo**
tolerance **la tolleranza**
tolerant **tollerante**
I tolerate **tollero [-are]**
unequal **ineguale**
work permit **il permesso di lavoro**

Race/Racism

anti-Semitic **antisemita**
anti-Semitism **l'antisemitismo** *(m)*
Asian **asiatico**
black **il nero**
 black *(adj)* **nero**
Caribbean **caraibo**
Jew **ebreo**
Jewish **ebraico**
National Front **il Fronte Nazionale**
Neo-Nazism **il neo-nazismo**
race riot **i disordini razziali**
racism **il razzismo**
racist **il/la razzista**
 racist *(adj)* **razzista**
white *(adj)* **bianco**

Sexuality

female **la femmina**
 female *(adj)* **femminile**
feminism **il femminismo**
feminist **la femminista**
gay **l'omosessuale** *(m/f)*
heterosexual **l'eterosessuale** *(m/f)*
 heterosexual *(adj)* **eterosessuale**
homosexual **l'omosessuale** *(m/f)*
 homosexual *(adj)* **omosessuale**
homosexuality **l'omosessualità** *(f)*
lesbian **la lesbica**
 lesbian *(adj)* **lesbica**
male **il maschio**
 male *(adj)* **maschile**
sexual **sessuale**
sexuality **la sessualità**
women's liberation movement **il movimento per la liberazione della donna**
women's rights **i diritti della donna**

What positive measures have been taken to prevent inequality? The laws against discrimination must be strengthened.

Quali misure sono state prese per prevenire l'ineguaglianza? Le leggi contro la discriminazione devono essere rinforzate.

The law still discriminates against male homosexuals, although society is getting more tolerant.

La legge discrimina ancora contro gli omosessuali, ma la gente sta diventando più tollerante.

Gay people have become more open about their sexuality.

Omosessuali e lesbiche sono diventati più aperti nel dichiarare la propria sessualità.

Religion

13a Ideas & doctrines

agnostic **agnostico**
anglican **anglicano**
apostle **l'apostolo** *(m)*
atheism **l'ateismo** *(m)*
atheist **ateo**
atheistic **ateistico**
authority **l'autorità** *(f)*
belief **la fede**
I believe (in) **credo [-ere] in**
believer **il/la credente**
Bible **la Bibbia**
biblical **biblico**
blessed **santo, sacro**
Buddha **Budda**
Buddhism **il buddismo**
Buddhist **buddista**
calvinist **calvinista**
he canonises **canonizza [-are]**
cantor **il cantore**
catholic **cattolico**
charismatic **carismatico**
charity **la carità**
Christ **(il) Cristo**
Christian **cristiano**
Christianity **la religione cristiana**
church **la chiesa**
commentary **il commento del vangelo**
conscience **la coscienza**
conversion **la conversione**

convert **il convertito**
counterreformation **la Controriforma**
covenant **il patto presbiteriano**
disciple **il discepolo**
divine **divino**
duty **il dovere**
ecumenism **l'ecumenismo** *(m)*
ethical **etico, morale**
evil **malvagio, maligno**
faith **la fede**
faithful **fedele**
follower **il/la seguace**
I forgive **perdono [-are]**
forgiveness **il perdono**
free will **il libero arbitrio**
fundamentalism **il fondamentalismo**
fundamentalist **fondamentalista**
god **Dio**
goddess **dea**
Gospel **il Vangelo**
grace **la grazia**
heaven **il cielo, il paradiso**
Hebrew **ebreo, israelita**
hell **l'inferno** *(m)*
heretical **eretico**
Hindu **Induista**
Hinduism **l'induismo** *(m)*
holiness **la santità**

There is considerable disagreement about the ordination of women to the priesthood.

John Wesley said, "The world is my parish."

C'è considerevole controversia sull'ordinazione delle donne al sacerdozio.

John Wesley disse: "Il mondo è la mia parrocchia".

holy **santo, sacro**
Holy Spirit **lo Spirito Santo**
hope **la speranza**
human **umano**
human being **l'essere** *(m)* **umano**
humanism **l'umanesimo** *(m)*
humanity **l'umanità** *(f)*
infallibility **l'infallibilità** *(f)*
infallible **infallibile**
Islam **l'islam** *(m)*, **l'islamismo** *(m)*
Islamic **islamico**
Jesus **Gesù**
Jew **un Ebreo**
Jewish **ebreo, ebraico**
Judaic **giudaico**
Judaism **il giudaismo**
Lord **il Signore, il Dio**
merciful **pietoso, misericordioso**
mercy **la pietà, la misericordia**
Messiah **il Messia**
Mohammed **Maometto**
moral **morale, etico**
morality **la moralità**
Muslim **il mussulmano**
  Muslim *(adj)* **maomettano,
  mussulmano**
mysticism **il misticismo**
mystical **mistico**
myth **il mito**
New Testament **il Nuovo
  Testamento**
nirvana **il nirvana**
Old Testament **il Vecchio
  Testamento**
orthodox **ortodosso**
pagan **pagano**
parish **la parrocchia**

Pentateuch **il pentateuco**
prophet **il profeta**
protestant **protestante**
protestantism **il Protestantesimo**
Quaker **il Quacchero**
Q'uran/Koran **il Corano**
redemption **la redenzione**
reincarnation **la reincarnazione**
religion **la religione**
sacred **sacro, consacrato**
saint **santo**
Saint Peter **San Pietro**
he sanctifies **santifica [-are]**
Satan **Satana**
he saves **salva [-are]**
scripture **il Vangelo, le sacre
  scritture**
service **il servizio, la messa**
Sikhism **il Sikhismo**
sin **il peccato**
sinful **peccaminoso**
sinner **il peccatore**
soul **l'anima** *(f)*
spirit **lo spirito**
spiritual **spirituale**
spirituality **la spiritualità**
Talmud **il Talmud**
Taoism **Taoismo** *(m)*
theological **teologico**
theology **la teologia**
traditional **tradizionale**
transcendental **trascendentale**
Trinity **la Trinità**
true **vero**
truth **la verità**
vision **la visione**
vocation **la vocazione**

The five pillars of Islam are belief in the One True God and his Prophet, prayer, fasting, giving alms and pilgrimage to Mecca.

I cinque pilastri dell'Islam sono la fede nell'Unico Dio e nel Suo Profeta, la preghiera, il digiuno, fare la carità e il pellegrinaggio alla Mecca.

13b Faith & practice

archbishop **l'arcivescovo** *(m)*
baptism **il battesimo**
Bar-mitzvah **il Bar-mitzva**
I bear witness to **do [dare]
testimonianza a**
bishop **il vescovo**
bishopric/see **la diocesi**
burial **la sepoltura**
cathedral **la cattedrale, il duomo**
chapel **la cappella**
christening **il battesimo**
clergy **il clero**
clergyman **il sacerdote,
l'ecclesiastico** *(m)*
communion **la comunione**
holy communion **la Santa
Comunione**
community **la comunità**
I confess (faith) **professo [-are] (la
fede)**
I confess *(sins)* **confesso [-are] a**

confession **la confessione**
confirmation **la cresima**
congregation (of cardinals) **la
congregazione (cardinalizia)**
convent **il convento**
I convert *(others)* **converto [-ire]**
I convert *(self)* **mi converto [-ire]**
Eucharist **l'Eucaristia** *(f)*
evangelical **evangelico**
evangelist **l'evangelista** *(m/f)*
I give alms **dono [-are]/faccio
[fare] benficienza**
I give thanks **ringrazio [-are]**
Imam **l'imano** *(m)*
intercession **l'intercessione**
laity **i laici** *(m)***, il laicato**
lay **laico**
layperson **un laico**
the Lord's Supper **l'Eucaristia** *(f)*
Mass **la Messa**
I meditate **medito [-are]**

Bishops in the Church of England are not afraid to speak about social problems.	**I Vescovi della Chiesa anglicana non esitano a parlare dei problemi sociali.**
The sacrament of Holy Communion will be celebrated on Sunday at 9 o'clock.	**Il sacramento della Santa Comunione sarà celebrato Domenica alle ore 9.**
The Parish Council meets regularly.	**Il consiglio parrocchiale si riunisce regolarmente.**
A few Muslim schoolgirls in France have come into conflict with the authorities because they chose to wear the veil at school.	**Alcune alunne mussulmane in Francia sono entrate in conflitto con le autorità perchè hanno scelto di indossare il velo a scuola.**
Every Muslim is called to prayer five times a day.	**Ogni Mussulmano è tenuto a pregare cinque volte al giorno.**

meditation **la meditazione**
minister **il ministro**
I minister to the parish **provvedo [-ere] ai bisogni della parrocchia**
ministry **il ministero, il sacerdozio**
mission **la missione**
missionary **il missionario**
monastery **il monastero**
monk **il monaco**
mormon **mormone**
mosque **la moschea**
mullah **il mullah**
nun **la suora, la monaca**
parish **la parrocchia**
parishioner **il parrocchiano**
pastor **il pastore**
Pope **il Papa**
I praise **lodo [-are]**
I pray (for) **prego [-are] per**
prayer **la preghiera**
prayerful **devoto, pio, religioso**

priest **il prete, il sacerdote**
rabbi **il rabbino**
reformation **la Riforma**
I repent **mi pento [-are]**
repentance **il pentimento**
repentant **il pentito**
I revere **onoro [-are], venero [-are]**
reverence **la venerazione**
reverent **riverente**
rite **il rito**
ritual **il rituale**
sacrament **il sacramento**
synagogue **la sinagoga**
synod **il sinodo**
temple **il tempio**
vow **il voto**
wedding **lo spozalizio**
witness **il/la testimone**
I witness **sono testimone di**
worship **l'adorazione** (f), **il culto**
I worship **onoro [-are], venero [-are]**

During the Holy month of Ramadan, Muslims fast from dawn to dusk. The month ends with the celebrations of the festival of Eid.

Durante il mese santo di Ramadan, i Mussulmani digiunano dall'alba al tramonto. Il mese si conclude con le celebrazioni del festival di Eid.

Those who are called to ministry must demonstrate their vocation before being accepted in theological colleges.

Coloro che sono chiamati al ministero devono dimostrare la loro vocazione prima di venire accettati nei seminari.

The Baptist tradition is very strong in the American South.

La tradizione battista è molto forte nel sud negli Stati Uniti

Religious fundamentalism can lead to fanaticism and intolerance in any religion.

Il fondamentalismo religioso può portare all'intolleranza e al fanatismo in ogni religione.

Business & economics

14a The economics of business

I administer **amministro [-are]**
agreement **l'accordo** *(m)*
bureaucracy **la burocrazia**
business **gli affari**
  a business **l'impresa** *(f)*, **la società, l'azienda** *(f)*
capacity *(industrial)* **la capacità produttiva**
commerce **il commercio**
commercial **commerciale**
company **l'impresa** *(f)*, **l'azienda** *(f)*, **la società**
deal **un affare**
I deliver **consegno [-are]**
demand **la richiesta**
the product is in demand **il prodotto è richiesto**
development **lo sviluppo**
I earn (a living) **guadagno [-are] (da vivere)**
I employ **assumo [-ere]**
employment **l'impiego** *(m)*, **il lavoro, l'occupazione** *(f)*
executive **esecutivo**
I export **esporto [-are]**
exports **le esportazioni**
fall **il calo, il declino, la caduta**
goods **la merce**
it grows **cresce [-ere], aumenta [-are]**
I import **importo [-are]**
I increase **aumento [-are]**
increase **l'aumento** *(m)*, **la crescita**
industrial output **il rendimento, la produzione industriale**
industry **l'industria** *(f)*
I invest **investo [-ire]**
investment **l'investimento** *(m)*

lay-offs **i licenziamenti**
living standards **il tenore di vita**
I manage **gestisco [-ire]**
management **la gestione**
multinational **multinazionale**
I negotiate **negozio [-are], tratto [-are]**
negotiations **i negoziati**
  one-to-one **faccia a faccia**
priority **la priorità**
I produce **produco [produrre]**
producer **il produttore**
production line **la catena di produzione**
productivity **la produttività, il rendimento**
quality **la qualità**
I raise (prices) **aumento [-are] (i prezzi)**
reliability **l'affidabilità** *(f)*
rise **l'aumento** *(m)*
  wages rise **l'aumento** *(m)* **delle retribuzioni**
semi-skilled **parzialmente qualificato**
services **i servizi**
I set (priorities) **stabilisco [-ire] (le priorità)**
sick-leave **il congedo per malattia**
I sign *(contracts)* **firmo [-are] i contratti**
skilled labour/labor **la manodopera qualificata**
social welfare **l'assistenzialismo** *(m)* **sociale**
I strengthen **rinforzo [-are], rafforzo [-are]**
supplier **il fornitore**
supply **la fornitura**

tax l'imposta *(f)*, la tassa
I tax tasso [-are]
unemployment la disoccupazione
unemployment benefit il sussidio
di disoccupazione
unskilled labour/labor la
manodopera non specializzata
work ethic l'etica *(f)* del lavoro
workforce la manodopera
working week la settimana
lavorativa

Industrial/Labor dispute

I am on strike faccio [fare]
sciopero
blackleg il crumiro
I boycott boicotto [-are]
I cross the picket line attraverso i
picchetti
demonstration la manifestazione
industrial/labor dispute la vertenza
sindacale
industrial relations le relazioni
industriali
I lock-out attuo [-are] una serrata
contro gli operai
lock-out la serrata
minimum wage il salario minimo

I picket faccio [fare]
picchettaggio
picket il picchettaggio
productivity bonus il premio di
produzione
I resume work riprendo [-ere] il
lavoro
settlement un accordo
stoppage un arresto (di lavoro)
strike lo sciopero
unofficial strike lo sciopero
selvaggio
I strike/go on strike faccio [fare]
sciopero
striker lo scioperante
strike ballot la votazione
strikebreaker il crumiro
trade union il sindacato
trade unionist il/la sindacalista
unfair dismissal il licenziamento
ingiustificato
unionized labour/labor la
manodopera sindacalizzata
wage demand la rivendicazione
salariale
work to rule lo sciopero bianco
workers' unrest le agitazioni
operaie

The Chambers of Commerce hope
these measures will enhance the
country's competitiveness. The
unions fear they will facilitate job
losses.

Le Camere di Commercio
sperano che queste misure
aumenteranno la competitività
del paese. I sindacati temono
che faciliteranno la perdita di
posti di lavoro.

Strikers blocked the port of Bari
and all main roads to Rome.

Gli scioperanti hanno bloccato il
porto di Bari e tutte le maggiori
strade dirette a Roma.

The unions called for a reduction in
the average weekly hours of work
per employee.

I sindacati hanno richiesto una
riduzione dell'orario medio
settimanale di lavoro per tutti i
dipendenti.

➤ AT WORK 14b; PAY & CONDITIONS 14c; FINANCE 14d; BANKING 14e

14b At work

agenda **l'ordine** *(m)* **del giorno**
on the agenda **all'ordine del giorno**
I am away on business **sono [essere] via per affari**
business trip **il viaggio d'affari**
I buy **compro [-are]**
canteen **la mensa**
career **la carriera**
I chair a meeting **presiedo [-ere] una riunione**
I delegate **delego [-are]**
disciplinary proceedings **le procedure di disciplinari**
grant **la concessione**
I grant permission to **concedo [-ere] il permesso di**
holiday/vacation **le ferie** *(pl)*
job **il lavoro, l'impiego** *(m)*
manager **il direttore, il dirigente**
management functions **le funzioni direttive**
I market **lancio [-are] sul mercato**
misconduct **la cattiva amministrazione**
occupation **l'occupazione** *(f)*
I'm off work **sono [essere] in ferie, non lavoro [-are]**
post **l'impiego** *(m)*, **il posto**
profession **la professione**
professional *(adj)* **professionale**
publicity **la pubblicità**
I qualify **mi laureo [-are], prendo**

[-ere] la laurea/la qualifica
I report to … **il mio superiore è …**
I am responsible for **sono [essere] responsabile (per)**
research **la ricerca**
I sell **vendo [-ere]**
I teach **insegno [-are], istruisco [-ire]**
I toil **lavoro [-are] duramente**
training **la formazione**
training course **il corso di formazione/aggiornamento**
I transfer **trasferisco [-ire]**
vocation **il mestiere, la professione**
wage-earner **il salariato**
warning *(verbal)* **l'avvertimento** *(m)*, **la diffida**
written warning **la lettera di diffida**
I work **lavoro [-are]**
work **il lavoro, l'impiego** *(m)*
worker **il lavoratore, l'operaio** *(f)*

In the office

business lunch **il pranzo d'affari**
business meeting **la riunione (d'affari)**
computer **il computer, l'ordinatore** *(m)*
conference **il congresso, la conferenza**
conference room **la sala**

Employment patterns are shifting from traditional models of regular permanent jobs for one employer only to a wide range of professional services delivered as a freelance to various employers.

I modelli di occupazione stanno passando dai modelli tradizionali di impiego regolare e permanente per un datore di lavoro unico a una miriade di prestazioni professionali come collaboratori esterni per vari datori di lavoro.

congressi/conferenze
desk **la scrivania**
I dictate **detto [-are]**
dictating machine **il dittafono**
electronic mail **la posta elettronica**
extension **l'interno** *(m)*
fax **il facsimile**
fax machine **il fax**
I fax **mando [-are] un fax**
file **lo schedario**
I file **archivio [-are]**
filing cabinet **il casellario, lo schedario**
intercom **il citofono**
open-plan **a piano aperto**
photocopier **la fotocopiatrice**
photocopy **la fotocopia**
I photocopy **fotocopio [-are]**
pigeonhole **la casella**
reception **la ricezione**
receptionist **il/la ricezionista**
shorthand **la stenografia**
swivel chair **la poltroncina girevole**
I take down in shorthand **stenografo [-fare]**
telephone **il telefono**
typing pool **la sala delle dattilografe**
wastebasket **il cestino**
word processor **l'elaboratore** *(m)* **di testi**

In the factory & on site

automation **l'automazione** *(f)*
blue-collar worker **l'operaio** *(m)*

bulldozer **il bulldozer**
car/automobile industry **l'industria** *(f)* **dell'automobile**
component **il componente**
concrete **il calcestruzzo**
construction industry **l'industria** *(f)* **edilizia**
crane **la gru**
fork-lift truck **il carrello elevatore**
I forge **forgio [-are]**
industry **l'industria** *(f)*
heavy/light industry **l'industria** *(f)* **pesante/leggera**
I manufacture **fabbrico [-are]**
manufacturing **la fabbricazione**
mass production **la produzione di massa**
mining **la miniera**
power industry **l'industria** *(f)* **energetica**
precision tool **lo strumento di precisione**
prefabricated **prefabbricato**
process **il processo**
I process **tratto [-are]**
product **il prodotto**
on the production line **alla linea di montaggio**
raw materials **le materie prime**
robot **il robot, l'automa** *(m)*
scaffolding **l'impalcatura** *(f)*
shipbuilding **l'industria navale**
shipyard **il cantiere navale**
steamroller **il compressore a vapore**
steel smelting **la fonderia**
textile industry **l'industria tessile**

While my wife works for a bank, my son works in a toy factory on the production line and my daughter works in an office all day, I work as a writer.

Mentre mia moglie lavora in banca, mio figlio lavora alla linea di produzione in una fabbrica di giocattoli e mia figlia lavora in un ufficio tutto il giorno, io lavoro come scrittore.

➤ STATIONERY App.24b; COMPUTERS 16e; FARM 11b

14c Pay & conditions

apprentice **l'apprendista** *(m/f)*
bonus **l'indennità** *(f)*, **il premio**
I clock in/out **timbro [-are] il cartellino all'entrata/all'uscita**
commission **la provvigione**
  I am on commission **vendo [-ere] a provvigione**
company car **l'automobile** *(f)* **aziendale**
contract **il contratto**
I am employed by **sono [essere] alle dipendenze di**
expenses **le spese**
expense account **il conto spese**
flexi-time/flextime **l'orario** *(m)* **di lavoro flessibile**
freelance **indipendente**
I work freelance **lavoro [-are] indipendentemente**
full-time **a tempo pieno**
income **il reddito**
overtime **lo straordinario**

overworked **oberato di lavoro**
part-time **a tempo parziale**
payday **il giorno di paga**
payslip **il foglio paga**
payrise/pay raise **l'aumento** *(m)* **di stipendio**
payroll **il libro paga**
pension **la pensione**
perk **l'extra** *(m)*
permanent **permanente**
I retire **vado [andare] in pensione**
retirement **il pensionamento**
salary **lo stipendio**
self-employed **lavoratore autonomo**
shift **il turno**
  day shift **il turno di giorno**
  night shift **il turno di notte**
temporary **temporaneo, provvisorio**
trial period **un periodo di prova**
working-hours **l'orario** *(m)* **di**

– The conditions in this office are not satisfactory for your personnel, Mr Carraro.

– What do you mean?

– The place is cold, badly lit, and poorly ventilated. And you have far too many electrical appliances plugged into one socket. Unless you make considerable changes within three months, I shall be forced to close the office down.

– **Le condizioni in questo ufficio non sono soddisfacenti per il suo personale, Signor Carraro.**

– **Che cosa intende dire?**

– **L'ufficio non è riscaldato, è male illuminato ed è insufficientemente ventilato. E ha troppi apparecchi elettrici inseriti in una sola presa. Se Lei non apporterà cambiamenti sostanziali entro tre mesi, sarò costretto a chiudere l'ufficio.**

lavoro
wages **il salario, la paga**

Job application

I advertize for a secretary **metto [-ere] una annuncio per un posto di segretaria**
advertisement **l'annuncio** *(m)*
I have been made redundant **sono [essere] stato licenziato**
I apply for a job **faccio [fare] una domanda di lavoro**
classified ad **un annuncio economico**
curriculum vitae/resumé **il curriculum vitae**
discrimination **la discriminazione**
   racial discrimination **la discriminazione razziale**
   sexual discrimination **la discriminazione sessuale**
job centre/center *(government)* **l'ufficio** *(m)* **di collocamento**
job description **le mansioni**

I find a job **trovo [-are] un lavoro**
interesting **interessante**
interview **il colloquio**
I interview **intervisto [-are]**
job application **la domanda di lavoro**
I look for **cerco [-are]**
I promote *(someone)* **promuovo [-ere]**
I am promoted **ho avuto [avere] una promozione**
opening *(vacancy)* **il posto disponibile/vacante**
promotion **la promozione**
qualification **la qualifica**
qualified **qualificato**
situations vacant **le offerte di lavoro**
I start work (for) **incomincio [-are] a lavorare per**
I take on *(employee)* **assumo [-ere]**
vacancy **il posto libero/vacante**
work experience **l'esperienza** *(f)* **di lavoro, il tirocinio**

– Hello. Could I speak to the Personnel Manager, please.

– **Buongiorno. Vorrei parlare con il drettore del personale, per cortesia.**

– Speaking. What can I do for you?

– **Sono io. In che cosa posso esserLe utile?**

– I saw your advert in the paper for the post of sales agent. Could you send me the job description and application forms? – Certainly.

– **Ho visto il Suo annuncio nel giornale per il posto di agente di vendita. Può mandarmi dettagli sulle mansioni e un modulo di domanda? – Certamente.**

– How many referees are you asking for?

– **Quante referenze sono richieste?**

– Two, including your present employer.

– **Due, compresa quella del Suo attuale datore di lavoro.**

➤ UNEMPLOYMENT 12c

14d Finance & industry

account   il conto
advance   l'anticipo *(m)*
I advertise   faccio [fare] pubblicità
advertisement   l'annuncio *(m)*, lo
   spot pubblicitario (TV)
advertising   la pubblicità
advertising agency   l'agenzia *(m)*
   pubblicitaria
advice note   la lettera d'avviso
audit   la verifica dei conti
bill   la fattura
board   il consiglio
bond   il titolo, l'obbligazione *(f)*
branch *(of company)*   la filiale
budget   il bilancio, il budget
capital   il capitale
capital expenditure   l'investimento
   (m) dei capitali
Chamber of Commerce   la camera
   di commercio
collateral   la garanzia
company   l'azienda *(f)*, l'impresa
   (f), la società
I consume *(resources)*   consumo
   [-are]
consumer goods   i beni di
   consumo
consumer spending   le spese *(f)* di
   consumo
cost of living   il costo della vita
costing   la determinazione dei

   costi (di produzione)
costs   le spese, i costi
credit   il credito
debit   il debito
deflation   la deflazione
economic   economico
economy   l'economia *(f)*
funds   i fondi
government spending   le spese
   pubbliche
income   il reddito
income tax   l'imposta *(f)* sul
   reddito
instalment/installment   la rata
interest rate   il tasso d'interesse
I invest in   investo [-ire] in
investment   l'investimento *(m)*
invoice   la fattura
labour/labor costs   i costi di
   manodopera
liability   la responsabilità, il debito
manufacturing industry   l'industria
   (f) manifatturiera
market   il mercato
market economy   l'economia *(f)* di
   mercato
marketing   il marketing
merchandise   la merce
national debt   il debito nazionale
I nationalize   nazionalizzo [-are]
output   la produzione, il

Moretti SpA announced its
takeover bid for the Lodi
supermarket chain.

The company informed
shareholders that this year's
operating profits will not match the
level seen last year.

La Moretti SpA ha annunciato
l'offerta di rilevamento della
catena di supermercati Lodi.

L'azienda ha informato gli
azionisti che le operazioni
dell'anno in corso non
raggiungeranno gli stessi livelli
dell'anno scorso.

---

rendimento
pay **la paga, lo stipendio**
price **il prezzo**
pricing market **l'allineamento** *(m)*
dei prezzi
private sector **il settore privato**
I privatise **privatizzo [-are]**
product **il prodotto**
production **la produzione**
public sector **il settore pubblico**
quota **la quota**
real estate/realty **i beni immobili**
retail sales **le vendite al dettaglio**
retail trade **il commercio al
dettaglio**
salaries **la retribuzione, il salario**
sales tax **l'imposta** *(f)* **sull'entrata**
service sector **il (settore) terziario**
share **l'azione** *(f)*
share fluctuations **la fluttuazione
delle azioni**
share index **l'indice** *(m)*
finanziario
statistics **le statistiche**
Stock Exchange **la Borsa**
I subsidize **sovvenziono [-are]**
subsidy **la sovvenzione, il
sussidio**
supply and demand **l'offerta** *(f)* **e
la domanda**
supply costs **le spese
d'approvvigionamento**
I tax **impongo (imporre) una**

tassa
tax **la tassa, l'imposta** *(f)*
tax increase **l'aumento** *(m)* **fiscale**
taxation **la tassazione, il fisco**
taxation level **il livello fiscale**
turnover **il volume d'affari**
VAT/sales tax **l'IVA (Imposta sul
Valore Aggiunto)**
viable **solvibile**
wages **la paga, le retribuzioni**

Financial personnel

accountant **il ragioniere, la
ragioniera, il/la contabile**
actuary **l'attuario** *(m)*
auditor **il revisore dei conti**
bank employee **il bancario**
banker **il banchiere**
merchant banker **il banchiere
d'affari**
bank manager **il direttore di
banca**
broker **il mediatore**
insurance broker **l'agente** *(m/f)*
d'assicurazione
consumer **il consumatore**
investor **l'investitore** *(m)*
speculator **lo speculatore**
stockbroker **l'agente** *(m/f)* **di
cambio**
trader *(Wall St.)* **l'agente** *(m/f)* **di
cambio**

The government promised to fight
inflation by reducing interest rates.

**Il governo ha promesso di
combattere l'inflazione
attraverso la riduzione dei tassi
d'interesse.**

News of the budget deficit caused
panic in the Stock Exchange
today.

**La notizia del disavanzo nel
bilancio ha provocato il panico
oggi in Borsa.**

14e Banking & the economy

Banking & personal finance

account **il conto**
bank **la banca**
bank loan **il prestito bancario**
I bank (money) **deposito [-are] in banca**
building society/savings and loan association **la società finanziaria**
cash **i contanti**
I cash a cheque/check **incasso [-are] un assegno bancario**
cashcard **la carta bancaria**
cashdesk **la cassa, lo sportello**
cashpoint/automatic teller **lo sportello automatico, il bancomat**
I change **cambio [-are]**
cheque/check **l'assegno** *(m)*
credit card **la carta di credito**
currency **la valuta**
I deposit (in a bank) **deposito [-are] (in banca)**
deposit *(returnable)* **il deposito, la caparra**
down payment/deposit **l'acconto** *(m)*, **la caparra, il versamento della prima rata**
eurocheque **l'eurocheque** *(m)*
exchange rate **il tasso di cambio**
hire purchase/instalment plan **la vendita a rate**
I'm in credit **il mio conto è [essere] in credito**
I'm in deficit/in the red **il mio conto è [essere] in debito**
I lend **presto [-are]**
loan **il prestito**
mortgage **il mutuo ipotecario**
I mortgage **ipoteco [-are]**
I open an account **apro [-ire] un conto corrente**
overdraft **lo scoperto, le eccedenze** *(m)*
repayment **il rimborso**
I save **risparmio [-are]**
savings **i risparmi**
travellers' cheque/check **l'assegno**

– I'd like to open an account here.
– Certainly sir. What sort of account do you need?
– Just a normal current account. I'm here for three years, working at the university.
– Could you fill in this form with all your details?
– Certainly. What overdraft facilities are available for post-graduate students?
– I need to check that for you. In any case, you are welcome to discuss it with the manager when you need to!

– **Vorrei aprire un conto qui.**
– **Certamente. Che tipo di conto vuole?**
– **Un normale conto corrente. Sono qui per tre anni e lavoro all'università.**
– **Può compilare questo modulo con tutti i dettagli?**
– **Sì, certo. Che facilitazioni di eccedenze ci sono per studenti ricercatori?**
– **Questo glielo devo verificare. In ogni caso, Lei potrà senz'altro discutere la cosa con il direttore quando ne avrà bisogno!**

(m) **traveller**
I withdraw **ritiro [-are], incasso [-are]**

Growth

amalgamation **la fusione**
appreciation **l'aumento** *(m)*, **l'apprezzamento** *(m)*
assets **i beni, il capitale**
assurance **l'assicurazione** *(f)*
auction **la vendita all'asta**
boom **il boom**
competition **la concorrenza**
economic miracle **il miracolo economico**
efficiency **l'efficienza** *(f)*
material growth **la crescita dei beni**
merger **l'incorporazione** *(f)*
profit **il profitto**
profitable **lucrativo, redditizio**
progress **il progresso**
prosperity **la prosperità**
prosperous **prospero, fiorente**
recovery **la ripresa (economica)**
takeover **il rilevamento**

takeover bid **l'offerta** *(f)* **di rilevamento**

Decline

bankrupt **il fallimento, la bancarotta**
credit squeeze **la restrizione del credito**
debt **il debito**
it is declining **è in declino**
deficit **il deficit**
depreciation **il deprezzamento**
I dump **svendo [-ere], vendo [-ere] sottocosto**
inflation **l'inflazione** *(f)*
inflation rate **il tasso d'inflazione**
loss **la perdita**
no-growth economy **l'economia** *(f)* **a crescita zero**
recession **la recessione**
slow-down **il rallentamento**
slump **la recessione, la crisi**
spending cuts **la riduzione delle spese**
stagnant **stagnante**
stagnation **la stagnazione**

– Did you hear about Bertini & Sons?
– No, what about them?
– Unfortunately, they went bankrupt. They borrowed too heavily in order to introduce a new line which just didn't sell!

– And what was it?
– A range of battery powered toys which clearly couldn't compete with the videogames market!

– **Hai sentito l'ultima sulla Bertini & Figli?**
– **No, cosa è successo?**
– **Sfortunatamente sono andati in fallimento. Hanno fatto debiti molto importanti allo scopo di introdurre una nuova linea che non ha affatto venduto!**
– **E che cosa era?**
– **Una gamma di giocattoli a batteria che chiaramente non potevano competere con il mercato dei videogiochi!**

➤ ECONOMICS OF BUSINESS 14b; FINANCE & INDUSTRY 14d; TRADE 27c

15 Communicating with others

15a Social discourse

Meetings

I accept the invitation **accetto [-are] l'invito**
appointment **l'appuntamento** *(m)*
ball **il ballo, la danza**
banquet **il banchetto**
I'm busy **sono [essere] (già) impegnato**
I celebrate **festeggio [-are]**
club **il club, l'associazione** *(f)*
member **il socio**
date **la data**
diary/datebook **il diario, l'agenda** *(f)*
I drop in on **faccio [fare] un salto da**
I expect **aspetto [-are]**
I have fun **mi diverto [-ire]**
function **la funzione**
we gather **ci raduniamo [-are]**
gathering **la riunione**
guest **l'ospite** *(m/f)*
I invite **invito [-are]**
invitation **l'invito** *(m)*
I join **mi associo [-are]**
I meet (by chance) **incontro [-are] (per caso)**
meeting **l'incontro** *(m)*
party **la festa**
people **la gente**
present *(gift)* **il regalo**
reception **il ricevimento**
I see **vedo [-ere]**
I shake hands with **stringo [-ere] la mano a**
I spend *(time)* **passo [-are]**
social life **la vita di relazione**
I take part in **prendo [-ere] parte a**
I talk **parlo [-are], chiacchero [-are]**

I visit **visito [-are]**
visit **la visita**

Greetings & congratulations

I bow/curtsey **faccio [fare] un inchino**
bow/curtsey **l'inchino** *(m)*
Cheers! **Salute! Salve!**
Come in! **Entra! Entrate!**
I congratulate **congratulo [-are]**
Congratulations! **Congratulazioni!**
Excuse me **Mi scusi [-are]**
Good morning/afternoon **Buon giorno**
Good evening **Buona sera**
Good night **Buonanotte**
I greet **accolgo [accogliere], saluto [-are]**
greeting **il saluto**
Hallo/hello **Ciao, Salve**
Happy Christmas **Buon Natale**
Happy Easter **Buona Pasqua**
Happy New Year **Felice Anno Nuovo**
Here's to ... **Brindiamo [-are] a ...**
Hi! **Ciao, Salve**
I toast **brindo [-are] a**
toast **il brindisi**
Well done! **Bene! Bravo!**
Your (very good) health! **Alla salute!**

Introductions

Bill, meet Jane **Bill, ti presento Jane**
How do you do? **Piacere, Molto lieto**
I introduce myself **mi presento [-are]**
I introduce **presento ...**
introduction **la presentazione**

Ladies and gentlemen **Signore e signori**
Madam **Signora**
May I introduce ...? **Posso presentare ...?**
Miss X **la Signorina X**
Mr. Y **il Signore Y**
Mrs. Z **la Signora Z**
I'd like you to meet ... **Vorrei presentarle ...**
Pleased to meet you **Lieto di/ Paiacere da conoscerLa**
sir **Signore**
This is ... **Questo è ...**
I welcome **do [-are] il benvenuto a**
Welcome to **Benvenuti a**

Pleasantries

Best regards from **I migliori saluti da**
Bless you!/Gesundheit! **Salute!**
How are you (keeping)? **Come stai/sta [-are]?**
I hope you get well soon **Spero che guarisca presto**
I'm fine, thank you **Sto bene, grazie**
I'm so-so, thank you **Non c'è male, grazie**
My regards to **I miei saluti a**
Much better, thank you **Molto meglio, grazie**
I say "tu" **do del «tu»**
I say "lei" **do del «lei»**
so-so **così, così**
Very well, thank you **Molto bene grazie**

Thanking

I'm very grateful to you for **Ti/Le sono molto riconoscente per**
It's a pleasure **Prego**
Many thanks **Mille grazie**
Nice/good of you to ... **È stato molto gentile di ...**
No, thank you! **No grazie!**
Not at all! **Non c'è di che!**

I thank **ringrazio [-are]**
Thanks! **Grazie!**
Thank you so much **Grazie infinite**

Apologizing

I'm afraid I can't **Mi dispiace [-ere], ma non posso**
apology **la scusa**
I apologize **chiedo [-ere] scusa**
I beg your pardon **Scusi?**
I do apologize **Chiedo [-ere] scusa**
Excuse me, please **Mi scusi, per favore**
excuse **la scusa**
I excuse **perdono [-are], scuso [-are]**
Forget it! **Non ti preoccupare!**
I forgive **perdono [-are]**
It doesn't matter (at all/a bit) **Non fa niente, non ha importanza**
not at all **non c'è di che, affatto**
I refuse **rifiuto [-are] di**
I'm sorry/so very sorry (that ...) **Mi dispiace (che ...)**
Unfortunately, I can't! **Sfortunatamente non posso**

Farewells

All the best! **Tante belle cose! I migliori auguri!**
Bye! **Ciao, ci vediamo!**
Cheerio! **Ciao, ciao!**
Good luck! **Buona fortuna!**
Good-bye **Arrivederci!**
I say goodbye **saluto [-are]**
Have a good time! **Divertiti!**
Have a safe journey home! **Buon viaggio!**
parting **la partenza**
See you later!/So long! **Ci vediamo più tardi!**
See you soon **A presto!**
I will see you tomorrow **Ci vediamo domani**
Sweet dreams! **Sogni d'oro!**

15b Comments & exclamations

Approval

Is this all right? **Va bene così?**
That's all right! **Sì, va bene**
Excellent **Eccellente! Ottimo!**
You should(n't) have ... **Ma, non dovevi/doveva ...**

Permission & obligation

That's (quite) all right. **Va (anche) bene (così)**
Absolutely not! **Assolutamente no!**
allowed **permesso**
I allow **permetto [-ere]**
I am allowed to ... **ho [avere] il permesso di...**
it is not allowed/permitted **(on) è permesso...**
Can I ...? **Posso ...?**
Can/may I have ..., please? **posso/potrei avere ..., per favore?**
I can (not) **(non) posso [potere]**
you cannot (can't) **(non) puoi/può**
May I ...? **Posso ...?**
I may (not) **non posso [potere]**
I must (not) **non devo [dovere]**
No **No**
not now/here/tonight **non adesso/qui/stasera**
it is permitted **è permesso**
Please do! **Prego! Senza complimenti!**
I'm supposed/not supposed **(non) dovrei**
Have you got time to ...? **Hai/ha tempo per/di ...?**

Surprise

Good God! **Dio mio! Oddio!**
Just as I expected **Proprio come me l'aspettavo**
oh really! **Veramente? Davvero?**
So what? **E allora? E con questo?**
surprise **la sorpresa**
I surprise **sorprendo [-ere], stupisco [-ire]**
surprising **sorprendente**
Does that surprise you? **Ti sorprende? Non te l'aspettavi?**
Well? **E allora?**
What a surprise! **Che sorpresa!**

Hesitating

Just a minute/moment! **Un attimo per favore**
What's his/her name? **Come si chiama?**
How shall I put it? **Come posso dirlo?**
or rather ... **o piuttosto/ovvero ...**
that is to say ... **cioè ...**
That's not what I meant to say **Non intendevo dire questo**
thingummyjig **l'affare** *(m)*, **il coso**
thingummyjig *(person)* **il tizio**
Now let me think **Fammi pensare un attimo**

Listening & (dis)agreeing

I (quite) agree **Sono d'accordo**
I don't agree **(Non) sono d'accordo**
agreed **d'accordo**
I believe so/not **ci credo/non ci credo**
but **ma, però, tuttavia**
Certainly (not)! **Di (no) certamente**
correct **esatto**
Definitely **Di sicuro, Senza dubbio**
Don't you agree (that) …? **Non sei d'accordo (che) …?**
Exactly! **Esattamente!**
I find (that) **trovo [-are] che**
Indeed! **Certo! Senz'altro!**
Just so! **Proprio così!**
Never! **Mai!**
No! **No!**
Of course! **Certamente! Certo!**
Of course (not)! **Chiaro (che no)!**
Oh! **Oh!**
Quiet! **Silenzio!, Zitto!**
Really(?) **Veramente? Avvero?**
right **giusto/esatto**
Rubbish! **Che sciocchezza!**
sh! **sssstt!**
That's not so **Non è così**
that's (not) right/correct **(Non) è giusto**
That's (not) true **(Non) è vero**
That's wrong! **È sbagliato**
true **vero**
Uh-huh! **Ah-hah!**
wrong **falso, sbagliato**
Yes! **Sì!**
Yes, it is **Sì, lo è**
Yes, please **Sì, per favore**
You're wrong **Hai torto, Sbagli**

Clarification & meaning

a kind/sort of … **un tipo/genere di …**
you know **conosci …, sai …**
I mean **voglio dire**
Do you mean to say …? **Intendi dire …?**
Do you mean …? **Vuoi dire …?**
What do you mean? **Cosa intendi? Cosa stai dicendo?**
What do you mean by …? **Cosa intendi per …?**
Could you repeat that, please? **Può ripeterlo per favore?**
The same to you (polite) **Altrettanto, grazie**
I say **dico [dire]**
Could you say that again? **Può ripetere per favore?**
Did you say …? **Ha detto …?**
What did you say? **Cos'ha detto? Come ha/hai detto?**
I said that … **Ho detto che …**
What I said was … **Ciò che dicevo era …**
slowly **lentamente**
something like … **qualcosa come …**
I speak **parlo [-are]**
Can you speak more slowly, please? **Può parlare più lentamente, per favore?**
I spell **scrivo [-ere]**
Could you spell that, please? **Mi può dire come si scrive per favore?**
How do you spell that, please? **Come si scrive, per favore?**
It is spelt/you spell it … **Si scrive con …**
I understand **Capisco/intendo**

15c Post/Mail & telephone

The post/mail

abroad **all'estero**

addressee **il destinatario**

airmail letter **la lettera per via aerea**

answer **la risposta**

Any news? **Ci sono notizie?**

collection **la levata della posta**

I correspond with **scrivo a [-ere], corrispondo [-ere] con**

correspondence **la corrispondenza**

correspondent **il/la corrispondente**

counter **lo sportello**

customs declaration **la dichiarazione doganale**

envelope **la busta**

express delivery **la consegna per espresso**

freepost **a carico del destinatario**

I hand in **consegno [-are]**

letter **la lettera**

letter-box **la cassette postale, la buca delle lettere**

letter-rate **la tariffa postale**

mail **la posta**

news **la notizia**

package **il pacco**

parcel **il pacco**

parcel-rate **la tariffa pacchi**

pen-friend **l'amico/l'amica per corrispondenza, il/la corrispondente**

post/mail **la posta**

post office **l'ufficio** *(m)* **postale**

post restante **il fermoposta**

I post/mail **spedisco [-ire]**

postage **l'affrancatura** *(f)*

postal order **il vaglia postale**

postcard **la cartolina (postale/illustrata)**

postcode/zip code **il codice d'avviamento postale (CAP)**

postman/mailman **il postino, il portalettere**

I receive **ricevo [-ere]**

recorded delivery **la raccomandata**

registered mail **la posta raccommandata**

reply **la risposta**

sealed **sigillato**

I send **mando [-are], invio [-are]**

sender **il/la mittente**

stamp **il francobollo**

I write **scrivo a [-ere]**

When does the post arrive?	**Quando arriva la posta?**
I haven't heard from her for ages.	**Non ho sue notizie da un secolo**
Dear Sir,	**Egregio Signore**
I am writing on behalf of my father, concerning …	**Le scrivo per conto di mio padre a riguardo di …**
I look forward to hearing from you,	**In attesa di una Sua cortese risposta,**
Yours sincerely,	**Distinti saluti.**

Telephone &
telecommunications

answering phone **la segretta telefonica**
booth **la cabina telefonica**
button **il bottone, il pulsante**
conversation **la conversazione**
I dial **compongo [-porre] il numero**
electronic mail (E-mail) **la posta elettronica**
engaged *(phone)* **occupato**
ex-directory/unlisted **non (è) in elenco**
extension **l'interno** *(m)*
extension number **il numero interno**
fax **il fax**
I fax **mando [-are] un fax a**
local call **una telefonata urbana**
long-distance call **una telefonata interurbana**
modem **il modulatore, il modem**
nought **lo zero**
operator **il/la centralinista**
out of order **fuori uso**
portable/cellular phone **il telefonino, il telefono portatile**
receiver **il ricevitore, la cornetta**
reverse charge call **la chiamata addebitata al riceviente**
sender **il/la mittente**

slot **l'apertura** *(f)*, **la fessura**
subscriber **l'abbonato** *(m)*
switchboard **il centralino**
telecommunications links **i collegamenti di telecomunicazioni**
telecommunications **le telecomunicazioni**
telegram(me) **il telegramma**
telegraph **il telegrafo**
telephone/phone **il telefono**
telephone directory **l'elenco** *(m)* **telefonico**
telephone kiosk/phone box **la cabina telefonica**
wrong number **il numero sbagliato**

Telephoning

I call **chiamo [-are]**
I connect **mi collego con [-are]**
I dial **compongo [-porre] il numero**
I fax **mando [-are] un fax a**
I hang up **riattacco [-are]**
I hold **attendo [-ere]**
I pick up **sollevo [-are]**
I press **premo [-ere]**
I put ... through (to) **(le) ... passo [-are] ...**
I speak to ... **parlo [-are] con**
I telephone **telefono [-are] a**

Could you fax it to me? | **Me lo puoi mandare via fax?**

Can I dial direct? | **Si può fare il numero diretto?**

Pietro here! | **Sono Pietro.**
This is Gianni Marconi (speaking). | **Parla Gianni Marconi.**
Could you put me through to Mirella ? | **Può passarmi Mirella?**

Are you still there? | **È ancora in linea?**
I will call back later. | **Richiamerò più tardi.**

Sorry, wrong number. | **Scusi, ho sbagliato numero.**

➤ COMPUTERS 15d; USING LANGUAGE 21b

15d Computers

Computer applications

adventure game **il videogioco**
application **l'applicazione** *(f)*
artificial intelligence **l'intelligenza artificiale** *(f)*
bar code **il codice a barra**
bar code reader **il lettore di codice a barra**
calculator **la calcolatrice**
computer controlled lathe **il tornio computerizzato**
computer science/studies **l'informatica** *(f)*
computerised **computerizzato**
desk-top publishing/DTP **il trattamento dei testi, il DTP**
grammar checker **il controllo grammaticale dei testi**
information **l'informazione** *(f)*
information technology **l'informatica** *(f)*
network **la rete**
office automation **l'automazione** *(f)* **degli uffici**
optical reader **il lettore ottico**

password **il codice di identificazione**
simulation **la simulazione**
simulator **il simulatore**
spell-check **il controllo ortografico dei testi**
synthesizer **il sintetizzatore**
text system **il sistema dei testi**
thesaurus **il dizionario dei sinonimi e contrari**
word processor **l'elaboratore** *(m)* **dei testi**

Word processing & operating

I abort **interrompo [-ere]**
I access **accedo [-ere] a**
I append **aggiungo [-ere]**
I back-up **faccio [fare] una copia di riserva**
I block (text) **aggruppo [-are]**
I browse **scorro [-ere]**
I cancel **annullo [-are]**
I clear the screen **ripristino [-are] lo schermo**
I click on **scatto [-are]**

Which disk drive are you using?	**Quale unità usi?**
How do you turn down the brightness of the screen display?	**Come si fa a diminuire l'intensità della luce della videata?**
The Macintosh and IBM systems will soon be compatible.	**I sistemi Macintosh e IBM saranno presto compatibili.**
Is it possible to replace the function keys?	**È possibile sostituire i tasti funzionali?**
These computers are on a local area network.	**Questi elaboratori fanno parte di una rete regionale.**
The printer needs servicing.	**Occorre fare la manutenzione alla stampante.**
Information technology is constantly evolving.	**L'informatica è in continua evoluzione.**

I communicate **comunico [-are]**
I copy **copio [-are]**
I count **conto [-are]**
I create **creo [-are]**
I cut and paste **taglio [-are] e
  inserisco [-ire]**
I delete **cancello [-are]**
I embolden **metto [-ere] in
  grassetto**
I emulate **emulo [-are]**
I enter **introduco [-ere]**
I erase **cancello [-are], annullo
  [-are]**
I exit **esco [uscire]**
I export **esporto [-are]**
I file **archivio [-are]**
I format **formatto [-are]**
I handle (text) **tratto [-are] (il
  testo)**
I import **importo [-are]**
I input **immetto [-ere]**
I install **colloco [-are]**
I list **elenco [-are]**
I load **carico [-are]**
I log on/off **entro [-are]/esco
  [uscire]**
I log **registro [-are]**

I merge **fondo [-ere]**
I move **muovo [-ere]**
I open (a file) **apro [-ire]**
I print (out) **stampo [-are]**
I (word) process **tratto [-are] i
  testi**
I program(me) **programmo [-are]**
I read **leggo [-ere]**
I receive **ricevo [-ere]**
I record **registro [-are]**
I remove **rimuovo [-ere]**
I replace **sostituisco [-ire]**
I retrieve **ritrovo [-are]**
I run **faccio [fare] scorrere**
I save **salvo [-are]**
I search **cerco [-are]**
I send **invio [-are]**
I shift **muovo [-ere], modifico
  [-are]**
I simulate **simulo [-are]**
I sort **categorizzo [-are]**
I store **memorizzo [-are]**
I switch on/off **accendo [-ere],
  spengo [-ere]**
I tabulate **tabulo [-are]**
I underline **sottolineo [-are]**
I update **aggiorno [-are]**

This database management
system is no longer reliable.

**Questo sistema di gestione dati
non è più affidabile.**

Which operating system do you
use?

Quale sistema usi?

Don't show me your password!

**Non mostrarmi il tuo codice di
identificazione!**

I don't like the software package
with this PC.

**Non mi piace il pacchetto
software di questo elaboratore.**

Is this spreadsheet easy to use?

**È facile da usare questo foglio
elettronico?**

It has wiped out my file!

**Ha cancellato il mio archivio/la
mia fila!**

Have you checked for a virus?

Hai verificato se c'è un virus?

➤ WRITING 21b

 Leisure & sport

16a Leisure

activity **l'attività** *(f)*
alone **solo**
I am free **sono libero/disponibile**
I begin **comincio [-are], inizio [-are]**
book **il libro**
boring **noioso**
camera **la macchina fotografica**
I can **posso [potere]**
card **la carta**
card game **il gioco di carte**
card table **il tavolino da gioco**
carpentry **lavorare con il legno, la falegnameria**
casino **il casinò (i casinò)**
chess **gli scacchi**
cinema/movie house **il cinema**
closed **chiuso**
club **l'associazione** *(f)*
I collect **colleziono [-are]**
coin **la moneta**
crosswords **le parole (in) crociate**
collection **la collezione**
collectors' fair **la fiera del collezionista**

I decide **decido [-ere]**
discotheque **la discoteca**
DIY/do-it-yourself **il fai-da-te**
energetic **vigoroso, energico**
energy **l'energia** *(f)*
enthusiasm **l'entusiasmo** *(m)*
entrance **l'entrata** *(f)*, **l'ingresso** *(m)*
entry fee **la tariffa d'entrata**
excitement **l'eccitazione** *(f)*
exciting **eccitante, stimolante**
excursion **l'escursione** *(f)*
excursionist **l'escursionista** *(m/f)*
exit **l'uscita** *(f)*
fair **la fiera**
fascinating **affascinante**
I fish **pesco [-are], vado [andare] a pesca**
free time **il tempo libero**
fun **il divertimento**
I gamble **gioco [-are] d'azzardo**
I go out **esco [uscire]**
guide **la guida**

– What is your favourite/favorite pastime?
– Well, I used to go for a drive in the country every Sunday, but I have no time for pastimes or hobbies nowadays. Besides, many of them are very expensive.

– Are there special rates for students?
– Yes, on Friday night only.

– Qual'è il suo passatempo preferito?
– Ebbene, solevo andare in campagna in automobile ogni domenica ma ora non ho tempo per passatempi. Inoltre molti sono molto cari.

– Ci sono tariffe ridotte per studenti?
– Sì, ma solo il venerdì sera.

➤ LEISURE WEAR & EQUIPMENT 16c; PHOTOGRAPHY App.16c

guided tour **la visita accompagnata**
hobby/pastime **il passatempo, lo svago**
holiday/vacation **la vacanza**
interest **l'interesse** *(m)*
interesting **interessante**
I join **mi associo [-are]**
leisure **il tempo libero**
line/queue **la coda**
I listen to **ascolto [-are]**
I look **guardo [-are]**
market **il mercato**
    antiques market **il mercato dell' antiquariato**
    flea market **il mercato delle pulci**
I meet **incontro [-are]**
meeting place **il luogo d'incontro**
member **il socio**
membership **l'associazione** *(f)*
nightclub **il locale notturno**
open **aperto**
organization **l'organizzazione** *(f)*
I organize **organizzo [-are]**
photograph **la fotografia**
picnic **la scampagnata**
place **il luogo, il posto**
I play **gioco [-are]**
pleasure **il piacere**
I prefer **preferisco [-ire]**
private **privato**

public **pubblico**
queue/line **la coda**
I queue/get in line **faccio [fare] la coda**
I read **leggo [-ere]**
season **la stagione**
secluded **isolato**
I sew **cucio [-ire], faccio [fare] cucito**
sold out **esaurito**
spectator **lo spettatore**
I start (doing) **comincio a (fare)**
I stop (doing) **smetto [-ere] di (fare)**
I stroll **passeggio [-are]**
subscription **l'abbonamento** *(m)*
I take photos **faccio [fare] fotografie**
television **la televisione**
ticket **il biglietto**
time **il tempo**
theatre/theater **il teatro**
tour **la visita, il giro, il viaggio**
I visit **visito [-are]**
visit **la visita**
I walk **cammino [-are]**
I watch **guardo [-are], osservo [-are]**
youth club **l'associazione** *(f)* **giovanile**
zoo **lo zoo, il giardino zoologico**

– What do you like doing on a rainy day?
– Perhaps playing cards but not with my brother: he cheats!

– Shall we take the children to the zoo? – Good idea. If we take Eve's children and their school friends as well we can have a group reduction.

– **Cosa ti piace fare in una giornata di pioggia?**
– **Forse giocare a carte ma non con mio fratello: lui bara!**

– **Portiamo i bambini allo zoo?** – **Buona idea. Se portiamo anche i bambini di Eva e i loro compagni di scuola possiamo ottenere una riduzione.**

➤ HOBBIES App.16a; SPORTS 16b; TOURIST SIGHTS 20a

16b Sporting activity

against **contro**
athlete **l'atleta** (m/f)
athletic **atletico**
attack/offense **l'attacco** (m)
ball **la palla, il pallone**
bathtowel **l'asciugamano** (m)
bet **la scommessa**
boat **la barca**
boxer **il pugile**
I bowl **lancio [-are], servo [-ire]**
captain **il capitano**
I catch **afferro [-are]**
champion **il campione**
championship **il campionato**
changing/locker room **lo spogliatoio**
I climb **mi arrampico [-are], faccio [fare] roccia**
climber **rocciatore**
club **l'associazione** (f), **il club**
coach **l'allenatore** (m)
crew **l'equipaggio** (m), **la squadra**
cup (trophy) **la coppa**
cycle **la bicicletta**
I cycle **vado [andare] in bicicletta**
defeat **la sconfitta**
I dive **faccio [fare] immersione**
I do (sport) **faccio [fare] sport**
I draw (tie) **pareggio [-are]**
defence/defense **la difesa**
draw **il pareggio**
effort **lo sforzo**
endurance **la resistenza**

equipment **l'attrezzatura** (f)
I exercize **mi alleno [-are]**
I fall **cado [-ere]**
fall **la caduta**
field **il campo**
finals **le finali**
fit **in forma**
fitness **la forma**
game **il gioco, la partita**
I get fit **mi metto [-ere] in forma**
goal **il gol, la rete**
ground/stadium **il campo, il terreno da gioco**
gym(nasium) **la palestra**
I hit **colpisco [-ire]**
hit **il colpo**
horse-race **la corsa di cavalli**
I ice skate **pattino [-are] su ghiaccio**
ice-rink **la pista di ghiaccio**
injury **la ferita, la lesione**
instructor **l'istruttore** (m)
I jog **pratico [-are] il jogging**
jogger **chi pratica il jogging**
I jump **salto [-are]**
jump **il salto**
lawn **il campo erboso**
league **la lega**
I lose **perdo [-ere]**
marathon **la maratona**
match/game **la partita**
medal **la medaglia**
  bronze medal **la medaglia di**

It is a remarkable achievement for the national team, who has played extremely well.
The team has been training in very trying weather conditions and each athlete was ready to give his best.

E' un risultato notevole per la squadra nazionale, che ha giocato estremamente bene.
La squadra si è allenata in condizioni metereologiche molto difficili e ogni atleta era pronto a dare il meglio di sè.

bronzo
gold medal **la medaglia d'oro**
silver medal **la medaglia
d'argento**
muscle **il muscolo**
Olympic Games (Winter) **le
olimpiadi (invernali)**
pedal **il pedale**
physical *(adj)* **fisico**
pitch/field **il campo sportivo**
I pitch/throw **lancio [-are]**
pitcher **il lanciatore** *(m)*
I play **gioco [-are]**
player **il giocatore**
point **il punto, il punteggio**
professional **il/la professionista**
professional *(adj)*
professionale
I race **gareggio [-are]**
race **la corsa, la gara**
referee **l'arbitro** *(m)*
rest **il riposo**
result **il risultato**
I ride **faccio [fare] equitazione**
riding-school **la scuola di
equitazione, il maneggio**
I row **remo [-are]**
I run **corro [-ere]**
run **la corsa**
runner **il corridore, il rodista**
sailing school **la scuola di vela**
I sail **faccio [fare] vela**
sail **la vela**
I score (a goal) **faccio [fare] gol**
score **il punteggio**

show **jumping**
I ski **scio [-are]**
skier **lo sciatore**
ski-lift **la sciovia**
sponsor **lo sponsor, il
finanziatore**
sponsorship **la sponsorizzazione**
sport **lo sport**
sport field **il campo sportivo**
sprint **lo scatto, la volata**
stadium **lo stadio**
stamina **la resistenza**
strength **la forza**
supporter **il tifoso**
I swim **nuoto [-are]**
team **la squadra**
I throw **lancio [-are]**
tournament **il torneo**
track **la pista**
I train **mi alleno [-are]**
trainer **l'allenatore** *(m)*
training **l'allenamento** *(m)*
triumph **il trionfo**
trophy **il trofeo**
I am unfit **non sono [essere]
allenato/in forma**
victory **la vittoria**
I win **vinco [-ere]**
work-out **l'allenamento** *(m)*
world championship **il campionato
mondiale**
world cup *(football/soccer)* **la
coppa del mondo**

Unfortunately, a member of the
team was seriously injured during
the last race and is now in hospital.

**Sfortunatamente, un giocatore
della squadra ha sostenuto
gravi lesioni durante l'ultima
gara ed è ora in ospedale.**

➤ PHYSICAL STATE 11d

16c Sports & equipment

Sports

athletics	**l'atletica** *(f)*
badminton	**il gioco del volano**
baseball	**il baseball, la pallabase**
basketball	**il pallacanestro**
bowling	**il gioco delle bocce**
boxing	**il pugilato**
climbing	**l'arrampicata** *(f)*
free climbing	**l'arrampicata libera**
rock climbing	**l'arrampicata di roccia**
cricket	**il cricket**
cycling	**il ciclismo**
decathlon	**il decathlon**
deep water diving	**l'immersione in profondità**
diving	**l'immersione** *(f)*
football/soccer	**il calcio**
handball	**la pallamano**
hockey	**l'hockey** *(m)*
horse-riding	**l'equitazione**
ice-hockey	**l'hockey su ghiaccio**
ice-skating	**il pattinaggio su ghiaccio**
jogging	**il jogging**
parapenting	**il parapendio**
pentathlon	**il pentathlon**
polo	**il polo**
racing	**la gara (di corsa)**
riding	**l'equitazione** *(f)*
roller-skating	**il pattinaggio a rotelle**
rugby	**il gioco di palla ovale**
sailing	**fare vela**
skating	**il pattinaggio**
roller skating	**il pattinaggio a rotelle**
skiing	**lo sci**
alpine skiing	**lo sci alpino**
cross-country skiing	**lo sci di fondo**
down-hill skiing	**lo sci di discesa**
snooker	**il biliardo**
soccer	**il calcio**
swimming	**il nuoto**
table tennis	**il tennis da tavolo**
team	**la squadra**
tennis	**il tennis**
volleyball	**il pallavolo**
water-polo	**la pallanuoto**
weight training	**l'allenamento con i pesi**
windsurfing	**il windsurf**

– Did you watch the match/game?
– No, I had to leave before the end. Who won?
– We lost 3-1. I still cannot understand how such a capable team could lose so disastrously after a brilliant season.

– Hai guardato la partita?
– No, ho dovuto andarmene prima della fine. Chi ha vinto?
– Abbiamo perso 3 a 1. Non riesco ancora a capire come una squadra così capace possa perdere in modo così disastroso dopo una stagione di successi.

Leisure wear and sport clothes

anorak **la giacca a vento**
bathing suit **il costume da bagno**
boots **gli scarponi, gli stivali**
cycling shorts **i calzoncini da ciclismo**
dancing shoes **le ballerine**
gardening gloves **i guanti da giardinaggio**
leotard **la calzamaglia**
parka **la giacca a vento**
salopette **la salopette**
swimsuit/bathing suit **il costume da bagno**
swimming trunks **il costume da bagno**
rugby shirt **la maglia da rugby**
track suit **la tuta da jogging**
trainers **le scarpe da jogging**
walking boots **gli scarponi**
waterproof jacket **la giacca a vento**
Wellington boots **gli stivali di gomma**
wet suit **la tuta da immersione**

Leisure and sport equipment

ball **la palla, il pallone**
bat **il bastone, la racchetta**
binoculars **il binocolo**
boxing gloves **i guantini da boxe**
camera **la macchina fotografica**

crash helmet **l'elmetto** (m)
exercise bike **la bicicletta da camera**
fishing rod **la canna da pesca**
headphone **la cuffia**
hi-fi **l'alta fedeltà** (f)
knapsack **lo zaino**
knitting needles **gli aghi da maglia**
javelin **il giavellotto**
mountain bike **la bicicletta fuoristrada**
net **la rete**
outrigger **il fuoriscalmo**
puck **il disco di gomma**
raquet/racket **la racchetta**
roller skates **i pattini a rotelle**
rowing machine **il vogatore**
rowing boat **la barca a remi**
rucksack **lo zaino**
sailing-boat **la barca a vela**
sewing kit **la scatola del cucito**
secateurs **le cesoie da giardino**
skate **il pattino da ghiaccio**
skis **gli sci**
ski boots **gli scarponi da sci**
ski sticks/poles **i bastoncini**
sledge/sled **la slitta**
spinning wheel **il filatoio**
sports bag **la sacca sportiva**
surf board **la tavola da surf**
weights **i pesi**
yacht **il panfilo**
zoom lens **le lenti zoom**

All sports commentators agree that they were particularly unlucky when the referee insisted on the penalty kick.

Tutti i commentatori sportivi sono d'accordo che sono stati particolarmente sfortunati quando l'arbitro ha insistito sul calcio di rigore.

– Do you develop your own photos?

– I would like to, but I do not have a dark room.

– Sviluppi tu stesso le fotografie?
– Mi piacerebbe, ma non ho una camera oscura.

➤ GARDENING 24c; TOOLS App.8b; PHOTOGRAPHY App.16a

17 The Arts

17a Appreciation & criticism

abstract **astratto**
abstruse **astruso**
action **l'azione** *(f)*
aesthete **l'esteta** *(m/f)*
aesthetics **l'estetica** *(f)*
I appreciate **apprezzo [-are]**
appreciation **l'apprezzamento** *(f)*
art **l'arte** *(f)*
artist **l'artista** *(m/f)*
artistic **artistico**
atmosphere **l'atmosfera** *(f)*
author **l'autore** *(m)*, **l'autrice** *(f)*
award **il premio**
I analyze **analizzo [-are]**
avant-garde **l'avanguardia** *(f)*
believable **credibile**
character **il personaggio**
characterization **la caratterizzazione**
characteristic **caratteristico**
climax **l'apice** *(m)*
comic **comico**
commentary **il commento**
conflict **il conflitto**
contemporary **contemporaneo**
contrast **il contrasto**
it creates **crea [-are]**
creativity **la creatività**
credible **credibile**
critic **il critico**
criticism **la recensione, la critica**
cultivated **colto, istruito**
culture **la cultura**
it deals with **tratta di [-are]**
it describes **descrive [-ere]**
it develops **sviluppa [-are]**
development **lo sviluppo**
device **lo stratagemma**
dialogue/dialog **il dialogo**
disturbing **inquietante**

empathy **l'empatia** *(f)*
ending **la fine, il finale**
endless **senza fine**
it ends **finisce [finire], si conclude [-ere]**
entertaining **divertente**
entertainment **l'intrattenimento** *(m)*, **il divertimento**
epic **l'epica** *(f)*
event **l'avvenimento** *(m)*
eventful **ricco di eventi**
example **l'esempio** *(m)*
exciting **eccitante**
I explain **spiego [-are]**
explanation **la spiegazione**
it explores **esplora [-are]**
it expresses **esprime [-ere]**
extravagant **stravagante**
fake *(adj)* **falso**
fantastic **fantastico**
fantasy **la fantasia**
figure **la figura**
flamboyant **fiammeggiante**
funny **buffo, divertente**
image **l'immagine** *(f)*
imaginary **immaginario**
imagination **l'immaginazione** *(f)*, **l'immaginario** *(m)*
inspiration **l'ispirazione** *(f)*
inspired by **ispirato da**
intense **intenso**
intensity **l'intensità** *(f)*
interpreter **l'interprete** *(m/f)*
invention **l'invenzione** *(f)*
inventive **inventivo**
ironic **ironico**
irony **l'ironia** *(f)*
issue **il problema, la questione**
long-winded **prolisso**
lyrical **lirico, poetico**

modern **moderno**
mood **l'umore** (m), **l'atmosfera** (f)
moral **la morale, l'etica** (f)
   moral (adj) **morale**
morality **la moralità**
moving **commovente**
mystery **il mistero**
mysterious **misterioso**
mystical **mistico**
mysticism **il misticismo**
nature **la natura**
obscure **oscuro**
obscene **osceno**
obscenity **l'oscenità** (f)
opinion **l'opinione** (f)
optimism **l'ottimismo** (m)
optimistic **ottimista**
parody **la parodia**
passion **la passione**
passionate **appassionato**
pessimistic **pessimista**
pessimism **il pessimismo**
poetic **poetico**
it portrays **dipinge** [-ere]
portrayal **il ritratto**
protagonist **il/la protagonista**
realism **il realismo**

realistic **realistico**
reference **il riferimento**
I reflect **rifletto** [-ere], **medito** [-are]
reflection **la riflessione**
relationship **il rapporto**
review **la recensione**
sad **triste**
satire **la satira**
it satirizes **satireggia** [-are]
satirical **satirico**
structuralist **strutturalista**
style **lo stile**
   in the style of … **nello stile di …**
stylish **elegante**
subject **il soggetto**
technique **la tecnica**
tension **la tensione**
theme **il tema**
tone **il tono**
tragedy **la tragedia**
tragic **tragico**
true-to-life **autentico**
vivid **vivido**
viewpoint **il punto di vista**
witty **arguto, spiritoso**
work of art **l'opera** (f) **d'arte**

Artistic styles & periods

Art Nouveau **lo stile liberty**
Baroque **barocco**
Bronze Age **l'età** (m) **del bronzo**
Classical period **il periodo classico**
Enlightenment **l'illuminismo**
Expressionism **l'espressionismo** (m)
Flemish **fiammingo**
Florentine **fiorentino**
Futurist **futurista**
Georgian **georgiano**
Gothic **gotico**
Greek **greco**
Moorish **moresco**

Middle Ages **il medioevo**
Naturalistic **naturalistico**
Neolithic Age **l'età** (m) **neolitica**
Norman **normanno**
Post-modernist **post-modernista**
Renaissance **il rinascimento**
Rococo **rococò**
Roman Empire **l'impero** (m) **romano**
Romanesque **romanico**
Romantic period **il romanticismo**
Surrealism **il surrealismo**
Symbolism **il simbolismo**
Venetian **veneziano**

17b Art & architecture

antique **antico**
antiquity **l'antichità** (f)
architect **l'architetto** (m/f)
art **l'arte** (f)
artefact **l'artefatto** (m)
artist **l'artista** (m/f)
art student **lo studente di belle arti**
auction sale **la vendita all'asta**
auctioneer **il banditore**
balance **l'equilibrio** (m), **l'armonia** (f)
beam **la trave**
bronze **il bronzo**
brush **il pennello**
I build **costruisco [-ire]**
building **la costruzione, l'edificio** (m)
bust **il busto**
caricature **la caricatura**
I carve **incido [-ere], intaglio [-are], scolpisco [-pire]**
I cast **fondo [-ere]**
ceramics **le ceramiche**
charcoal **il carboncino**
chisel **il cesello**
chiselled **cesellato**
classical **classico**
clay **l'argilla** (f)
collage **la composizione di ritagli**
creative **creativo**
creativity **la creatività**

decorated **decorato**
decoration **la decorazione**
decorative arts **le arti decorative**
I design **faccio [fare] un progetto**
design **il progetto, il disegno**
dimension **la dimensione**
I draw **disegno [-are]**
drawing **il disegno**
easel **il cavalletto**
elevation **l'elevazione** (f)
enamel **lo smalto**
I engrave **incido [-ere]**
engraving **l'incisione** (f)
I etch **incido [-ere]**
etching **l'acquaforte** (f)
exhibition **la mostra**
figure **la figura**
figurine **la figurina**
fine arts **le belle arti**
flamboyant **fiammeggiante**
form **la forma**
free-hand **a mano libera**
fresco **l'affresco** (m)
frieze **il fregio**
genre **il genere**
graphic arts **le arti grafiche**
holograph **l'ologramma** (m)
interior **l'interno** (m)
intricate **intricato**
ironwork **il ferro battuto**
landscape **il paesaggio**
landscape architect **l'architetto**

We have a very good view of the cupola from this terrace. Look, in the foreground you can see the monastery, which dates back from 1679 and which is such a good example of religious architecture. In the background the medieval towers are still visible.

Abbiamo una bella veduta della cupola da questa terrazza. Guarda, in primo piano puoi vedere il monastero, che risale al 1679 e che è un tale buon esempio di architettura religiosa. Nello sfondo sono ancora visibili le torri medioevali.

(m/f) **paesaggista**
landscape painter **il pittore di paesaggi**
large-scale work **l'opera** *(f)* **su gran scala**
later works **le opere ultime**
light **la luce**
light *(adj)* **leggero, chiaro**
lithography **la litografia**
luminosity **la luminosità**
luminous **luminoso**
masterpiece **il capolavoro**
metal **il metallo**
miniature **la miniatura**
model **il modello**
mosaic **il mosaico**
museum **il museo**
oil painting **la pittura a olio**
open **aperto**
oval **ovale**
I paint **dipingo [-ere]**
paint **la pittura**
painting **la pittura, il dipinto, il quadro**
pastel **il pastello**
portrait **il ritratto**
potter **il/la ceramista**
pottery **le ceramiche**
it represents **rappresenta [-are]**
representation **la rappresentazione**
reproduction **la riproduzione**
restoration **il restauro**
I restore **restauro [-are]**

restored **restaurato**
restorer **il restauratore**
roman **romano**
roughcast **l'abbozzo** *(m)*
school **la scuola**
I sculpt **scolpisco [-ire]**
sculptor **lo scultore**
sculpture **la scultura**
seascape **il paesaggio marino**
shadow **l'ombra** *(f)*
shape **la forma**
I shape **plasmo [-are]**
sketch **lo schizzo, l'abbozzo** *(m)*
I sketch **schizzo [-are], abbozzo [-are]**
sketching **schizzare, abbozzare**
stained-glass **il vetro colorato**
statuary **statuario**
statue **la statua**
still-life **la natura morta**
studio **l'atelier** *(m)*, **il laboratorio**
style **lo stile**
tapestry **gli arazzi**
town-planning **l'urbanistica** *(f)*
traditional **tradizionale**
translucent **traslucido**
transparent **trasparente**
visual arts **le arti visive**
water-colour/color **l'aquarello** *(m)*
weathering **l'inclinazione** *(f)*
wood **il legno**
wood-carving **l'intagliatore** *(m)* **in legno**
woodcut **l'incisione** *(f)* **su legno**

I have just been to the exhibition at the Royal Academy, which has already attracted thousands of visitors. There is the most wonderful collection of drawings and sculptures of the Italian artist. Two of the paintings have been very skillfully restored.

Ho appena visitato la mostra all'Accademia Reale, che ha già attirato migliaia di visitatori. C'è la più bella collezione di disegni e di sculture dell'artista italiano.

Due dei dipinti sono stati restaurati con grande perizia.

17c Literature

autograph   l'autografo *(m)*
book   il libro
bookshop   la libreria
bookseller   il libraio
character   il personaggio
comic   comico
dialogue/dialog   il dialogo
fictional   romanzesco
hardback   il libro rilegato
I imagine   immagino [-are]
imagination   l'immaginazione *(f)*
inspiration   l'ispirazione *(f)*
inspired by   ispirato [-are] da
it introduces   introduce [-durre]
introduction   l'introduzione *(f)*
I leaf through   sfoglio [-are]
librarian   il bibliotecario
library   la biblioteca
    public library   la biblioteca
    pubblica
    reference library   per
    consultazione
literal   letterale
literally   letteralmente
map   la carta geografica
myth   il mito
mythology   la mitologia
it narrates   narra [-are]
narrative   la narrativa
narrator   il narratore
note   la nota
page   la pagina
poem   il poema
poetic   poetico
poetry   la poesia
preface   la prefazione
punctuation   la punteggiatura
quote   la citazione
I quote   cito [-are]
I read   leggo [-ere]
reader   il lettore
I recount   racconto [-are]
review   la recensione
rhyme   la rima
it is set in   ha [avere] luogo in, si

svolge [-ere] in
subtitle   il sottotitolo
text   il testo
title   il titolo
verse   il verso

Types of book

adventure story   il romanzo
    d'avventura
atlas   l'atlante *(m)*
autobiography   l'autobiografia *(f)*
biography   la biografia
children's literature   la letteratura
    infantile
comic novel   il romanzo comico
cookbook/cookery book   il
    manuale di gastronomia
crime novel   il romanzo
    poliziesco, il giallo
dictionary   il dizionario
    bilingual   bilingue
    monolingual   monolingue
diary   il diario
encyclopedia   l'enciclopedia *(f)*
epic poem   il poema epico
essay   il saggio
fable   la favola
fairy tale   il racconto delle fate
feminist novel   il romanzo
    femminista
fiction   la narrativa
greek tragedy   la tragedia greca
horror story   il racconto
    dell'orrore
letters   le lettere, l'epistolario *(m)*
manual   il manuale
memoirs   le memorie
modern play   la commedia
    moderna
non-fiction   la saggistica
novel   il romanzo
mystery play   la rappresentazione
    sacra
paperback   il libro tascabile
picaresque   picaresco

poetry **la poesia**
reference book **il libro di consultazione**
roman à clef **il romanzo a chiave**
satirical poem **il poema satirico**
science fiction **la fantascienza**
short story **il racconto**
spy story **il racconto di spionaggio**
teenage fiction **la narrativa per i giovani**
travel book **il libro di viaggio**
war novel **il romanzo di guerra**

Publishing

abridged version **la versione ridotta**
acknowledgements **il ringraziamento**
appendix **l'appendice** *(f)*
artwork **il disegno, l'illustrazione** *(f)*
author **l'autore** *(m)*, **l'autrice** *(f)*
best-seller **il libro più venduto**
bibliography **la bibliografia**
book fair **la fiera del libro**
catalogue **il catalogo**
chapter **il capitolo**

contents **l'indice** *(m)*
contract **il contratto**
copy **la copia**
copyright **i diritti d'autore**
cover (of book) **la copertina**
deadline **la scadenza**
dedicated to **dedicato a**
edition **l'edizione** *(f)*
editor **l'editore** *(m)*, **l'editrice** *(f)*
desk editor **il curatore tecnico**
footnotes **le note in calce**
illustrations **le illustrazioni**
manuscript **il manoscritto**
preface **la prefazione**
proof-reading **la correzione delle bozze**
publication date **la data di pubblicazione**
publisher **il dirretore/proprietario di giornale**
publishing house **la casa editrice**
quote **la citazione**
review **la recensione**
reviewer **il recensore, il critico**
translation **la traduzione**
version **la versione**
with a forward by **con una prefazione di**

A collection of modern foreign fiction.

Una collezione di narrativa straniera moderna.

My novel deals with changes in 19th century Italian rural society.

Il mio romanzo tratta dei cambiamenti nella società rurale italiana nel diciannovesimo secolo.

It opens with a lyrical description of the valley and ends with the last entry in the hero's diary.

Inizia con una poetica descrizione della valle e termina con l'ultima annotazione nel diario dell'eroe.

➤ ARTISTIC APPRECIATION & CRITICISM 17a

17d Music & dance

acoustics   l'acustica (f)
adjudicator   il giudice di concorso
agent   l'agente (m/f)
album   l'albo (m)
ampifier   l'amplificatore (m)
audience   il pubblico
audition   l'audizione (f)
auditorium   l'auditorio (m)
ballet   il balletto
band leader   il direttore del complesso
baton   la bacchetta
brass band   la banda a ottoni
cassette tape   il nastro cassetta
cassette-deck   la musicassetta
chamber music   la musica da camera
chart/hit parade   la classifica (dei successi)
choir   il coro
choral   corale
chorally   in coro
choreography   la coreografia
chorus   il coro
compact disc (CD)   il CD
competition   il concorso
I compose   compongo [-porre]
composer   il compositore
composition   la composizione
concert   il concerto
concert hall   la sala da concerto

I conduct   dirigo [-ere]
dance   la danza
I dance   danzo [-are], faccio [fare] danza
dancer   il ballerino
dance music   la musica da ballo
discotheque   la discoteca
disc jockey   il digei, l'animatore (m) musicale
ensemble   l'ensemble (m)
euphony   l'eufonia (f)
folk music   la musica popolare
gig   la giga
group   il gruppo
harmony   l'armonia (f)
harmonic   armonico
hit (song)   la canzone di successo
hit parade   la classifica dei successi
I hum   canticchio [-are]
instrument   lo strumento
instrumental music   la musica strumentale
I interpret   interpreto [-are]
interpretation   l'interpretazione (f)
jazz   il jazz
juke-box   il juke-box
key   la chiave
lesson   la lezione
I listen to   ascolto [-are]
listening   l'ascolto (m)

– Do you play an instrument?
– I play the viola.
– I never learnt to play an instrument.

– **Lei suona uno strumento?**
– **Suono la viola.**
– **Non ho mai imparato a suonare uno strumento.**

– There is a concert at the Students' Union.
– What is the name of the band?
– I don't know. Their lyrics are quite good but the music is dire.

– **C'è un concerto all'Unione Studentesca**
– **Come si chiama il gruppo?**
– **Non lo so. Le parole non sono male ma la musica è tremenda.**

microphone   **il microfono**
music   **la musica**
musically   **musicalmente**
musician   **il musicista**
musicologist   **il musicologo**
note   **la nota musicale**
oboe player   **il suonatore di oboe**
orchestra   **l'orchestra** *(f)*
orchestration   **l'orchestrazione** *(f)*
it is performed   **è eseguito [-ire]**
performance   **l'esecuzione** *(f)*
performed by   **eseguita da**
performer   **l'esecutore** *(m)*
piece   **il pezzo**
I play   **suono [-are]**
player   **il suonatore**
portable   **portabile**
I practice/practise   **mi esercito [-are]**
promotional video   **il video promozionale**
I put on a record   **metto [-ere] un disco**
recital   **lo spettacolo musicale**
record   **il disco**
I record   **registro [-are]**
recording   **la registrazione**
recording studio   **lo studio di registrazione**
reed   **l'ancia** *(f)*
refrain   **il ritornello**
rehearsal   **la prova**
I rehearse   **provo [-are]**

resin   **la resina, la colofonia**
rhythm   **il ritmo**
rhythmic   **ritmico**
rhythmically   **ritmicamente**
rock   **il rock**
show   **lo spettacolo**
I sing   **canto [-are]**
singer   **il/la cantante**
solo   **l'assolo** *(m)*
soloist   **il/la solista**
song   **la canzone**
song-writer   **il/la canzonettista**
string   **l'arco** *(m)*
string orchestra   **l'orchestra** *(f)* **d'archi**
tape   **il nastro**
tour   **la tournée**
on tour   **in tournée**
trombonist   **il suonatore di trombone**
tune   **il tono**
in tune   **intonato**
out of tune   **stonato**
I tune   **accordo [-are]**
tuner (of instruments)   **l'accordatore** *(m)*
violin maker   **il liutaio**
vocal music   **la musica vocale**
voice   **la voce**
I whistle   **fischio [-are]**
whistling   **fischiare**
wind instruments   **gli strumenti a fiato**

The conductor was greeted by a standing ovation.	**Il direttore d'orchestra fu accolto con un applauso scrosciante.**
Rehearsals will be held in the cathedral on Friday evening	**Le prove si terranno venerdì sera nella cattedrale.**
Where is my violin case?	**Dov'è la mia custodia per il violino?**

17e Theatre & cinema/Theater & the movies

act **la recita**
I act **recito [-are]**
acting school **la scuola di recitazione**
actor **l'attore** *(m)*
actress **l'attrice** *(f)*
I applaud **applaudo [-ire]**
applause **l'applauso** *(m)*
assistant director **l'assistente alla regia** *(m/f)*
audience **il pubblico, gli spettatori**
auditorium **l'auditorio** *(m)*
I book **prenoto [-are]**
box **il palco**
box-office **la biglietteria**
cabaret **lo spettacolo di varietà**
camera **la cinepresa, la macchina da presa**
camera crew **gli operatori**
cameraman **l'operatore** *(m)*
cartoons **l'animazione** *(f)*, **i cartoni animati**
choreographer **il coreografo**
cinema/movies **il cinema** *(m)*, **la cinematografia** *(f)*
cinema/movie buff **il cinefilo**
circle **la galleria**
circus **il circo**
I clap **applaudo [-ire]**
clapping **l'applauso** *(m)*
cloackroom **il guardaroba**

comedian **l'attore** *(m)* **comico**
contract **il contratto**
curtain **la tela**
I design **disegno [-are]**
designer **il/la progettista**
I direct **dirigo [-ere]**
director **il/la regista**
drama **il dramma, il lavoro teatrale, il teatro**
dress rehearsal **la prova generale**
dubbed **doppiato**
dubbing **il doppiaggio**
effects **gli effetti**
exciting **eccitante, emozionante**
expectation **l'aspettativa** *(f)*
farce **la farsa**
farcical **farsesco**
film/movie **il film**
film/movie maker **il cineasta**
film/movie star **la stella del cinema**
film/movie producer **il produttore**
first night **la prima**
floor-show **lo spettacolo di varietà**
flop **il fiasco**
intermission/interval **l'intervallo** *(m)*
lights **le luci, i riflettori**
limelights **le luci della ribalta**
lobby **il ridotto**
location work **gli esterni**

All the critics will attend the opening night. | **Tutti i critici saranno presenti alla prima.**

The director has been nominated for the Oscar. | **Il regista è stato nominato per l'Oscar.**

Sci-fi films were popular in the Sixties. | **I film di fantascienza erano molto diffusi negli anni sessanta.**

I make a film/movie **faccio [fare] un film**
masterpiece **l'opera** (f) **d'arte**
matinée **lo spettacolo pomeridiano**
melodrama **il melodramma**
mime **il mimo**
movie **il film**
music-hall **il teatro di varietà**
off-stage **dietro le quinte**
opening night **la prima**
ovation **l'ovazione** (f)
pantomime **la pantomima**
performance **l'esecuzione** (f), **lo spettacolo**
photography **la fotografia**
play **la recita**
I play **recito [-are]**
playwright **il commediografo**
premiere **la prima**
I produce **produco [-durre]**
producer **il produttore**
production **la produzione**
public **il pubblico**
retrospective **la retrospettiva**
review **la recensione**
role **il ruolo**
row **la fila**
scene **la scena**
scenery **lo scenario**
screen **lo schermo**
screen test **il provino**
screening **la proiezione**
shoot (film/movie) **giro [-are]**

script **il copione, la sceneggiatura**
scriptwriter **lo sceneggiatore**
seat **il posto**
sequel **la continuazione**
sequence **la sequenza**
I show (film/movie) **mostro [-are]**
it is shown at **è [essere] in visione a**
sold-out **esaurito**
sound-track **il sonoro**
I add the sound-track **sonorizzo [-are]**
special effects **gli effetti speciali**
stage (theatre/theater) **il palcoscenico, la scena**
stage (cinema/movies) **il teatro di posa**
stage directions **le didascalie**
stage effects **gli effetti scenici**
stage-fright **la paura del pubblico, il trac**
stalls **le poltrone**
stunt person **il cascatore, la controfigura**
trailer **la presentazione di nuovi film**
understudy (theatre/theater) **il sostituto**
understudy (cinema/movies) **la controfigura, il sostituto**
usherette **la mascherina**
walk-on part **la particina**
I zoom **zumo [-are]**

The matinée is sold-out.

Lo spettacolo pomeridiano è esaurito.

Has this theatre/theater got a disabled access?

Questo teatro ha un accesso per i disabili?

Foreign films are usually dubbed, but some cinema/movie clubs show them in the original language.

Di solito i film stranieri sono doppiati,ma alcuni cineclub li proiettano in lingua originale.

➤ ARTISTIC CRITICISM & APPRECIATION 17a; TELEVISION 18c

 The Media

18a General terms

admission **l'ammissione** *(f)*
I admit **ammetto [-ere]**
I analyze **analizzo [-are]**
analysis **l'analisi** *(f)*
I appeal to **mi appello [-are] a**
I argue **discuto [-ere]**
argument **la discussione**
attitude **l'atteggiamento** *(m)*
biased **di parte**
campaign **la campagna**
censorship **la censura**
cogent **convincente, valido**
comment **il commento**
conspiracy **la cospirazione**
criticism **la critica**
critique **la recensione**
cultural **culturale**
culture **la cultura**
cultured **colto**
current events **l'attualità** *(f)*
declaration **la dichiarazione**
it declares **dichiara [-are]**
detailed **dettagliato**
it discriminates **discrimina [-are]**
disaster **il disastro**
disinformation **la disinformazione**

educational **istruttivo, didattico**
I entertain **intrattengo [-ere]**
ethical **etico**
event **l'avvenimento** *(m)*, **l'evento** *(m)*
example **l'esempio** *(m)*
expectations **le aspettative**
I exploit **sfrutto [-are]**
fallacious **ingannevole**
fallacy **la malafede, l'argomento** *(m)* **falso**
freedom **la libertà**
full **dettagliato**
gullible **credulone**
hidden **nascosto**
homophobic **omofobo**
ignorance **l'ignoranza** *(f)*
I ignore **ignoro [-are], trascuro [-are]**
influential **influente**
information **l'informazione** *(f)*
informative **informativo**
interview **l'intervista** *(f)*
it intrudes **si intromette [-ere]**
intrusion **l'intrusione** *(f)*, **l'invasione** *(f)*

During the recent elections it was difficult to find an example of unbiased reporting.

Durante le ultime elezioni era difficile trovare un esempio di servizio imparziale.

In recent years many war correspondent have lost their lives while reporting from the front or have been taken as hostages.

Negli ultimi anni molti corrispondenti di guerra hanno perso la vita mentre facevano servizi al fronte o sono stati presi in ostaggio.

intrusive **invadente**
issue *(problem)* **il problema, la**
  questione
I keep up with the news **mi tengo**
  [tenere] al corrente
libel **la diffamazione**
libellous **diffamatorio**
likely **probabile**
local interest news **la cronaca**
  cittadina
material **il materiale**
materialism **il materialismo**
meddling **intrigante**
news **le notizie**
news item **la notizia**
partisan *(adj)* **di parte**
persuasion **la persuasione**
persuasive **persuasivo**
prejudice **il pregiudizio**
political **politico**
politician **l'uomo** *(m)* **politico, la**
  donna politico
politics **la politica**
press **la stampa**
privacy **la dimensione**
  strettamente personale
privacy law **la legge sulla vita**
  privata
probable **probabile, verosimile**
it is probable **è probabile**
problem **il problema**
racism **il razzismo**
racist **il/la razzista**

report **il resoconto**
review **la rivista, la recensione, il**
  riesame
I review **recensisco [-ire],**
  riesamino [-are]
it comes under review **viene**
  [venire] preso in esame
scoop **il colpo giornalistico**
sensational **sensazionale**
sensationalism **il**
  sensazionalismo
sexism **il sessismo**
sexist **sessista**
shrewd **scaltro, perspicace**
silence **il silenzio**
silent **silenzioso**
social **sociale**
society **la società**
specious **specioso**
summary **il sommario**
  summary *(adj)* **sommario**
it takes place **ha [avere] luogo**
trust **la fiducia**
I trust **ho [avere] fiducia in**
trustworthy **affidabile**
truth **la verità**
truthful **sincero, veritiero**
unbiased **imparziale**
untrustworthy **inaffidabile**
up to date **aggiornato**
violent **violento**
violence **la violenza**
weekly *(adj)* **settimanale**

I am a freelance journalist specializing in investigative journalism.

Sono giornalista indipendente. Mi specializzo in indagini giornalistiche.

European current affairs are not always reported in the British press, though all quality papers have foreign correspondents in all the European capitals.

L'attualità europea non è sempre riportata nella stampa britannica benchè tutti i maggiori giornali abbiano corrispondenti esteri in tutte le capitali europee.

18b The Press

agony aunt **la curatrice della rubrica di consigli ai lettori**
article **l'articolo** *(m)*
back page **l'ultima pagina** *(f)*
barons **i baroni**
broadsheet **il quotidiano**
cartoon **il fumetto**
chief editor **il caporedattore**
circulation **la circolazione, la diffusione**
colour/color supplement **il supplemento a colori**
column **la colonna**
comic **il giornale a fumetti**
correspondent **l'inviato** *(m/f)*, **il/la corrispondente**
   foreign/sports/war **estero/ sportivo/di guerra**
crosswords **le parole (in)crociate**
daily newspaper **il quotidiano**
I edit **dirigo [-ere] il giornale**
edition **l'edizione** *(f)*
editor **il direttore**
editorial **l'articolo di fondo** *(m)*
electronic mail **la comunicazione elettronica**

front page **la prima pagina**
glossy magazine **la rivista illustrata**
gossip column **la cronaca mondana**
gutter press **i giornali scandalistici**
headline **il titolo, la testata**
heading **l'intestazione** *(f)*
illustration **l'illustrazione** *(m)*
it is published **è pubblicato**
journalist **il/la giornalista**
layout **l'impaginazione** *(f)*
leader **l'articolo** *(m)* **di spalla**
local paper **il giornale regionale**
magazine **la rivista**
monthly **il mensile**
national newspaper **il quotidiano nazionale**
newsagent **l'edicolante** *(m/f)*, **il giornalaio**
newspaper **il quotidiano**
news stand **l'edicola** *(f)*
page **la pagina**
pamphlet **il pamphlet, lo scritto polemico**

The gutter press has a surprisingly high readership.

La stampa scandalistica ha un numero sorprendentemente alto di lettori.

Media barons have dominated the press in many western countries

I baroni dei mass media hanno dominato la stampa in molti paesi occidentali.

The Sunday edition has so many supplements that I can't find the personal ads.

L'edizione della domenica ha un tal numero di supplementi che non riesco a trovare gli annunci personali.

The leader in the Examiner this morning breaks the sensational news.

L'articolo di spalla dell'Examiner di questa mattina annuncia la sensazionale notizia.

periodical **il periodico**
power **il potere**
powerful **potente**
press agency **l'agenzia** (f) **stampa**
press conference **la conferenza stampa**
I print **stampo [-are]**
print **la stampa**
print room **la sala stampa**
I publish **pubblico [-are]**
publisher **l'editore** (m)**, l'editrice** (f)
publishing company **la casa editrice**
quality press **la stampa di qualità**

reader **il lettore** (m)**, la lettrice** (f)
I report **faccio [fare] la cronaca**
reportage **il servizio giornalistico**
reporter **il /la cronista**
short news item **il breve articolo di cronaca**
small ad **l'annuncio** (m)
special issue **l'edizione** (f) **speciale**
I subscribe to **mi abbono [-are] a**
subscription **l'abbonamento** (m)
tabloid **giornale a formato ridotto**
type (face) **il carattere**
weekly **il settimanale**

Newspaper sections

Announcements **gli annunci**
Arts **la cultura**
Economy **l'economia** (f)
Editorial **l'articolo** (m) **di fondo**
Entertainment **gli spettacoli**
Finance **la finanza**
Food and Drink **la gastronomia**
Games **i giochi**
Home news **la cronaca nazionale**
Horoscope **l'oroscopo** (m)

International news **la cronaca estera**
Obituary **la necrologia**
Problems page **la pagina dei lettori**
Property/Real estate **la proprietà immobiliare**
Sport **la cronaca sportiva**
Travel **i viaggi**
Women page **la pagina della donna**

– What is the frequency and the circulation of the magazine?
– It is published monthly, is aimed at motorbike enthusiasts and has over 30,000 subscribers worldwide.

When is the colour/color supplement published?

I guess the circulation of the paper has increased significantly in the last two weeks.

– Qual è la frequenza e la **diffusione della rivista?**
– È pubblicata mensilmente ed è **mirata ai patiti della motocicletta. Ha più di 30.000 abbonati in tutto il mondo.**

Quando viene pubblicato il supplemento a colori?

Immagino che la circolazione del giornale sia aumentata in modo significativo nelle ultime due settimane.

➤ PUBLISHING 17c

18c Television & radio

aerial   l'antenna *(f)*
anchorman   il conduttore
anchorwoman   la conduttrice
announcer   il presentatore, la
   presentatrice, il mezzobusto
audience   il pubblico
I broadcast   emetto [-ere]
broadcasting station   la stazione
   emittente
cable TV   la televisione via cavo
cameraman   il cameraman
channel   il canale
commercial   la pubblicità
   commercial *(adj)*   commerciale
couch potato   il/la videodipendente
current affairs programme   il
   programma di attualtà
documentary   il documentario
dubbed   doppiato
earphones   la cuffia
episode   l'episodio *(m)*
goggle box   la tivù
high frequency   l'alta frequenza *(f)*
interactive   interattivo
listener   l'ascoltatore *(m)*
live broadcast   la trasmissione in
   diretta
live coverage   il servizio in diretta
low frequency   la bassa frequenza
microphone   il microfono
newscast   il notiziario
newsreader   l'annunciatore *(m)*
personal stereo   il mangianastri
   tascabile con cuffia
program(me)   il programma
radio   la radio
   on radio   alla radio
I record   registro [-are]
recording   la registrazione
remote control   il telecomando
I repeat   ripeto [-ere], ritrasmetto
   [-ere]
production studio   lo studio di
   regia
repeat   la ritrasmissione
satellite dish   l'antenna *(f)*
   parabolica
satellite TV   la televisione satellite
school broadcasting   i programmi
   per le scuole
screen   lo schermo
I show   trasmetto [-ere]

– What! Still glued to the set? You have been watching the box all evening! You have become a real couch potato!

– Ma sei ancora appiccicato al televisore? Hai guardato la televisione tutta la sera! sei veramente diventato teledipendente.

– I'm just going to record this film/movie then I'll join you. Have we got a blank videocassette?

– Registro solo questo film e poi ti raggiungo. Abbiamo una videocassetta vuota?

– What's on television tonight?
– There's a good quiz show on this channel at 9.
– Where is the remote control?

– Cosa c'è alla tivù questa sera?
– C'è un buon spettacolo quiz alle 21 su questo canale.
– Dov'è il telecomando?

signal **il segnale**
loudspeaker **l'altoparlante**
station **la stazione, il programma**
subtitles **i sottotitoli**
I switch off **spengo [spegnere]**
I switch on **accendo [-ere]**
teletext **il televideo, il servizio informazioni interattivo**
television **la televisione**
on TV **alla televisione, alla tivù**

I transmit **trasmetto [-ere]**
TV film/movie **il film realizzato per TV**
TV set **il televisore**
TV studio **lo studio televisivo**
video clip **l'inserto** *(m)* **filmato**
videogame **il videogioco**
video library **la videoteca**
video recorder **il videoregistratore**
viewer **il telespettatore**
I watch **guardo [-are]**

TV and radio program(me)s

Cartoons **i cartoni animati**
Children's program(me) **il programma per bambini**
Comedy **la commedia, lo spettacolo comico**
Current affairs **il programma d'attualità**
Drama **lo spettacolo teatrale**
Documentaries **i documentari**
Education program(me)s **i programmi per le scuole**
Feature films/movies **i lungometraggi**
Light entertainment **gli spettacoli di varietà**
News **il notiziario**
Quiz program(me)s **i programmi quiz**
Regional news **il notiziario regionale**
Soaps **gli sceneggiati, i teleromanzi**
Science program(me)s **i programmi di scienza**
Sports program(me)s **i programmi sportivi**
Weather forecast **il bollettino meteorologico**

During the summer the traffic bulletin is broadcast every hour in four languages for the benefit of foreign visitors.

In estate il notiziario del traffico viene trasmesso ogni ora in quattro lingue per i turisti stranieri.

Was the Pink Floyd concert broadcast live from Venice?

Il concerto dei Pink Floyd è stato trasmetto in diretta da Venezia?

There should be a program(me) on students grants on this channel but perhaps the children would prefer watching the cartoons. Where are the TV listings?

Dovrebbe esserci un programma sulle borse di studio per gli studenti su questo canale, ma forse i bambini preferirebbero guardare i cartoni animati. Dov'è il Radiocorriere?

➤ FILM/MOVIE GENRES App.17e

18d Advertising

I advertise **faccio [fare] pubblicità**
advertisment **l'inserzione** *(f)*
advertising **la pubblicità**
advertising industry **l'industria** *(f)*
  pubblicitaria
appeal **l'appello** *(m)*
it appeals to **piace [-ere] a**
billboard **il cartellone**
  pubblicitario
brand **la marca**
brand awareness **la notorietà**
  della marca
brochure **l'opuscolo** *(m)*
campaign **la campagna**
catalog(ue) **il catalogo**
it catches the eye **attira [-are]**
  l'attenzione
commercial **il comunicato**
  pubblicitario, lo spot
  commercial *(adj)* **pubblicitario**
competition *(rival)* **la concorrenza**
competition *(game)* **la**
  competizione, la gara
consumer **il consumatore**
consumer society **la società dei**
  consumi
copywriter **il creativo**
I covet **desidero [-are]**
  ardentemente
it creates a need **crea [-are] un**
  bisogno
demand **la richiesta**
direct mail **la vendita per posta**
ethical (un-) **(non) etico**
goods **le merci**
hidden persuasion **la persuasione**
  occulta
image **l'immagine** *(f)*
I launch **lancio [-are]**
life-style **lo stile di vita**
market **il mercato, la piazza**
marketing **il marketing**
market research **la ricera di**
  mercato
materialism **il materialismo**
model **il modello, la modella**
I motivate **motivo [-are]**
need **il bisogno, il desiderio**
persuasion **la persuasione**
poster **il manifesto**

SPECIAL OFFER! For one week only!
Buy 2 and get 1 free! Plus 20%
discount on your next purchase!

**Offerta speciale! Solo per una
settimana! Comprate 2 e uno è
gratis. In più, il 20% di sconto
sul prossimo acquisto!**

– Do you think that TV
advertisements are more effective
than ads in newspapers?
– National TV reaches many more
potential consumers but is
extremely expensive.

**– Credi che la pubblicità
televisiva sia più efficace di
quella nei giornali?
– La TV nazionale raggiunge un
maggior numero di consumatori
ma è costosissima.**

Our market survey shows that
customers tend to buy items at
check-outs on impulse.

**La nostra ricerca di mercato
dimostra che i clienti tendono
ad acquistare articoli esposti
alle casse impulsivamente.**

product **il prodotto**
I promote **promuovo [-ere]**
promotion **la promozione (delle vendite)**
publicity **la pubblicità**
I publicize **propagando [-are]**
publicity campaign **la campagna pubblicitaria, la propaganda**
public relations **le pubbliche relazioni**
purchasing power **il potere d'acquisto**
radio advertisements **la pubblicità radiofonica**

slogan **lo slogan, il motto pubblicitario**
status symbol **lo status symbol, il simbolo della condizione sociale**
stunt **la montatura pubblicitaria**
I target **miro [-are]**
target group **il pubblico mirato**
I tempt **tento [-are]**
trend **la tendenza**
trendy **alla moda**
truthful **veritiero**
TV advertisements **la pubblicità televisiva**

Small ads

accommodation **affitti, vendite, proprietà immobiliari**
appointments **lavoro**
births **nascite**
courses and conferences **corsi e conferenze**
deaths **decessi**
engagements **fidanzamenti**
exchange **scambio**
exhibitions **mostre**

for sale **vendo, in vendita**
health **salute**
holidays/vacations **vacanze**
lonely hearts **cuori solitari**
marriages **matrimoni**
personal services **servizi per i lettori**
property/real estate **immobili**
travel **viaggi**
wanted **cerco**

This has been his least successful campaign: next time we will use another agency or perhaps a freelance copywriter.

Questa è stata la sua campagna pubblicitaria meno felice: la prossima volta useremo un'altra agenzia o forse un creativo esterno.

The buildings are covered in ugly publicity billboards.

Gli edifici sono ricoperti di brutti cartelloni pubblicitari.

This publicity can be offensive to some ethnic groups.

Questa pubblicità può offendere alcuni gruppi etnici.

Until recently, most TV spots portrayed women in exclusively traditional roles.

Sino a tempi recenti gli spot pubblicitari presentavano le donne in ruoli esclusivamente tradizionali.

➤ THE PRESS 18b; TELEVISION & RADIO 18c

19 Travel

19a General terms

I accelerate/speed up **accelero [-are]**
accident **l'incidente** *(m)*
adult **l'adulto** *(m)*
announcement **l'annuncio** *(m)*
arrival **l'arrivo** *(m)*
I arrive at **arrivo [-are] a**
assistance **l'assistenza** *(f)*
I ask for assistance **chiedo [-ere] assistenza**
bag **la borsa**
baggage **il bagaglio**
I book **prenoto [-are]**
booking office **l'ufficio** *(m)* **prenotazioni**
briefcase **la borsa, la cartella**
business trip **il viaggio d'affari**
I buy a ticket **compero [-are] un biglietto**
I call at **passo [-are] da**
I cancel **disdico [-ire]**
I carry **porto [-are]**
I catch **prendo [-ere]**
I check *(tickets)* **verifico [-are]**
child **il bambino, la bambina**
class **la classe**
I confirm **confermo [-are]**
connection *(air)* **il collegamento**
connection *(train)* **la coincidenza**
I cross **attraverso [-are]**
delay **il ritardo**
delayed **trattenuto**
I depart **parto [-ire]**
departure **la partenza**
destination **la destinazione**
direct **diretto**
direction **la direzione**
disabled **disabile**

distance **la distanza**
documents **i documenti**
driver *(car)* **l'automobilista** *(m/f)*
driver *(bus, taxi, coach)* **l'autista** *(m/f)*
driver *(train)* **il macchinista** *(m)*
early **di buon'ora, in anticipo**
emergency **l'emergenza** *(f)*
emergency call **la chiamata d'emergenza**
emergency stop **la fermata d'emergenza**
I enquire **chiedo [-ere] informazioni**
enquiry **la richiesta d'informazioni**
en route **in viaggio, per strada**
entrance **l'entrata** *(f)*
exit **l'uscita** *(f)*
extra charge **il supplemento**
fare **la tariffa**
fare reduction **la riduzione tariffaria**
reduced fare **la tariffa ridotta**
fast **rapido, veloce**
I fill out a form **compilo [-are] un modulo**
free **libero**
from **da**
information **l'informazione** *(f)*
information office **l'ufficio** *(m)* **informazioni**
insurance **l'assicurazione** *(f)*
help **l'aiuto** *(m)*, **il soccorso**
helpful **servizievole**
late **tardi, in ritardo**
I leave *(place)* **parto [-ire] da**
I leave *(person/object)* **lascio**

[-are]
I leave at   **parto [-ire] alle**
left-luggage office   **il deposito**
  bagagli
lost   **smarrito**
lost property/lost and found office
  l'ufficio (m) **oggetti smarriti**
loudspeaker   **l'altoparlante** (m)
luggage/baggage   **il bagaglio**
message   **il messaggio**
I miss   **perdo [-ere]**
non-smoker   **non-fumatore**
notice   **l'avviso** (m)
nuisance   **la seccatura**
occupied   **occupato**
on board   **a bordo**
on time   **puntuale**
I pack   **preparo [-are] le valige**
passenger   **il passeggero** (m), **la**
  passeggera (f)
porter (hotel)   **il portiere**
  porter (station) **il facchino**
perfect timing   **in perfetto orario**
reduction   **la riduzione**
rescue   **il soccorso**
reservation   **la prenotazione**
I reserve   **prenoto [-are]**
I return   **ritorno [-are]**
return   **il ritorno**
return/round-trip ticket   **il biglietto**
  di andata e ritorno
round-trip   **il giro completo**
safe   **sicuro**
safety   **la sicurezza**
seat   **il sedile**
seatbelt   **la cintura di sicurezza**
I set off   **parto [-ire]**
signal   **il segnale**
single/one-way ticket   **il biglietto di**
  sola andata
slow   **lento**
I slow down   **rallento [-are]**
small change   **il resto**
smoking   **il fumo**
speed   **la velocità**

I speed up   **accelero [-are]**
staff   **il personale**
I start from   **parto [-ire] da**
stop   **la fermata**
I stop   **mi fermo [-are]**
on strike   **in sciopero**
I take (the bus, train)   **prendo [-ere]**
ticket   **il biglietto**
ticket desk/office   **la biglietteria**
timetable   **l'orario** (m)
toilet   **il gabinetto**
through   **attraverso**
I travel   **viaggio [-are]**
travel   **il viaggio**
travvel agent   **l'agente** (m/f) **di**
  viaggio
travel agency   **l'agenzia** (f) **di**
  viaggio
travel documents   **i documenti di**
  viaggio
travel information   **le informazioni**
  di viaggio
travel pass   **la tessera**
travel sickness (car)   **il mal d'auto,**
  (air) **il mal d'aria,** (sea) **il mal di**
  mare
traveller   **il viaggiatore** (m), **la**
  viaggiatrice (f)
tunnel   **la galleria**
turn   **la svolta**
I turn   **giro [-are], svolto [-are]**
unhelpful   **di nessun aiuto**
I unpack   **disfo [-fare] le valige**
valid   **valido**
visitor   **il visitatore** (m), **la**
  visitatrice (f)
warning   **l'avvertimento** (m)
way in   **l'ingresso** (m)
way out   **l'uscita** (f)
weekdays   **i giorni feriali**
week-end   **il finesettimana**
window   **la finestra**
window seat   **il posto accanto al**
  finestrino

19b Going abroad & travel by boat

Going abroad

Channel Tunnel **il Tunnel sotto la Manica**

I cross the English Channel **attraverso [-are] la Manica**

currency **la valuta**

currency exchange office **l'ufficio (m) cambio**

customs **la dogana, gli uffici doganali**

customs control **i controlli di dogana**

customs officer **il doganiere**

customs regulations **il regolamento doganale**

declaration **la dichiarazione**

I declare **dichiaro [-are]**

duty **il dazio**

duty-free goods **le merci non soggette a dazio doganale**

duty-free shop **il negozio duty-free**

embarkation documents **i documenti d'imbarco**

exchange rate **il tasso di cambio**

foreign currency **la valuta straniera**

frontier **la frontiera**

I go through passport control **passo [-are] il controllo passaporti**

immigration office **l'ufficio (m) immigrazione**

immigration rules **il regolamento per l'immigrazione**

passport **il passaporto**

I pay duty on **pago [-are] il dazio su**

smuggler **il contrabbandiere**

smuggling **il contrabbando**

visa **il visto**

Travel by boat

bridge **il ponte**

cabin **la cabina**

captain **il capitano**

coast **la costa**

crew **l'equipaggio (m)**

crossing **la traversata**

cruise **la crociera**

deck **il ponte**

  lower deck **il ponte inferiore**

  upper deck **il ponte superiore**

deck chair **la sedia a sdraio**

I disembark **sbarco [-are]**

disembarkation **lo sbarco**

dock **la darsena**

I embark **m'imbarco [-are]**

embarkation card **la carta d'imbarco**

I go on board **salgo [-ire] a bordo**

– Here are my documents. My final destination is Palermo.
– Thank you. Have a nice trip!

– I am not sure about the exact time of his arrival.
– Have you checked the timetable?
– No, but the bus is expected to arrive shortly.

– Ecco i miei documenti. La mia destinazione ultima è Palermo.
– Grazie. Buon viaggio!

– Non so con certezza l'ora esatta dell'arrivo.
– Hai verificato l'orario?

– No, ma l'arrivo dell'autobus è previsto fra poco.

harbour **il porto**
lifejacket **il giubbotto di salvataggio**
lifeboat **la scialuppa di salvataggio**
lounge **il salone**
luggage **i bagagli**
ocean **l'oceano** *(m)*
officer **l'ufficiale** *(m)*
off-shore **in mare aperto**
on board **a bordo**
overboard **in mare**
port **il porto**
purser **il commissario di bordo**
quay **la banchina**
reclining seat **la poltrona inclinabile**
sea **il mare**

calm **in bonaccia, calmo**
choppy **rotto, mosso**
heavy **agitato**
stormy **in burrasca**
sea-sickness **il mal di mare**
seaman **il marinaio**
shipping forecast **il bollettino dei mari**
shipyard **il cantiere navale**
smooth **calmo**
storm **la tempesta**
tide **la marea**
waves **le onde**
wind **il vento**
windy **ventoso**
yachting **la navigazione da diporto**

Boats & ships

aircraft carrier **la portaerei**
canoe **la canoa**
cargo boat **la nave da carico**
dinghy **la barca a vela**
ferry **la nave traghetto**
hovercraft **l'hovercraft** *(m)*
hydrofoil **l'aliscafo** *(m)*
lifeboat **la scialuppa di salvataggio**
merchant ship **la nave mercantile**

ocean liner **il transatlantico**
petrol tank **la petroliera**
rowing boat **la barca a remi**
sailing boat **la barca a vela**
ship/boat **la nave**
speed-boat **il motoscafo**
submarine **il sottomarino**
towboat **il rimorchiatore**
warship **la nave da guerra**
yacht **il panfilo**

– Have you got any remedy against sea-sickness?
– Yes, I have some pills in my cabin. Meet me on C deck in 10 minutes.
– I don't think I'll survive that long!

– **Hai qualche rimedio contro il mal di mare?**
– **Sì, ho alcune pillole in cabina. Incontriamoci sul ponte C in 10 minuti.**
– **Non credo di farcela!**

Is passport control carried out on board?

I passaporti si controllano a bordo?

From which quay does the ship leave?

Da quale banchina parte la nave?

➤ COUNTRIES App.20a; CURRENCIES 9a

access **l'accesso** *(m)*

I allow **lascio [-are], permetto [-ere]**

articulated lorry **l'autoarticolato** *(m)*, **l'autotreno** *(m)*

I back up/reverse **faccio [fare] retromarcia**

bike/bicycle **la bicicletta**

bottleneck **l'ingorgo** *(m)*

breathalyzer **il palloncino per alcotest**

breathalyzing test **l'alcotest** *(m)*

break down **il guasto**

breakdown service **il soccorso stradale**

I breakdown **ho [-ere] un guasto**

broken **guasto, rotto**

bus **l'autobus** *(m)*, **il bus**

bus fare **la tariffa**

bus stop **la fermata d'autobus**

car **l'automobile, la macchina, l'autovettura** *(f)*

car hire/rental **il noleggio auto**

car park **il parcheggio**

car parts **i pezzi di ricambio**

car wash **il lavaggio auto**

caravan **la roulotte**

caution **la prudenza**

caution *(legal)* **l'ammonizione** *(f)*

I change gear **cambio [-are] marcia**

chauffeur **l'autista** *(m/f)*

check **la verifica**

I collide **mi scontro [-are]**

collision **lo scontro**

company car **l'auto** *(m)* **della ditta**

competent **competente**

conductor/conductress *(bus)* **il/la conducente**

I cross **attraverso [-are]**

dangerous **pericoloso**

detour **la deviazione**

diesel *(fuel)* **il diesel**

I do 30 mph **faccio [fare] 30 miglia all'ora**

I drive **guido [-are]**

drive **la gita in automobile**

driver **il/la conducente** *(m/f)*

driving **la guida**

  instructor **l'istruttore** *(m/f)* **di guida**

  lesson **la lezione di guida**

  licence **la patente di guida**

  school **la scuola di guida**

  test **l'esame** *(m)* **di guida**

drunken driving **la guida in stato di ebbrezza**

engine trouble **il guasto al motore**

eye-witness **il/la testimone** *(m/f)* **oculare**

I fasten seatbelt **allaccio [-are] la cintura di sicurezza**

fatality **l'incidente** *(m)* **mortale**

I fill up **faccio [fare] il pieno**

filling station **la stazione di servizio**

fine **l'ammenda** *(f)*, **la multa**

I fix **riparo [-are]**

forbidden **proibito**

for hire **a nolo**

garage **l'autorimessa** *(f)*

gear **la marcia**

  in gear **in marcia**

  in first gear **in prima**

  in neutral **in folle**

  in reverse **in retromarcia**

I get in the car **salgo [salire] in auto**

I get in lane **mi immetto [-ere] in corsia**

I get out **scendo [-ere] dall'auto**

I give way **do [dare] la precedenza**

Highway Code **il codice autostradale**

highway police **la polizia stradale**

I hire/rent **noleggio [-are]**

hired car **l'auto** *(m)* **a noleggio**

I hitchhike **faccio [fare] l'autostop**

hitch-hiker **l'autostoppista** *(m/f)*

I honk/beep **suono [-are] il claxon**
I am innocent **sono [essere] innocente**
I am insured **sono [essere] assicurato**
insurance **l'assicurazione** *(f)*
insurance policy **la polizza d'assicurazione**
it is jammed **è bloccato**
I keep my distance **mantengo [-tenere] la distanza**
keys **le chiavi**
key-ring **il portachiave**
kilometre **il chilometro**
learner driver **il/la principiante**
limit **il limite**
line of cars **la fila di auto**
litre/liter **il litro**
logbook **i documenti dell'auto**
lorry/truck **il camion**
lorry/truck driver **il camionista**
main **principale**
make of car **la marca dell'auto**
MOT/vehicle inspection **la verifica**
maximum speed **la velocità massima**
mechanic **il meccanico**
mechanic *(adj)* **meccanico**
motel **l'albergo** *(m)* **su autostrada, il motel**
motor caravan **la roulotte**
motor show **il salone dell'auto**
motorway/expressway **l'autostrada** *(f)*
services **l'area di servizio** *(f)*, **l'autogrill** *(m)*
one-way only **il senso unico**
I overtake **sorpasso [-are]**
overtaking **il sorpasso**
I park **posteggio [-are]**
parking **il posteggio, il parcheggio**
parking ban **il divieto di parcheggio**
parking ticket **la multa per parcheggio vietato**
I pass **passo [-are]**

passage **il passaggio**
passenger **il passeggero**
pedestrian **il pedone**
petrol/gas **la benzina**
leaded **con piombo**
four-star **super**
two star **normale**
unleaded **senza piombo, verde**
picnic area **la piazzola di sosta**
police **la polizia**
policewoman/woman **l'agente di polizia** *(m/f)*, **il poliziotto, la poliziotta**
police station **il commissariato**
position **la posizione**
private car **l'auto** *(m)* **privata**
public transport **i trasporti pubblici**
puncture/flat **la foratura**
I put on my seat belt **allaccio [-are] la cintura di sicurezza**
ramp **la rampa**
registration papers **il libretto di circolazione**
rent charge **la tariffa noleggio**
repair **la riparazione**
I repair **riparo [-are]**
residents only **riservato ai residenti**
I reverse **faccio [fare] la retromarcia**
(in) reverse **in retromarcia**
right of way **la precedenza**
road **la strada, la via**
road accident **l'incidente** *(m)* **stradale**
road block **il blocco stradale**
road hog **il criminale della strada**
road map **la carta stradale**
road sign **il cartello stradale**
roadworks **i lavori stradali**
route **l'itinerario** *(m)*
I run over **investo [-ire]**
rush hour **l'ora** *(f)* **di punta**
second-hand car **la vettura d'occasione**

self-service **il self-service, il distributore automatico**
service **il servizio**
I set off **parto [-ire]**
signal **il segnale**
signpost **il cartello stradale**
slippery **sdrucciolevole**
slow **lento**
I slow down **rallento [-are]**
I sound the horn/honk **suono [sonare] il claxon**
speed **la velocità**
I speed up **accelero [-are]**
speed limit **il limite di velocità**
spot fine **l'ammenda** *(f)*
I start (engine) **avvio [-are] il motore**
I switch off **spengo [spegnere]**
I switch on **accendo [-ere]**
taxi **il taxi, il tassì**
taxi driver **il tassista**
taxi rank/stand **il posteggio taxi**
I test **provo [-are]**
toll **il pedaggio**
I tow away **rimorchio [-are]**
town plan **la pianta della città**

town traffic **la circolazione urbana**
traffic **la circolazione, il traffico**
traffic jam **l'ingorgo** *(m)* **stradale**
traffic light **il semaforo**
traffic offence **la trasgressione alle norme del codice stradale**
traffic news **il bollettino del traffico, 'l'Onda Verde'**
traffic police **la polizia stradale**
traffic-free zone **la zona pedonale**
trip **il viaggio**
turn **la svolta**
I turn left **giro [-are] a sinistra**
I turn right **giro [-are] a destra**
I turn off at **giro [-are] a**
I turn off the engine **spengo [spegnere] il motore**
underground garage **il parcheggio sotterraneo**
U-turn **la svolta a U**
vehicle **il veicolo**
I wait **aspetto [-are]**
warning **l'avvertimento** *(m)*
warning triangle **il triangolo rosso/d'emergenza**
witness **il testimonie**

Fill it up, please.

Il pieno, per cortesia.

I have a puncture/flat. Could you have a look at the clutch?

Ho una gomma a terra. Può dare un'occhiata alla frizione?

Here is my driving licence/driver's license; as you can see it is still perfectly valid.

Ecco la mia patente di guida; come vede è ancora perfettamente valida.

I wonder how much the toll is for this motorway/expressway section?

Chissà quanto costerà il pedaggio per questa sezione dell'autostrada?

Your new model has very low petrol/gas consumption.

La tua nuova auto consuma pochissima benzina.

Roads

alley **il vicolo**
avenue **la via, il corso**
bend/curve **la curva**
bridge **il ponte**
built-up area **la zona abitata**
bump **l'urto** *(m)*, **lo scontro**
bypass **la tangenziale**
central reservation **la corsia centrale**
closed road **la strada sbarrata**
corner **l'angolo** *(m)*
crossing **l'attraversamento** *(m)*
crossroad **l'incrocio** *(m)*
cul-de-sac **la strada senza uscita**
hard shoulder **la corsia d'emergenza**
inside lane **la corsia interna**
intersection **l'incrocio** *(m)* **stradale**
junction **l'incrocio** *(m)*
lane **la corsia**
lay-by **la piazzola di sosta**
level crossing **il passaggio a livello**
main street **la via principale**

motorway/expressway **l'autostrada** *(f)*
entry **la corsia d'entrata**
exit **la corsia d'uscita**
junction **lo svincolo**
one-way street **la strada a senso unico**
outside lane **la corsia esterna**
pavement/sidewalk **il marciapiede**
pedestrian crossing **il passaggio pedonale**
pedestrian island **lo spartitraffico**
pedestrian zone **la zona pedonale**
ring road **la tangenziale**
road **la strada**
roundabout **la giratoria, la rotonda**
service area **l'area** *(f)* **di servizio**
side street **la strada laterale**
slip road **la corsia d'accesso**
square **la piazza**
street **la strada, la via**
underground passage **il passaggio sotterraneo**
yellow/white line **la linea gialla/bianca**

There has been a serious accident on the A1 motorway/expressway between junction 7 and 8. A lorry travelling towards Rome has crashed against the central barrier. Three vehicles are involved and one of the drivers is seriously injured. I have put on the hazard lights. Send an ambulance immediately.

C'è stato un grave incidente sull'autostrada A1 fra gli svincoli 7 e 8. Un camion, in direzione Roma, ha sfondato la barriera spartitraffico. Tre vetture sono coinvolte e uno dei conducenti è gravemente ferito. Io ho messo le luci d'emergenza. Mandate un'ambulanza urgentemente.

Delays are expected at the next junction.

Si prevedono ritardi al prossimo raccordo.

The lights are not working. There is a risk of collision.

Le luci non funzionano. C'è il rischio di scontrarsi.

➤ PARTS OF THE CAR, ROAD SIGNS App.19c; ACCIDENTS 11a

19d Travel by air

aeroplane/airplane **l'aeroplano** *(m)*
aircraft **il velivolo**
air hostess/stewardess **l'assistente** *(f)* **di volo**
airline **la compagnia aerea**
airline desk **il banco della compagnia aerea**
air travel **il viaggio aereo**
airport **l'aeroporto** *(m)*
I am airsick **ho [avere] il mal d'aria**
baggage **il bagaglio**
body search **la perquisizione**
I board a plane **salgo [salire] a bordo**
boarding card **la carta d'imbarco**
business class **la classe 'executive'**
by air **in aereo**
cabin **la cabina**
cancelled **annullato**
cancelled flight **il volo annullato**
carousel **il carosello**
charter flight **il volo charter**

I check in **faccio [fare] le operazioni d'imbarco**
check-in operations **le operazioni d'imbarco**
control tower **la torre di controllo**
co-pilot **il co-pilota**
crew **l'equipaggio** *(m)* **di bordo**
desk **il banco**
direct flight **il volo diretto**
domestic flights **i voli nazionali**
during the flight **durante il volo**
duty-free goods **le merci duty free**
economy class **la classe economica**
emergency exit **l'uscita** *(f)* **d'emergenza**
emergency landing **l'atterraggio** *(m)* **d'emergenza**
excess baggage **l'eccesso** *(m)* **bagagli**
I fasten **allaccio [-are]**
flight **il volo**
flight attendant **l'assistente** *(m/f)* **di volo**

Can I make a connection to Cagliari? Do I have to change flight?

– I have some excess luggage/baggage.
– Have you packed your luggage/baggage yourself?

How long is the delay?

There is some turbulence on the Alps.
The expected landing time is at 11.40, local time.

My luggage has not yet been unloaded.

C'è un collegamento con Cagliari? Devo cambiare volo?

– Il mio bagaglio supera un pò il peso.
– Ha fatto le valige Lei stesso?

Quant'è il ritardo?

C'è un pò di turbolenza sulle Alpi.
Si prevede l'atterraggio alle 11.40, ora locale.

Il mio bagaglio non è ancora stato scaricato.

I fly **volo [-are]**
I fly at a height of **volo [-are] a un'altezza di**
flying **il volo**
fuselage **la carlinga**
gate **il cancello**
instructions **le istruzioni**
hand luggage **il bagaglio a mano**
headphones **le cuffie**
highjacker **il pirata dell'aria**
immigrant **l'immigrante** *(m/f)*
immigration **l'immigrazione** *(f)*
immigration rules **le leggi sull'immigrazione**
I land **attterro [-are]**
landing **l'atterraggio** *(m)*
landing lights **le luci d'atterraggio**
no-smoking sign **il segnale 'non fumare'**
non-stop **diretto**
on board **a bordo**
parachute **il paracadute**
passenger **il passeggero, la passeggera**
passengers lounge **la sala d'attesa**

passport control **il controllo passaporti**
pilot **il/la pilota**
plane **l'aeroplano** *(m)*
refreshments **i rinfreschi**
runway **la pista**
safety jacket **il giubbotto di salvataggio**
security measures **le misure di sicurezza**
security staff **il personale di sicurezza**
steward **l'assistente** *(m)* **di volo**
stewardess **l'assistente** *(f)* **di volo**
I take off **decollo [-are]**
take off **il decollo**
terminal **il terminale**
tray **il vassoio**
turbulence **la turbolenza**
view **la vista**
window **il finestrino**
window seat **il sedile vicino al finestrino**

– Will Mr/Ms Smith travelling on flight AZ131 to Naples please contact Information desk immediately.
– Where do I check-in for flight AZ 131?

This is the last call for passengers travelling on flght BZ 881 to Olbia.

What is the flight number?

For your comfort and safety, please fasten your seatbelts.

– I signori Smith in viaggio con il volo AZ131 per Napoli sono pregati di presentarsi al banco informazioni.
– Dove faccio le operazioni d'imbarco per il volo AZ 131?

Ultima chiamata per i passeggeri diretti a Olbia con il volo BZ 881.

Qual è il numero del volo?

Per il Suo benessere e la Sua sicurezza, preghiamo di allacciare le cinture.

19e Travel by rail

announcement   l'annuncio *(m)*
barrier   la barriera
buffet   il buffet
buffet-car   la carrozza buffet
coach   la carrozza
compartment   lo scompartimento
connection   la coincidenza
dining-car   la carrozza ristorante
direct train   il treno diretto
exemption   l'esenzione *(f)*
express train   il treno espresso
fare   la tariffa
from   da
I go   vado [andare]
inspector   l'ispettore *(m)*,
   l'ispettrice *(f)*
Intercity train   l'IC
I lean out   mi affaccio [-are]
level crossing   il passaggio a
   livello

local train   il treno regionale
luggage rack   la reticella per
   bagagli
I miss   perdo [-ere]
non-refundable   non rimborsabile
(non)smokers compartment   lo
   scompartimento per (non)
   fumatori
occupied   occupato
on time   puntuale
platform   il binario
porter   il facchino
I punch (ticket)   convalido [-are] il
   biglietto
rail ticket   il biglietto ferroviario
rail tracks   i binari
railway/railroad   la ferrovia
   rail(way) station   la stazione
   ferroviaria
ramp   la rampa

A special announcement:
On Sundays and Bank Holidays
the service to Napoli does not
operate and on weekdays after 9
a.m. fares are subject to
supplementary charges/
surcharges. In addition,
reservations are required for seats
in the non-smoking compartments
on the Bari service.
We apologise for any
inconvenience.

Un annuncio speciale:
La domenica e nei giorni festivi
il servizio per Napoli non opera
e nei giorni feriali dopo le ore 9
le tariffe sono soggette a
supplementi tariffari.
Inoltre le prenotazioni sono
obbligatorie per posti negli
scompartimenti per non
fumatori sulla linea di Bari.
Siamo spiacenti per il disagio.

– Where do I have to change?
– To go to the Coliseum, you need
to take the line to … and get off at
the next stop.

– Dove devo cambiare?
– Per andare al Colosseo deve
prendere la linea per … e
scendere alla prossima fermata.

reduction **la riduzione**
reservation **la prenotazione**
rucksack **lo zaino**
ski-bag **la sacca portasci**
sleeper **il vagone letto**
smokers **i fumatori**
speed **la velocità**
station master **il capostazione, la capostazione**
stop **la fermata**
I stop **mi fermo [-are]**
suitcase **la valigia**
supplement **il supplemento**
ticket **il biglietto ferroviario**
  first/second class
  prima/seconda classe
  group **collettivo**
  single/one way **di sola andata**
  return/round trip **di andata e ritorno**
ticket collector **il bigliettaio**
ticket office **la biglietteria**

timetable **l'orario** *(m)*
  summer/winter timetable **l'orario estivo/invernale**
timetable changes **i cambiamenti d'orario**
toilets **i gabinetti**
track **i binari**
traveller **il viaggiatore, la viaggiatrice**
train **il treno**
  direct train **il treno diretto, il treno interregionale**
  express train **il treno espresso**
  Intercity train **il treno IC**
  local train **il treno regionale**
trolley/cart **il carrello**
user **l'utente** *(m/f)*
I wait **aspetto [-are]**
waiting-room **la sala d'aspetto**
wagon-lits **i vagoni letto**
warning **l'avviso** *(m)*
window **il finestrino**

This is a public announcement for all passengers travelling to Venice. We are sorry to announce that this service is subject to delays. There will also be a platform change.

Annuncio per tutti i passeggeri diretti a Venezi. Siamo spiacenti di annunciare che questo servizio è soggetto a ritardi. Ci sarà anche un cambiamento di binario.

– At what time does this train leave?
– The 11.45 to Bari is now leaving from platform 10.

A che ora parte questo treno?

– Il treno delle 11.45 diretto a Bari è in partenza al binario 10.

I need a wheelchair for a disabled passenger.

Mi occorre una sedia a rotelle per un passeggero disabile.

Excuse me, this a non-smoking compartment.

Mi scusi, questo è uno scompartimento per non fumatori.

Is this the Intercity to Parma?

È questo l'intercity per Parma?

 Holidays/Vacation

20a General terms

abroad **all'estero**
accommodation **la sistemazione**
alone **solo**
amenities **le amenità, le attrattive**
area **la zona**
arrival **l'arrivo** *(m)*
available **disponibile, libero**
beach **la spiaggia**
camera **la macchina fotografica**
clean **pulito**
climate **il clima**
closed **chiuso**
clothes **gli abiti**
comfort **le comodità**
comfortable **comodo, confortevole**
congested **congestionato**
country **il paese**
countryside **la campagna**
deck-chair **la sedia a sdraio**
dirty **sporco**
disadvantage **lo svantaggio**
disorganized **disorganizzato**
exchange **il cambio**
fire **il fuoco, l'incendio** *(m)*
folding chair **la sedia pieghevole**
folding table **il tavolino pieghevole**
food **il cibo, l'alimentazione** *(f)*
full **pieno**
full-up **completo, esaurito**
I get brown/tan **(mi) abbronzo [-are]**
I go **vado [andare]**
group **il gruppo**
group travel **il viaggio organizzato**
guide **la guida** *(m/f)*
guidebook **la guida (turistica)**
guided tour/walk **la visita guidata**

holidays/vacation **le vacanze**
holiday-maker **il vacanziere**
information bureau/office **l'ufficio** *(m)* **informazioni**
land **la terra**
landscape **il paesaggio**
luggage/baggage **il bagaglio**
I organize **organizzo [-are]**
organization **l'organizzazione** *(f)*
I plan **faccio [fare] progetti**
plan (town) **la cartina, la pianta**
portable **portabile**
I return to (place) **ritorno [-are] a**
rucksack/knapsack **lo zaino**
sea **il mare**
seascape **il paesaggio marino**
seaside resort **la stazione balneare**
show **lo spettacolo**
sight **la vista**
I spend time **passo [-are] il tempo**
stay **il soggiorno**
I stay **soggiorno [-are]**
suitcase **la valigia**
sun **il sole**
I sunbathe **prendo [-ere] il sole**
sunny **soleggiato**
tour **l'escursione** *(f)*, **il giro, la visita**
tourism **il turismo**
tourist **il/la turista**
tourist menu **il menu turistico**
tourist office **l'ufficio** *(m)* **turismo, l'azienda** *(f)* **di soggiorno**
town **la città**
town plan **la pianta della città**
travel **il viaggio**
I travel **viaggio [-are]**
I unpack **disfo [disfare] le valige**
I visit **visito [-are]**

visit **la visita**
visiting hours **l'oriario** (m) **di visita**
visitors **i visitatori**
welcome **benvenuto**
worth seeing **che vale la pena di vedere, degno di essere visto**

Holiday/Vacation activities

adventure holiday/vacation **la vacanza avventurosa**
beach holiday/vacation **la vacanza al mare**
boating holiday/vacation **la vacanza in barca**
camping **fare campeggio**
canoeing **fare canoa**
coach holiday/vacation **la gita in torpedone/pullman**
cruise **una crociera**
cycling **andare in bicicletta**
fishing **la pesca**

fruit picking **raccogliere frutta**
hunting **la caccia**
motoring holiday/vacation **il turismo automobilistico**
mountain climbing **fare alpinismo**
rock climbing **fare roccia**
safari **fare un safari**
sailing **fare vela**
scuba diving **fare immersione**
sightseeing **fare un giro turistico**
skiing **sciare**
study holiday/vacation **la vacanza di studio**
surfing **il surfing**
trekking **fare escursionismo**
volunteer work **il volontariato**
walking **camminare**
water-skiing **fare dello sci acquatico**
wine tasting **il degustazione dei vini**

Dear All at work,

Having a wonderful holiday/vacation. The weather is hot (I've got a great tan), the campsite is clean and the local food is excellent.

The kids are having a great time too, enjoying the water sports. building sandcastles and making lots of friends.

Not looking forward to coming home, at all!

Best wishes, Sarah.

Cari colleghi,

Una magnifica vacanza. Fa bello (ho una splendida abbronzatura), il campeggio è pulito e la cucina locale eccellente.

I bambini si stanno divertendo un mondo, fanno sport d'acqua, castelli di sabbia e molte amicizie.

Il pensiero di ritornare a casa non mi entusiasma.

Auguroni, Sara.

➤ COUNTRIES App.20a; HOBBIES App.16a; ON THE BEACH App.20a

20b Accommodation & hotel

Accommodation

apartment **l'appartamento** *(m)*
bed & breakfast **la pensione**
campsite **il campeggio**
caravan/trailer **la roulotte**
chalet **lo chalet, la villetta rustica**
cottage **la villetta di campagna**
guest house **la pensione**
farm **la fattoria**
full board **pensione completa**
half board **mezza pensione**
holiday village **il villaggio vacanze**
home exchange **lo scambio di casa**
hotel **l'albergo** *(m)*
inn **la locanda**
mobile home **la roulotte**
motel **il motel**
self-catering **in affitto**
villa **la villa**
youth hostel **l'ostello** *(m)* **della gioventù**

Booking & payment

all inclusive **tutto compreso**
bill **il conto, la fattura**
I book **prenoto [-are]**
brochure **l'opuscolo** *(m)*
cash *(money)* **il contante**

I cash **incasso [-are]**
cheap **economico, a buon prezzo**
cheque/check **l'assegno** *(m)*
cost **il costo**
credit card **la carta di credito**
credit **il credito**
economical **economico**
Eurocheque **l'eurocheque**
excluding **escluso, non compreso**
exclusive **esclusivo**
expensive **caro, costoso**
extra charge **il supplemento**
I fill in **compilo [-are]**
form **il modulo**
free **libero, gratuito**
hotel bill **il conto**
inclusive **incluso, compreso**
money **i soldi, il denaro**
paid **pagato**
I pay **pago [-are]**
payment **il pagamento**
price **il prezzo**
price-list **il listino prezzi**
reduction **la riduzione**
refund **il rimborso**
reservation **la prenotazione**
I reserve **prenoto [-are], riservo [-are]**

I'd like to reserve a room with a double bed and en-suite bathroom for three days from March 4th.

Vorrei una camera con vista con letto matrimoniale e bagno per tre giorni dal 4 marzo.

I'd like to complain.
The hot water tap/faucet does not work; there is only one coathanger in the wardrobe; and I asked for room with a view.
We are checking out now. I shall collect the luggage at 10:30.

Vorrei fare un reclamo.
Il rubinetto dell'acqua calda non funziona; c'è solo una gruccia e ho chiesto una camera con vista.
Saldiamo il conto ora. Passerò a ritirare i bagagli alle 10.30.

---

reserved **prenotato, riservato**
I sign **firmo [-are]**
signature **la firma**
traveller's cheque/traveler's check
  l'assegno *(m)* **traveller's**
VAT/sales tax **l'IVA** *(f)*

Hotel

air-conditioning **l'aria** *(f)*
  condizionata
balcony **il balcone**
bath **il bagno**
bed **il letto**
bed linen/bedding **la biancheria**
  da letto
bedspread **il copriletto**
billiard/pool room **la sala da**
  biliardo
board **la pensione**
  full board **pensione completa**
  half board **mezza pensione**
breakfast **la prima colazione**
broken **rotto**
business lunch **la colazione**
  d'affari
business meeting **la riunione**
  d'affari
call **la chiamata**
I check in **prenoto [-are]**
I check out **saldo [-are] il conto**
(coat) hanger **la gruccia**
I complain **reclamo [-are]**
complaint **il reclamo**
conference **la conferenza**
conference facilities **i servizi per**
  conferenza
damage **il danno**
dining-room **la sala da pranzo**
early morning call **il servizio**
  sveglia
en-suite bathroom **il bagno privato**
evening meal **il pasto serale**
facilities **le attrezzature, i servizi**
fire exit **l'uscita** *(f)* **di soccorso**
fire extinguisher **l'estintore** *(m)*
I give a tip/gratuity **lascio [-are]**

una mancia
guest **l'ospite** (m/f)
hairdresser **il parrucchiere**
hairdryer **l'asciugatore** *(m)* **per**
  capelli
hall **l'entrata** *(f)*
hotel **l'albergo** *(m)*
landing **il pianerottolo**
laundry **la biancheria da lavare**
laundry-bag **il sacco per la**
  biancheria
laundry service **il servizio**
  lavanderia
lift/elevator **l'ascensore** *(m)*
lounge **il salone**
maid **la cameriera**
message **il messaggio**
night porter **il portiere di notte**
noisy **rumoroso**
overnight bag **la ventiquattrore**
parking space **il parcheggio**
plug *(electrical)* **la spina**
porter/bellhop **il portiere**
private toilet **il gabinetto privato**
reception **la ricezione**
receptionist **la ricezionista, la**
  segretaria
room **la camera**
  double room **la camera con**
  letto matrimoniale
  family room **la camera con**
  letti supplementari
  twin-beds room **la camera**
  doppia
room service **il servizio in camera**
service **il servizio**
shower **la doccia**
shower-cap **la cuffia per doccia**
stay **il soggiorno**
I stay **resto [-are]**
terrace **la terrazza**
tip/gratuity **la mancia**
trouser-press/pant's press **lo**
  stirapantaloni
view **la vista**
Welcome! **Benvenuti!**

➤ ROOMS 8a; FURNISHINGS 8c; EATING OUT 10a

20c Camping & self-catering/service

air bed **il lettino da campeggio gonfiabile**
antihistamine cream **la crema antistaminica**
ants **le formiche**
barbecue **la graticola**
battery **la pila**
I camp **faccio [fare] campeggio**
camp bed **il lettino da campeggio**
camper **il campeggiatore**
camping **il campeggio**
camping equipment/gear **l'attrezzatura** (f) **per campeggio**
camping gas **il gas butano**
campsite **il campeggio**
caravan/trailer **la roulotte**
connected **innestato**
cooking facilities **l'attrezzatura** (f) **da cucina**
disconnected **disinnestato**
drinking water **l'acqua** (f) **potabile**
extension lead/cord **la prolunga**
I fix **riparo [-are], aggiusto [-are]**

fixed **riparato, aggiustato**
forbidden **vietato**
gas **il gas**
gas cooker/stove **il fornello a gas**
gas cylinder **la bombola di gas**
ground-sheet **il telo per il terreno**
inconvenient **scomodo, fastidioso**
in the dark **al buio, nell'oscurità**
medicine box **la valigetta pronto-soccorso**
mosquito **la zanzara**
mosquito bite **la puntura di zanzara**
mosquito net **la zanzariera**
noise **il rumore**
peg **il picchetto**
I pitch my tent **pianto [-are]/ monto [-are] la tenda**
potty/bedpan **il vasino da notte**
shadow **l'ombra** (f)
sheet **il lenzuolo** (pl **le lenzuola**)
site **il luogo, il posto**
sleeping bag **il sacco a pelo**

– Where shall we put up the tent.
– Away from the main block/ buildings.

– I'll pitch it in the shade under that tree.

– No, it is a bit damp there. This is better and there are no mosquitos here.

– Where's the torch/flashlight? It's not in the tent.

– It was in the rucksack/knapsack just now.
– Keep your voice down, please, we are trying to sleep!

Have you any spare tent pegs?

Did you bring a bottle-opener?

– **Dove montiamo la tenda?**
– **Lontano dal blocco principale.**

– **La pianto all'ombra, sotto quell'albero.**

– **No, è un po' umido. Qui è meglio e non ci sono zanzare.**

– **Dov'è la pila? Non è nella tenda.**

– **Era nello zaino or ora.**

– **Abbassa la voce, per favore. stiamo cercando di dormire!**

Hai dei picchetti di riserva?

Hai portato l'apribottiglie?

space **lo spazio**
I take down *(tent)* **smonto [-ere]**
tent **la tenda**
toilet **il gabinetto, i servizi**
torch/flashlight **la pila**
vehicles **i veicoli**
washing facilities **la zona lavaggio**
water filter **il filtro per acqua**

Self-catering/Self-service

agency **l'agenzia** *(f)*
apartment **l'appartamento** *(m)*
borrowed **in prestito**
clean **pulito**
I clean **pulisco [pulire]**
cleaning cloth **lo strofinaccio**
I cook **cucino [-are]**
damaged **danneggiato**
damages **i danni**
dangerous **pericoloso**
electricity **l'elettricità** *(f)*
electric cooker/stove **la cucina a elettricità**
equipment **l'attrezzatura** *(f)*
furniture **i mobili, la mobilia**

farm **la fattoria**
garden/yard **il giardino**
key **la chiave**
kitchenette **la zona cottura**
help **l'aiuto** *(m)*
meter **il contatore**
owner **il proprietario**
repair **la riparazione**
I repair **riparo [-are], aggiusto [-are]**
I return *(give back)* **restituisco [-ire]**
ruined **rovinato**
safe **sicuro**
safety **la sicurezza**
set of keys **il mazzo di chiavi**
I share **condivido [-ere]**
smelly **puzzolente**
spare keys **il mazzo di chiavi di riserva**
studio **il monolocale**
swing **l'altalena** *(f)*
water supply **il rifornimento idrico**
well **il pozzo**
well kept **ben curato/tenuto**

The apartment is close to all amenities, just a few miles from the nearest shops/stores and convenient for the swimming pool.

L'appartamento è vicino a tutte le amenità, solo a pochi chilometri dai negozi più vicini e comodo per la piscina.

There are no blankets, the cooker/stove doesn't work and there is a frog in the bathroom.

Non ci sono coperte, il fornello non funziona e c'è una rana nella stanza da bagno.

You will find the electricity meter under the stairs.

Troverà il contatore dell'elettricità sotto le scale.

How do you lock the door?

Come si chiude la porta a chiave?

How pleasant! What a lovely view!

Com'è gradevole! Che bella vista!

Are there any spare bulbs?

Ci sono lampadine di riserva?

Language

21a General terms

accuracy **l'accuratezza** *(f)*
accurate **accurato, preciso**
I adapt **adatto [-are]**
I adopt **adotto [-are]**
advanced **avanzato, superiore**
aptitude **l'attitudine, l'abilità** *(f)*
artificial language **il linguaggio artificiale**
based on **basato su**
bilingual **bilingue**
bilingualiism **il bilinguismo**
borrowing **il prestito**
branch **la branca, il ramo**
classical languages **le lingue morte/classiche**
code **il codice**
it derives from **deriva [-are] da**
development **lo sviluppo**
difficult **difficile**
easy **facile**
error **l'errore** *(m)*
foreign language **la lingua straniera**
I forget **dimentico [-are]**
grammar **la grammatica**
grammatical **grammaticale**

I improve **miglioro [-are]**
influence **l'influenza** *(f)*
known **conosciuto**
language **la lingua**
  language course **il corso di lingua**
  language family **la famiglia delle lingue**
  language school **la scuola di lingue**
  language skills **le competenze linguistiche**
Latin **il latino**
I learn **apprendo [-ere], imparo [-are]**
learning **l'apprendimento** *(m)*
level **il livello**
linguistics **la linguistica**
link **il legame, il collegamento**
living **vivente**
major languages **le lingue maggiori**
it means **significa [-are]**
I mime **mimo [-are]**
minor languages **le lingue minori**
mistake **lo sbaglio**

I am not very good at languages but my sister is a gifted linguist.

Io non sono molto dotato per le lingue ma mia sorella è una poliglotta di talento.

Lesser languages may disappear; however, thanks to the oral tradition in some communities, some have been preserved.

Le lingue minori possono scomparire ma grazie alla tradizione orale in certe comunità, alcune sono state conservate.

modern languages **le lingue moderne**
monolingual **monolingue**
mother tongue **la lingua madre**
mutation **la mutazione**
name **il nome**
nation **la nazione**
national **nazionale**
native **nativo**
natural **naturale**
official **ufficiale**
offshoot **la derivazione**
origin **l'origine** *(f)*
philology **la filologia**
phonetician **il/la fonetista**
phonetics **la fonetica**
I practise **pratico [-are]**
preserved **preservato**
question **la domanda**
register **il registro**
self-assessment **l'autovalutazione** *(f)*
separate **separato**
sign **il segno**
skill **l'abilità** *(f)*, **la competenza**
structure **la struttura**
survival **la sopravvivenza**
it survives **sopravvive [-ere]**
I teach **insegno [-are]**
teacher **l'insegnante** *(m/f)*
teaching **l'insegnamento** *(m)*
test **la prova**
I test **faccio [fare] una prova**

I translate **traduco [tradurre]**
translation **la traduzione**
I understand **capisco [-ire]**
unknown **sconosciuto**
widely **diffusamente**

Words & vocabulary

antonym **il contrario, l'opposto** *(m)*
colloquial **colloquiale**
consonant **la consonante**
dictionary **il dizionario**
diphthong **il dittongo**
glossary **il glossario**
idiom **l'idioma** *(m)*
idiomatic **idiomatico**
jargon **il linguaggio, il gergo**
lexicon **il lessico**
lexicographer **il lessicografo**
phoneme **il fonema**
phrase **la frase**
phrase book **il frasario**
sentence **la proposizione, la frase**
slang **il gergo**
syllable **la sillaba**
synonym **il sinonimo**
thesaurus **il tesoro**
vocabulary **il vocabolario**
vowel **la vocale**
word **la parola**
word-play **il gioco di parole**

She learned French and Italian in school, then she travelled extensively and picked up Bulgarian and Urdu while working as a volunteer.

Ha imparato il francese e l'italiano a scuola, poi, durante i suoi numerosi viaggi, ha appreso il bulgaro, e l'urdu mentre lavorava come volontaria.

21b Using language

Speaking & listening

accent **l'accento** *(m)*
   regional accent **l'accento** *(m)*
   regionale
accuracy **l'accuratezza** *(f)*
articulate **chiaro, distinto**
I articulate **pronuncio [-are]**
   distintamente
clear **chiaro**
I communicate **comunico [-are]**
conversation **la conversazione**
I converse **converso [-are]**
dialect **il dialetto**
diction **la dizione**
I express myself **mi esprimo**
   [-ere]
fluent **corrente**
fluently **correntemente**
I interpret **interpreto [-are]**
interpreter **l'interprete** *(m/f)*
intonation **l'intonazione** *(f)*
I lisp **sono [essere] bleso**
lisp **la pronuncia blesa**
I listen **ascolto [-are]**
listening **l'ascolto** *(m)*
listening skills **l'abilità** *(f)* **di**

   ascolto
I mispronounce **pronuncio [-are]**
   male
mispronunciation **la cattiva**
   pronuncia
oral **orale**
orally **oralmente**
I pronounce **pronuncio [-are]**
pronunciation **la pronuncia**
rhythm **il ritmo**
sound **il suono**
I sound **emetto [-ere] un suono**
I speak **parlo [-are]**
speaking **parlare**
speaking skills **l'abilità** *(f)* **del**
   parlare, la competenza orale
speech **il discorso**
speed **la velocità**
spoken **parlato**
spoken language **la lingua parlata**
stress **l'enfasi** *(f)*
I stutter/stammer **balbetto [-are]**
stutter **la balbuzie**
unpronounceable **impronunciabile**
verbally **verbalmente**
well **bene**

– I have no difficulty in reading Italian, but I don't understand it when people speak very fast or with a strong regional accent.

– Non ho difficoltà a leggere l'italiano, ma non lo capisco quando la gente parla molto veloce o con un forte accento regionale.

– Do you practice Italian with a native speaker?

– Fai pratica di italiano con una persona di madrelingua?

– No, I prefer to attend a class.

– No, preferisco frequentare un corso.

Don't worry about spelling mistakes for the moment.

Non preoccuparti degli sbagli di ortografia per il momento.

Which language has a runic alphabet?

Quale lingua ha l'alfabeto runico?

Writing & reading

alphabet **l'alfabeto** *(m)*
alphabetically **in ordine alfabetico**
in bold **in neretto**
Braille **braille** *(m)*
calligraphy **la calligrafia**
character **il carattere**
code **il codice**
I correspond with **corrispondo [-ere] con**
correspondence **la corrispondenza**
I decipher **decifro [-are]**
graphic **grafico**
handwriting **la scrittura**
icon **l'icona** *(f)*, **il simbolo visivo**
ideogram/ideograph **l'ideogramma** *(m)*
illiterate **analfabeta**
italic **corsivo, italico**
I italicize **stampo [-are] in corsivo**
letter *(alphabet)* **la lettera**
literate **che sa leggere e scrivere**
literature **la letteratura**
note **una nota**
paragraph **il paragrafo**

philology **la filologia**
philologist **il filologo, la filologa**
pictograph **il pittogramma**
I print **stampo [-are]**
I read **leggo [-ere]**
reading **la lettura**
reading skills **le abilità di lettura**
I scribble **scribacchio [-are]**
scribble **lo sgorbio**
  scribble *(illegible)* **la scrittura illeggibile**
sign **il segno**
I sign **firmo [-are]**
signature **la firma**
I spell **scrivo [-ere]**
spelling **la scomposizione in lettere, l'ortografia** *(f)*
text **il testo**
I transcribe **trascrivo [-ere]**
transcription **la trascrizione**
I underline **sottolineo [-are]**
I write **scrivo**
writing **la scrittura**
writing skills **le abilità di scrittura**
written language **la lingua scritta**

Portuguese spoken here.

Si parla portoghese.

Do you have any previous knowledge of Russian?

Ha qualche nozione di russo?

How do you pronounce it?

Come si pronuncia?

– Which is the easiest language to learn for an English speaker? – Italian, of course!

– Qual è la lingua più facile da imparare per una persona di lingua inglese? – L'italiano, naturalmente!

She still has a marked foreign accent. I find it quite interesting, indeed charming.

Ha ancora un marcato accento straniero. Lo trovo molto interessante, anzi attraente.

➤ LANGUAGES App.21a; GRAMMAR App.21b; MAIL/POST 15c

 Education

22a General terms

achievement **il successo, il conseguimento**

admission **l'ammissione** *(f)*, **l'accesso** *(m)*

absent **assente**

age group **un gruppo d'età**

I am away **sono [essere] assente**

aptitude **l'attitudine** *(f)*

I analyze **analizzo [-are]**

answer **la risposta**

I answer *(a question)* **rispondo [-ere] a**

I answer *(someone)* **replico [-are]**

I ask a question **faccio [fare] una domanda**

I ask *(someone)* **chiedo [-ere] a qualcuno**

I attend a school **frequento [-are] la scuola**

boring **noioso**

career **la carriera**

careers education centre/center **il centro d'orientamento professionale**

caretaker **il bidello**

I catch up **riguadagno [-are] il tempo perduto**

chapter **il capitolo**

cheat **scopiazzo [-are], imbroglio [-are]**

class **la classe, la lezione**

class council **il consiglio di classe**

class representative **il/la rappresentante di classe**

class teacher **il professore, l'insegnante** *(m/f)*

class trip **la gita scolastica**

club **il club, l'associazione** *(f)*

comprehension **la comprensione**

compulsory schooling **la scuola dell'obbligo**

computer **il computer, l'ordinatore** *(m)*

concept **il concetto**

I copy (out) **riscrivo [-ere], copio [-are]**

copy **la copia**

course **il corso**

deputy head **il vice preside**

detention **trattenere a scuola fuori orario**

I am in detention **mi trattengono [-tenere] a scuola**

difficult **difficile**

I discuss **discuto [-ere]**

easy **facile**

education **l'istruzione** *(f)*

educational system **il sistema scolastico**

I encourage **incoraggio [-are]**

essay **il tema, la relazione**

example **l'esempio** *(m)*

excellent **eccellente**

favourite/favorite **preferito, favorito**

favourite subject **la materia preferita**

field centre/center **il centro (di) studi**

I forget **(mi) dimentico [-are]**

governing body *(equivalent)* **il comitato scolastico**

handwriting **la scrittura, l'ortografia** *(f)*

holidays/vacation **le vacanze**

headteacher/principal **il/la preside**

homework **i compiti**

instruction **l'insegnamento** *(m)*

I learn **imparo [-are]**
I leave **lascio [-are]**
lesson **la lezione**
I listen **ascolto [-are]**
local education authority *(equivalent)* **il provveditorato**
I look at **guardo [-are]**
mixed ability group **il gruppo con abilità diverse**
modular **modulare**
module **il modulo**
oral **orale, a voce**
outdoor **esterno, all'aperto, fuori**
out of school activity **le attività** *(pl)* **extra-scolastiche**
parents' evening **la serata per i genitori**
pastoral care **la cura pastorale**
I play truant **marino [-are] la scuola**
I praise **lodo [-are]**
principal **principale**
project **il progetto, lo schema**
punctual **puntuale**
I punctuate **punteggio [-are]**
punctuation **la punteggiatura**
I punish **punisco [-ire]**
punishment **la punizione, il castigo**
pupil **l'alunno** *(m)*, **l'allievo** *(m)*
qualification **la qualifica, il requisito**
I qualify **mi qualifico [-are]**
question **la domanda**
I question **interrogo [-are], faccio [fare] delle domande**
I read **leggo [-ere], studio [-are]**
reading **la lettura**
I repeat a year **ripeto [-ere]/ rifaccio [-fare] l'anno**
report **la relazione, il resoconto**
research **la ricerca**
I research **faccio [fare] ricerca, svolgo [-ere] una ricerca**
resources centre/center **il centro risorse**
scheme of work **il piano di studio**

school book **il libro di testo**
school council **il consiglio scolastico**
school-friend **un compagno di scuola**
setted **divisi in gruppo per abilità**
skill **l'abilità** *(f)*, **la competenza**
specialist teacher **l'insegnante** *(m/f)* **specializzato**
spelling **l'ortografia** *(f)*
staff **il personale docente**
I stay in **rimango [rimanere] in/a**
stream **il corso, la classe**
strict **severo, preciso**
I study **studio [-are]**
subject set **il gruppo scolastico**
sum **la somma, l'addizione** *(f)*
I summarize **riassumo [-ere]**
I swot **sgobbo [-are]**
task **l'incarico** *(m)*, **l'impegno** *(m)*, **il dovere**
I teach **insegno [-are]**
teacher **l'insegnante** *(m/f)*, **il maestro, la maestra, il professore, la professoressa**
teaching **l'insegnamento** *(m)*
term/semester **il trimestre, il semestre**
I train **istruisco [-ire] addestro, preparo [-are]**
training **la formazione, l'istruzione** *(m/f)*
I translate **traduco [-durre]**
translation **la traduzione**
tutor **il tutore, il/la docente**
I understand **capisco [-ire], intendo [-ere]**
I did not understand **non ho [avere] capito bene, ho capito male**
unit (of work) **l'unità** *(f)* **(di lavoro)**
I work **lavoro [-are]**
I work hard at ... **lavoro [-are] molto/sodo ...**
work experience **l'esperienza** *(f)* **di lavoro, il tirocinio**
I write **scrivo [-ere]**
written (work) **il lavoro scritto**

➤ FURTHER & HIGHER EDUCATION 22d

22b School

School

blackboard **la lavagna**
book **il libro**
break **la pausa, l'intervallo** *(m)*
canteen **la mensa**
cassette *(audio/video)* **la cassetta**
cassette recorder **il mangiacassette**
classroom **l'aula** *(f)*
computer **il computer, l'ordinatore** *(m)*
desk **la scrivania, il banco**
dormitory **il dormitorio**
gym(nasium) **la palestra**
headphones **le cuffie**
interactive TV **la televisione interattiva**
(language) laboratory **il laboratorio (linguistico)**
library **la biblioteca**
lunch-hour **l'ora** *(f)* **di pranzo**
note **la nota**
office **l'ufficio** *(m)*
playground **il cortile**
radio **la radio**
rubber/eraser **la gomma**
ruler **la riga**
slide *(photographic)* **la diapositiva**

satellite TV **la tv satellite**
schoolbag/satchel/bookbag **la cartella, lo zaino**
sports field **il campo sportivo**
sports hall **la palestra**
staffroom **la sala per i docenti**
studio **lo studio**
timetable **l'orario** *(m)*
video camera **la videocamera**
video cassette **la videocassetta**
video recorder **il videoregistratore**
workshop **il laboratorio, l'officina** *(f)*

Type of school

boarding school **il collegio**
boarder **il/la pensionante**
day school **la scuola diurna**
further education **l'educazione** *(f)* **permanente**
infant/nursery school **l'asilo** *(m)*, **la scuola materna**
night school **la scuola serale**
nursery school **l'asilo** *(m)* **infantile**
playgroup **il nido d'infanzia**
primary/elementary school **la scuola elementare**
public/private school **la scuola**

– At what age do children start school?
– Compulsory school starts at six.

– A che età i bambini cominciano la scuola?
– La scuola dell'obbligo comincia a sei anni

Our son already goes to nursery school and is really looking forward to school.

Nostro figlio frequenta il nido d'infanzia e non vede l'ora di cominciare la prima elementare.

My daughter goes to the primary school. She reads to her teacher every day and can read quite well now.

Mia figlia frequenta la prima elementare. Legge all'insegnante ogni giorno e ora legge benino.

privata
school **la scuola**
school type **il tipo di scuola**
of school age **in età scolastica**
secondary **secondaria**
secondary (modern)/high school **la scuola media unica**
sixth form/senior year **l'ultimo anno** (m) **del liceo**
sixth-form college **il liceo**
technical school **l'istituto** (m) **tecnico**

Classroom commands

Answer the question **Rispondete/ Rispondi alla domanda**
Be careful! **State attenti!**
Be quiet! **Silenzio!**
Be quick! **Sbrigatevi!**
Bring me your work **Portatemi il vostro lavoro**
Clean the blackboard **Pulisci la lavagna**
Close the door **Chiudete la porta**
Come here **Vieni/Venite qui**
Come in **Entra/Entrate**
Copy these sentences **Copiate queste frasi**
Do your homework **Fate i compiti**
Don't talk/chatter! **Non parlate/chiacchierate!**
Go out! **Esci dalla classe!**
Listen carefully **Ascoltate bene**
Make less noise **Fare meno rumore**
Make notes **Prendete appunti**
Open the window **Aprite la finestra**
Pay attention! **Prestate attenzione!**
Put on the headphones **Mettete le cuffie**
Read the text **Leggete il testo**
Take this to the office **Portate questo in ufficio**
Show me your book **Fammi vedere il tuo quaderno**
Sit down! **Siediti!/Sedetevi!**
Stand up! **Alzati!/Alzatevi!**
Tick the boxes **Segnate le caselle**
Work in pairs **Lavorate in due**
Work in groups **Lavorate in gruppi**
Write an essay **Scrivete un tema**
Write it down **Scrivilo**
Write out in rough **Scrivilo in brutta**
Write out in neat/neatly **Scrivilo chiaramente**

The school system in Italy

il nido d'infanzia day nursery (up to the age of 3)
l'asilo nursery school and reception class (age 3-6)
la scuola dell'obbligo compulsory school (age 6-14)
la scuola elementare primary school (age 6-11)
la scuola media unica inferiore lower secondary school (age 11-14)

la scuola media superiore upper secondary school (age 14-18)
la prima elementare year two
la seconda elementare year three
la terza elementare year four
la quarta elementare year five
la quinta elementare year six
la prima media year seven
la seconda media year eight
la terza media year nine

➤ EXAMINATIONS 22c; STATIONERY App.22b

22c School subjects & examinations

The subjects

arithmetic **l'aritmetica** *(f)*
art **l'arte figurativa** *(f)*, **le belle arti** *(pl)*
biology **la biologia**
business studies **gli studi commerciali, lo studio di economia aziendale**
careers education **l'orientamento** *(m)* **professionale**
chemistry **la chimica**
CDT/technical drawing **il disegno tecnico**
commerce **il commercio**
compulsory subject **la materia obbligatoria**
computer studies **l'informatica** *(f)*
design technology **il disegno tecnologico**
economics **l'economia** *(f)*
foreign language **la lingua straniera**
geography **la geografia**
gymnastics **la ginnastica**
history **la storia**
home economics **l'economia** *(f)* **domestica**

Italian **l'italiano** *(m)*
information technology **l'informatica** *(f)*
law **il diritto**
main subject **la materia principale**
mathematics **la matematica**
metalwork **il lavoro in metallo**
music **la musica**
option(al subject) **la materia facoltativa**
philosophy **la filosofia**
physical education **l'educazione** *(f)* **fisica**
physics **la fisica**
religious education **la religione**
science **le scienze**
sex education **l'educazione** *(f)* **sessuale**
sociology **la sociologia**
sport **lo sport, la ginnastica**
subject **la materia**
subsidiary subject **la materia sussidiaria**
technical drawing **il disegno tecnico**
technology **la tecnologia**
textiles **il lavoro tessile**
woodwork **il lavoro in legno**

– Which school do you go to?
– I go to the local comprehensive/public school. I enjoy it alot. There are lots of clubs and sport activities.
– Which is your favourite/favorite subject?
– I like maths/math, but prefer physics.
The hardest subject for me is chemistry.
I'm good at Italian, since I did the exchange.

– Quale scuola frequenti?
– Frequento la scuola media del mio quartiere. Mi diverto abbastanza. Ci sono molti club e attività sportive.
– Quale materia preferisci?

– Mi piace (la) matematica, ma preferisco (la) fisica.
La materia più dura per me è (la) chimica.
Sono forte in Italiano da quando ho fatto lo scambio.

The examination

I assess **valuto [-are]**
assessment **la valutazione**
certificate **il certificato**
degree **la laurea**
diploma **il diploma**
dissertation **la tesi**
distinction **con lode**
doctorate **il dottorato**
examination **l'esame** *(m)*
external **esterno**
I fail (exam) **non supero [-are]**
final examination **l'esame** *(m)*
   finale
grade **il voto**
I grade **do [dare] il voto**
I graduate **mi laureo [-are]**
listening test **la prova d'ascolto**
mark **il voto**
mark system **il sistema di**
   votazione
masters **la laurea (di**

specializzazione)
merit **il merito, la lode**
oral exam **l'esame** *(m)* **orale**
personal record card **la scheda di**
   valutazione
point **il punto, il punteggio**
post-graduate course **un corso**
   post-laurea
reading comprehension test **la**
   prova di comprensione di testo
I pass (an exam) **supero [-are]**
   (un esame)
school leaving certificate
   (equivalent) **il certificato di**
   licenza media inferiore
I sit/take (an exam) **passo [-are]**
   (un esame)
I test **esamino [-are]**
test **l'esame** *(m)*, **la prova**
thesis **la tesi**
trainee **l'apprendista** *(m/f)*
written test **l'esame** *(m)* **scritto**

Marks

1 excellent **ottimo**
2 very good **molto buono**
3 good **buono**

4 satisfactory **soddisfacente**
5 pass **la sufficienza**
6 poor **insufficiente**
7 uncertified **non abilitato**

– What will you do next year?
– I would like to study environmental science at the Technical College. What about you?
– If I do not get my certificate, I will have to repeat the year!

– Here are your marks! Peter, you (have) got an A+. Well done! Simon, you will need improve your spelling and write more clearly.

– Do these marks count towards our final grade?

– **Cosa farai l'anno prossimo?**
– **Vorrei frequentare un corso di scienze ambientali all'Istituto Tecnico. E tu?**
– **Se non ottengo il certificato, dovrò ripetere la classe!**

– **Ecco i vostri voti! Pietro, tu hai il massimo. Bravo! Simone, tu dovrai migliorare l'ortografia e scrivere in modo più leggibile.**

– **Questi voti valgono verso il voto finale?**

22d Further and higher education

adult *(adj)* **adulto**
adult education **l'educazione per gli adulti, l'educazione permanente**
apprentice **l'apprendista** *(m/f)*
apprenticeship **l'apprendistato** *(m)*
chairperson **il/la presidente**
college **il liceo**
   college of FE **l'istituto** *(m)* **tecnico o professionale**
   college of HE **l'università** *(f)*
course of study **il piano di studio**
diploma **il diploma**
faculty **la facoltà**
hall of residence/residence hall **la casa dello studente**
lecture **la lezione, la conferenza**
lecturer **il professore, il lettore, il docente**
part-time education **lo studio a tempo parziale**

postgraduate/graduate **il postlaureato, il laureato**
practical (training) **la pratica**
practical *(adj)* **pratico, concreto**
principal **il rettore, il preside**
professor/college professor **il professore, il lettore, il docente**
research **la ricerca**
retraining **l'aggiornamento**
I retrain **faccio [fare] un corso d'aggiornamento**
scholarship *(grant)* **la borsa di studio**
seminar **il seminario**
student **lo studente, la studentessa**
   student *(adj)* **studentesco**
student council **il consiglio studentesco**
student grant **la borsa di studio**
student union **l'unione** *(f)*

il Liceo Classico (**la maturità classica**)	Humanities pathway
il Liceo Scientifico (**la maturità scientifica**)	Science pathway
il Liceo Artistico (**la maturità artistica**)	Fine Art pathway
il Liceo Linguistico (**diploma in lingue straniere**)	Languages pathway
la Scuola Magistrale (**diploma di abilitazione**)	Nursery teacher training
l'Istituto Magistrale (**diploma di maturità magistrale**)	Primary teacher training
l'Istituto Tecnico (**diploma di maturità tecnica**)	Technical College
l'Istituto Professionale (**diploma di qualifica**)	Technical College

studentesca
teacher training college   **l'istituto**
(m) magistrale
technical college   **l'istituto (m)**
tecnico professionale
university/college   **l'università (f)**
university entrance qualification   **le**
qualifiche richieste per
ammissione all'università
vocational route   **il percorso**
vocazionale

The faculties

accountancy/accounting
economia
architecture   **architettura**
business management   **gestione**
aziendale/economia
catering   **servizi di ristorazione**
civil engineering   **ingegneria civile**
commerce   **commercio**
construction   **edilizia**
education   **pedagogia**
electronics   **elettronica**

electrical engineering   **ingegneria**
elettronica
economics   **economia**
engineering   **ingegneria**
environmental sciences   **scienza**
dell'ambiente
history of art   **storia dell'arte**
hotel management   **gestione**
alberghiera
languages   **lingue straniere**
law   **legge, diritto**
leisure and tourism   **turismo**
linguistics   **linguistica**
literature   **letteratura, lettere**
mechanical engineering
ingegneria meccanica
medicine   **medicina**
pharmacy   **farmacia**
nuclear science   **scienze nucleari**
office skills   **(studi di) segreteria**
philosophy   **filosofia**
psychology   **psicologia**
sociology   **sociologia**
theology   **teologia**

– The intention is to increase the number of university places and to aim for a broader curriculum.

– **L'intenzione è di aumentare il numero di posti alle università e di offrire una programmazione più ampia.**

– This sounds interesting, but what are the implications for staffing and resources?

– **Tutto ciò è certamente interessante, ma quali sono le conseguenze per quanto riguarda il personale docente e le risorse?**

Admission to the technical colleges is impossible without the school leaving certificate.

L'ammissione agli Istituti Tecnici è impossibile senza il diploma di licenza media.

The length of course is four years (twelve terms/eight semesters). Financial support is of the greatest importance but only few students get a state grant.

La durata dei corsi è di quattro anni (dodici trimestri) Il sostegno finanziario è della più grande importanza ma solo pochi studenti godono di borse di studio dello Stato.

➤ SUBJECTS 22c; LANGUAGES App.21a; SCIENTIFIC DISCIPLINES 23a

23 Science: the changing world

23a Scientific method & life sciences

Scientific disciplines

applied sciences **le scienze applicate**
anthropology **l'antropologia** *(f)*
astronomy **l'astronomia** *(f)*
astrophysics **l'astrofisica** *(f)*
biochemistry **la biochimica**
biology **la biologia**
botany **la botanica**
chemistry **la chimica**
geology **la geologia**
medicine **la medicina**
microbiology **la microbiologia**
physics **la fisica**
physiology **la fisiologia**
psychology **la psicologia**
social sciences **le scienze sociali**
technology **la tecnologia**
zoology **la zoologia**

Scientific method

academic paper **l'exposé accademico, la relazione**
I analyze **analizzo [-are]**
analysis **l'analisi** *(f)*
authentic **autentico**
I challenge **metto [-ere] in discussione**
I check **controllo [-are], verifico [-are]**
classification **la classificazione**
I classify **classifico [-are]**

control **il controllo** *(m)*
I discover **scopro [-ire]**
discovery **la scoperta**
(electron) microscope **il microscopio (elettronico)**
experiment **l'esperimento** *(m)*
I experiment **sperimento [-are], faccio [fare] un esperimento**
flask **il pallone**
hypothesis **le ipotesi** *(pl)*
I identify **identifico [-are]**
I investigate **esamino [-are], studio [-are], analizzo [-are]**
I invent **invento [-are]**
invention **l'invenzione** *(f)*
laboratory **il laboratorio**
material **il materiale**
I measure **misuro [-are]**
measurement **la misura**
I observe **osservo [-are]**
pipette **la pipetta**
process **il processo**
research **la ricerca**
I research **faccio [fare]/svolgo [-ere] una ricerca**
result **il risultato**
I solve (a problem) **risolvo (ere)**
test **analizzo [-are], controllo [-are]**
I test **faccio [fare] un'analisi**
test-tube **una provetta**
theory **la teoria**
I transfer **trasferisco [-ire]**

The researcher took a sample and put it under the microscope for examination.

La ricercatrice ha prelevato un campione e lo ha messo sotto il microscopio per esaminarlo.

Biology

bacteria	**i batteri**
botanical	**botanico**
I breathe	**respiro [-are]**
cell	**la cellula**
chlorophyll	**la clorofilla**
it circulates	**circola [-are]**
decay	**la disintegrazione**
decline	**il declino**
it declines	**declina [-are]**
it excretes	**espelle [-are]**
excretion	**l'escrezione** *(f)*
it feeds	**mangia [-are]**
food chain	**la catena alimentare**
gene	**il gene**
genetic	**genetica**
genetic disorder	**la malattia di origine genetica**
it grows	**cresce [-ere]**
growth	**l'aumento** *(m)*
habitat	**l'habitat** *(m)*
it inherits	**eredita [-are]**
membrane	**la membrana**
it mutates	**muta [-are], subisce [subire] una mutazione**
nucleus	**il nucleo**
organic	**organico**
organism	**l'organismo** *(m)*
origin	**l'origine** *(f)*
photosynthesis	**la fotosintesi**
population	**la popolazione**
it reproduces	**riproduce [-durre]**
respiration	**la respirazione**
sensitivity	**la sensibilità**
species	**la specie**
survival	**la sopravvivenza**
it survives	**sopravvive [-ere]**
virus	**il virus**

Medical science & research

cosmetic/plastic surgery	**la chirurgia plastica**
DNA	**il DNA/ADN**
donor	**il donatore, la donatrice**
embryo	**l'embrione** *(m)*
embryo research	**la ricerca embrionale**
ethical consideration	**la considerazione etica/morale**
experiments on animals	**gli esperimenti sugli animali, la vivisezione**
hereditary illness	**una malattia ereditaria**
IVF (in vitro fertilization)	**la fertilizzazione in provetta**
I justify	**giustifico [-are]**
microorganism	**il micro-organismo**
organ transplant	**il trapianto di organo**
pacemaker	**il cardiostimolatore**
I permit	**permetto [-ere], do [dare] il permesso**
recipient	**il/la ricevente**
I reject (an organ)	**rigetto [-are] (un organo)**
risk	**il rischio**
I risk	**rischio [-are]**
survival rate	**il tasso di sopravvivenza**
test-tube baby	**il bambino nato per inseminazione artificiale (in provetta)**
transplant	**il trapianto**
X-ray	**i raggi (X)**

Research on human embryo tissue is likely to remain highly controversial.	**È probabile che la ricerca sui tessuti dell'embrione umano continuerà a essere oggetto di controversia.**

➤ ANIMAL WORLD 24b; AGRICULTURE 24c; MEDICAL TREATMENT 11c

23b Physical sciences

Chemistry

acid   l'acido *(m)*
air   l'aria *(m)*
alkali   l'alcali *(m)*
alkaline   **alcalino**
alloy   **la lega**
I analyze   **analizzo [-are]**
Bunsen burner   **il becco Bunsen**
I calculate   **calcolo [-are]**
chemical   **chimico**
compound   **il composto**
composition   **la composizione**
it dissolves (in water)   **si dissolve [-ere] (nell'acqua)**
element   l'elemento *(m)*
emulsion   l'emulsione *(f)*
equation   l'equazione *(f)*, **la formula**
it evaporates   **evapora [-are]**
gas   **il gas**
inert   **inerte**
inorganic   **inorganico**
insoluble   **insolubile**
liquid   **il liquido**
   liquid *(adj)*   **(di) liquido**
Litmus paper   **la cartina tornasole**
matter   **la materia**
metal   **il metallo**
natural gas   **il gas naturale**
opaque   **opaco, non trasparente**
it oxydizes   **ossida [-are]**
periodic table   **la tabella periodica**
physical   **fisico**
pure   **puro**
it reacts   **reagisce [-ire]**
reaction   **la reazione**
salt   **il sale**
solid   **la sostanza solida**
   solid *(adj)*   **solido**
soluble   **solubile**
solution   **la soluzione**
stable   **stabile**
substance   **la sostanza**
transparent   **trasparente**

Physics & mechanics

it accelerates   **accelera [-are]**
acceleration   l'accelerazione *(f)*
acoustics   l'acustica *(f)*
artificial   **artificiale**
automatic   **automatico**
ball-bearing   **il cuscinetto a sfera**
boiling-point   **il punto di ebollizione**
circuit   **il circuito**
cog   **il dente, l'ingranaggio** *(m)*
conservation   **la conservazione**
density   **la densità**
dial   **il quadrante**
distance   **la distanza**
energy   l'energia *(f)*
engine   **la macchina**
it expands   **si dilata [-are]**
fibre/fiber   **la fibra**
force   **la forza**
it freezes   **(con)gela [-are]**
formula   **la formula**
freezing-point   **il punto di solidificazione**
friction   **la frizione**
gear   **il dispositivo**
gravity   **la gravità**
gauge *(measuring)*   **il misuratore**
I heat   **riscaldo [-are]**
heat   **il calore**
heat loss   **la perdita calorifica/di calore**
laser   **il laser**
laser beam   **il raggio laser**
lever   **la leva**
light   **la luce**
light beam   **il raggio di luce**
lubricant   **il lubrificante**
machinery   **il macchinario**
magnetism   **il magnetismo**
magneto   **il magnete**
mass   **la massa**
mechanics   **la meccanica**
mechanical   **meccanico**
mechanism   **il meccanismo**

metallurgy **la metallurgia**
microwave **il microonde**
mineral **il minerale**
missile **il missile**
model **il modello**
motion **il movimento**
observation **l'osservazione** *(f)*
I operate *(machinery)* **opero [-are]**
operational **in funzione**
optics **l'ottica** *(f)*
power **l'energia** (f)
pressure **la pressione**
property **la proprietà**
proportional **proporzionale**
ray **il raggio**
reflection **il riflesso**
refraction **la rifrazione**
relativity **la relatività**
resistance **la resistenza**
resistant **resistente**
robot **il robot, l'automa** *(f)*
I sort **classifico [-are]**
sound **il suono**
speed **la velocità**
structure **la struttura**
synthetic **sintetico**
temperature **la temperatura**
theory **la teoria**
time **il tempo**
transmission **la trasmissione**
turbine **la turbina**
vapour/vapor **il vapore**
it vibrates **vibra [-are]**
vibration **la vibrazione**
wave **un'onda** *(f)*
    long waves **le onde lunghe**
    medium/short waves **le onde medie/corte**
wavelength **la lunghezza d'onda**
it works **funziona [-are]**

Electricity

battery *(e.g. car)* **la batteria**
battery *(small)* **la pila**
charge **la carica**
I charge the battery **carico [-are] la batteria**
current **la corrente**
dinamo **la dinamo**
electrical **elettrico**
electricity **l'elettricità** *(f)*
electrode **l'elettrodo** *(m)*
electron **l'elettrone** *(m)*
electronic **elettronico**
electronics **l'elettronica** *(f)*
generaor **il generatore**
positive **positivo**
negative **negativo**
voltage **il voltaggio, la tensione**

Nuclear physics

atom **un atomo**
atomic **atomico**
contamination **l'inquinamento** *(m)*
electron **l'elettrone** *(m)*
it emits **transmette [-ere]**
fission **la fissione**
fusion **la fusione**
molecular **molecolare**
molecule **la molecola**
neutron **il neutrone**
nuclear **nucleare**
nuclear energy **l'energia** *(f)* **nucleare**
nucleus **il nucleo**
particle **la particella, la particola**
proton **il protone**
quantum theory **la teoria dei quanti**
radiation **la radiazione**
reactor **il reattore**

Iron reacts wtih sulphur to form iron sulphide.

Il ferrro reagisce con lo zolfo per formare il solfuro di ferro.

➤ MEASURING 4b; DESCRIBING THINGS 5c; ENERGY 23c; MATERIALS 5f

23c The earth & space

Geology & minerals

bauxite **la bauxite**
carbon-dating **la datazione con carbonio**
chalk **il gesso**
chalky **gessoso**
clay **l'argilla** *(f)*
diamond **il diamante**
I excavate **scavo [-are]**
exploration **l'esplorazione** *(f)*
geologist **il geologo**
geology **la geologia**
gemstone **la gemma**
granite **il granito**
graphite **la grafite**
layer **lo strato**
lime **la calce**
limestone **il calcare**
loam **il terriccio**
marble **il marmo**
mine **la miniera**
I mine **estraggo [-trarre] il carbone**
mineral **il minerale**
ore **il minerale, il metallifero**
quartz **il quarzo**
quarry **la cava**
raw materials **le materie prime**
sand **la sabbia**
sandstone **l'arenaria** *(f)*
sediment **il sedimento**
silica **la silice**
slate **l'ardesia** *(f)*
soil **il suolo**
stalactite **la stalattite**
stalagmite **la stalagmite**

Energy & fuels

atomic energy **l'energia** *(f)* **atomica**
coal **il carbone**
concentration **la concentrazione**
coolant **il liquido refrigerante**
energy/power **l'energia** *(f)*

energy conservation **la conservazione dell'energia**
energy consumption **il consumo energetico**
energy needs **i bisogni d'energia**
energy saving **il risparmio energetico**
energy source **una fonte d'energia**
fossil fuels **il combustibile fossile**
fuel **il combustibile**
fuel consumption **il consumo di combustibili**
gas **il gas**
it generates **produce [-durre]**
geothermal energy **l'energia** *(f)* **geotermica**
hydro-electric dam **la diga idroelettrica**
natural gas **il gas naturale**
nuclear power station **la centrale nucleare**
nuclear reactor **il reattore nucleare**
oil **il petrolio**
oil production **la produzione di petrolio**
oil-producing countries **i paesi produttori di petrolio**
ozone layer **la fascia d'ozono**
petrol/gasoline **la benzina**
petroleum **il petrolio**
propellant **il propellente**
solar cell **la cellula solare**
solar energy **l'energia** *(f)* **solare**
I strike oil **trovo [-are] il petrolio**
thermal energy **l'energia** *(f)* **termica**
wave power **l'energia** *(f)* **delle onde**
tidal power station **la centrale mareomotrice**
wind energy/power **l'energia** *(f)* **eolica**

Space

asteroid **l'asteroide** *(m)*
big-bang theory **la teoria del big-bang**
black hole **il buco nero**
eclipse **l'eclisse** *(f)*
it eclipses **si eclissa [-are]**
galactic **galattico**
galaxy **la galassia**
gravitational pull **l'attrazione** *(f)* **gravitazionale**
light year **l'anno luce** *(m)*
meteorite **il/la meteorite**
moon **la luna**
 full moon **la luna piena**
 new moon **la luna nuova**
nova **la nova**
orbit **l'orbita** *(f)*
planet **il pianeta**
shooting-star **la stella cadente**
solar system **il sistema solare**
solstice **il solstizio**
star **la stella**
sun **il sole**
sunspot **la macchia solare**
the heavens **il cielo**
universe **l'universo** *(m)*

Space research & travel

antenna **l'antenna** *(f)*
astrologer **l'astrologo** *(m)*
astronomer **l'astronomo** *(m)*
astronaut **l'astronauta** *(m/f)*

I launch **lancio [-are]**
launch pad **la rampa di lancio**
lunar module **il modulo lunare**
moon landing **l'allunaggio** *(m)*
observatory **l'osservatorio** *(m)*
orbit **l'orbita** *(f)*
planetarium **il planetario**
it re-enters **rientra [-are]**
relativity **la relatività**
rocket **il razzo**
rocket fuel **il combustibile**
satellite **il satellite**
 satellite communications **le comunicazioni** *(f)*
 spy satellite **il satellite spia**
 weather satellite **il satellite meteorologico**
sky lab **il laboratorio spaziale**
space **lo spazio**
space flight **il viaggio spaziale**
space probe **la sonda spaziale**
space shuttle **la navetta spaziale**
spacecraft **la nave spaziale**
spacesuit **la tuta spaziale**
stratosphere **la stratosfera**
telescope **il telescopio**
time-warp **la distorsione del tempo**
touchdown on land **l'atterraggio** *(m)*
 touchdown in the sea **l'ammaraggio** *(m)*
zodiac **lo zodiaco**

By studying the light received from stars many millions of light years away, scientists hope to discover the origins of the universe.

Gli scienziati sperano di scoprire le origini dell'universo attraverso lo studio della luce ricevuta dalle stelle a molti milioni di anni luce.

The telescopes on the spaceship were successfully repaired.

I telescopi sulla navicella spaziale sono stati riparati con successo.

➤ PLANETS & STARS App.23c; SIGNS OF THE ZODIAC App.23c

24 The Environment: the natural world

24a Geography

archipelago **l'arcipelago** *(m)*
area **la regione**
bank (river) **l'argine** *(m)*
bay **la baia**
beach **la spiaggia**
bog **la palude**
bottom **il fondo**
canyon **il canyon**
clean **pulito, limpido**
cliff **la scogliera**
coast **la costa**
coastline **la linea costiera**
continent **il continente**
coppice/copse **la macchia, il bosco ceduo**
country **il paese**
countryside **la campagna**
creek **il ruscello**
dangerous **pericoloso**
deep **profondo**
delta **il delta**
desert **il deserto**
dune **la duna**
earth tremor **il tremito, la scossa**
earthquake **il terremoto, il movimento tellurico**
equator **l'equatore** *(m)*
equatorial **equatoriale**
eruption **l'eruzione** *(f)*
it erupts **erutta [-are]**
escarpment **la scarpata**
estuary **l'estuario** *(m)*
field/pasture **il campo**
fjord **il fiordo**
flat **piatto**
it flows **corre [-ere], scorre [-ere]**
forest **la foresta**
geographical **goegrafico**
geography **la geografia**
geyser **il geyser**

globe **il globo**
gradient **il gradiente**
hemisphere **l'emisfero** *(m)*
high **alto**
hill **la collina**
in the country **in campagna**
incline/slope **la pendenza, l'inclinazione** *(f)*
it is situated **si trova [-are]**
island **l'isola** *(f)*
jungle **la giungla**
lake **il lago**
land **la terra**
it is located **si trova [-are]**
location **la posizione**
map **la carta geografica**
marsh **la palude**
meridian **il meridiano**
mountain **la montagna**
mountain range **la catena montuosa**
national **nazionale**
national park **il parco nazionale**
nature **la natura**
nice/pleasant **piacevole**
ocean **l'oceano** *(m)*
peaceful **tranquillo**
peak **il vertice**
peninsula **la penisola**
plateau **l'altopiano** *(m)*
pole **il polo**
province **la provincia**
reef **la scogliera**
region **la regione**
regional **regionale**
ridge **la cresta**
river **il fiume**
riverbed **il letto fluviale**
sand **la sabbia**
scenery **il panorama, il**

➤ COUNTRIES, OCEANS, SEAS, ETC App.20a; LOCATION 2b

paesaggio

sea	**il mare**
sea bed	**il fondo sottomarino**
seaside	**la spiaggia**
shore	**la riva del mare**
spring	**la primavera**
steep	**l'immersione** (f)
steppe	**la steppa**
stream	**il ruscello**
summit	**la cima, la vetta**
tall	**alto, elevato**
territory	**il territorio**
top	**la cima, la sommità**
the tropics	**i tropici**
tundra	**la tundra**
unfriendly	**ostile**
valley	**la valle**
volcano	**il vulcano**
water	**l'acqua** (f)
fresh water	**l'acqua dolce**
salt water	**l'acqua salata**
sea water	**l'acqua di mare**
waterfall	**la cascata**
wood	**il legno**
woodland	**il bosco**
zenith	**lo zenit**
zone	**la zona**

Man-made features

aqueduct	**l'acquedotto** (m)
bridge	**il ponte**
canal	**il canale**
capital (city)	**la capitale**
city	**la città**
country road	**la strada di campagna**
dam	**la diga**
embankment	**l'argine** (m)
factory	**la fabbrica**
farm	**la fattoria**
farmland	**il terreno coltivato**
hamlet	**il piccolo villaggio**
harbour/harbor	**il porto**
industry	**l'industria** (f)
marina	**il porticciolo**
nature trail	**il sentiero ecologico**
oasis	**l'oasi** (f)
reclaimed land	**il terreno bonificato**
reservoir	**il bacino idrico**
road	**la strada**
town	**la città**
track	**la traccia, il percorso, il sentiero**
village	**il villaggio, il paese**
well	**il pozzo**

Forest fires are a real danger in many Italian regions during the summer months.	**Gli incendi nei boschi sono un vero pericolo in molte regioni italiane durante i mesi estivi.**
Roughly two-thirds of the Italian territory is hilly or mountainous.	**Circa due terzi del territorio italiano è collinoso o montagnoso.**
The village is situated in a valley about five kilometres/kilometers north of the nearest hospital.	**Il villaggiò è situato in una valle a circa cinque chilometri a nord dall'ospedale più vicino.**
The inhabitants of the small towns at the foot of Everest were among the poorest people in the world before 1950.	**Prima del 1950 gli abitanti dei piccoli paesi ai piedi dell'Everest erano fra le comunità più povere del mondo.**

➤ ANIMAL WORLD 24b; FARMING 24c; WEATHER 24d; POLLUTION 24e

24b The animal world

Animals

animal   l'animale *(m)*
  animal kingdom   il regno animale
it barks   abbaia [-are]
it bites   morde [-ere]
it bounds   salta [-are]
it breeds   si riproduce [-durre]
budgerigar   il pappagallino ondulato
burrow   la tana
it burrows   si rintana [-are]
cage   la gabbia
carnivore   il carnivoro
cat   il gatto
it crawls   striscia [-are]
den   la tana, il covo
dog   il cane
I feed   do [dare] mangiare a
it feeds   si nutre [-ire]
food   il mangime
goldfish   il pesce rosso
guinea pig   il porcellino d'India
habitat   l'habitat *(m)*
hamster   il criceto
hare   la lepre
hedgehog   il riccio
herbivore   l'erbivoro *(m)*
it hibernates   va [andare] in letargo
it howls   ulula [-are], latra [-are]
hut/hutch   la capanna, la gabbia
I keep a cat   ho [avere] un gatto
kitten   il gattino

lair   la tana, il covo
it leaps   salta [-are]
litter   la lettiera, lo strame
mammal   un mammifero
it miaows   miagola [-are]
mouse   il topo
omnivore   l'onnivoro *(m)*
pack   un branco
pet   un animale domestico
predator   il predatore
prey   la preda
puppy   il cucciolo
rabbit   il coniglio
rabies   la rabbia
reptile   il rettile
it roars   ruggisce [-ire]
it squeaks   squittisce [-ire]
I stroke   accarezzo [-are]
tortoise   la tartaruga
I walk the dog   porto [-are] a spasso
wild animal   un animale selvatico
zoo   lo zoo, il giardino zoologico

Birds

bird   l'uccello *(m)*
it flies   vola [-are]
flock   lo stormo
it hovers   si libra [-are]
it migrates   migra [-are]
nest   il nido
it nests   nidifica, si annida [-are]
it pecks at   becca [-are]
it sings   canta [-are]

Guinea pigs and hamsters are popular pets in Britain.

I porcellini d'India e i criceti sono animali domestici molto diffusi in Gran Bretagna.

The campaign to save the whale is increasing in popularity.

La campagna contro la caccia alla balena riscuote consensi sempre maggiori.

Sea & waterlife

alligator	**l'alligatore** *(m)*
anemone	**l'anemone** *(m)* **(di mare)**
angling	**la pesca (con la lenza)**
coral	**il corallo**
crab	**il granchio**
crocodile	**il coccodrillo**
dolphin	**il delfino**
fish	**il pesce**
I fish	**vado [andare] a pesca, pesco [-are]**
harpoon	**l'arpione** *(m)*
hook	**l'amo** *(m)*
marine	**marino, di mare**
mollusc	**il mollusco**
net	**la rete**
octopus	**il polpo**
plankton	**il plancton**
rod	**la canna (da pesca)**
seal	**la foca**
shark	**lo squalo**
shoal	**un banco di pesci**
starfish	**la stella di mare**
it swims	**nuota [-are]**
turtle	**la tartaruga marina**
whale	**la balena**
whaling	**la caccia alla balena**

Insects

ant	**la formica**
bee	**l'ape** *(f)*
queen bee	**l'ape regina**
worker bee	**l'ape operaia**
bedbug	**la cimice**

beetle	**lo scarabeo**
bug	**l'insetto** *(m)*
butterfly	**la farfalla**
it buzzes	**ronza [-are]**
caterpiller	**il bruco**
cocoon	**il bozzolo**
cockroach	**lo scarafaggio**
cricket	**il grillo**
dragonfly	**la libellula**
flea	**la pulce**
fly	**la mosca**
grasshopper	**la cavalletta**
hive	**l'alveare** *(m)*
insect	**l'insetto** *(m)*
invertebrate	**un invertebrato**
ladybird	**la coccinella**
larva	**la larva**
locust	**la locusta, la cavalletta**
it metamorphoses (into)	**si transforma [-are] (in)**
mosquito	**la zanzara**
moth	**la falena, la tarma**
scorpion	**lo scorpione**
silkworm	**il baco da seta**
slug	**la lumaca**
snail	**la chiocciola**
spider	**il ragno**
it spins a web	**fila [-are] una tela**
it stings	**punge [-ere], pizzica [-are]**
termite	**la termite**
tick	**la zecca**
web	**la ragnatela**
wasp	**la vespa**
worm	**il verme**

The panda is in danger of extinction in the wild, because the bamboo which it eats inexplicably dies away every 50 years.

Il panda è in pericolo di estinzione nelle regioni selvagge perchè il bambù di cui si nutre si esaurisce inspiegabilmente ogni 50 anni.

24c Farming & gardening

Farm animals

bull   **il toro**
cattle   **il bestiame**
chicken   **il pollo**
cock   **il gallo**
cow   **la vacca, la mucca**
it crows   **canta [-are]**
dairy *(adj)*   **derivato dal latte, latticino**
duck   **l'anatra** *(m)*
farm   **la fattoria**
feed   **il pasto**
it feeds   **si nutre [-ire]**
foal   **il puledro**
fodder   **il foraggio**
food *(for animals)*   **il mangime**
it gallops   **galoppa [-are]**
goat   **la capra**
goose   **l'oca** *(f)*
it grazes   **pascola [-are]**
it grunts   **grugnisce [-ire]**
horse   **il cavallo**
horseshoe   **il ferro di cavallo**
it kicks   **dà [dare] dei calci**
kid   **il capretto**
I milk   **mungo [-ere]**
it moos   **muggisce [-ire]**
it neighs   **nitrisce [-ire]**
ox   **il bue**
pasture   **il pascolo, la pastura**
pig   **il maiale**
pony   **il cavallino**
poultry   **il pollame**
produce   **i prodotti**
it quacks   **fa [fare] quà quà**
I ride (a horse)   **vado [andare] a cavallo**
rooster   **il gallo, il galletto**
I shear   **toso [-are]**
sheep   **la pecora**
sheep dog   **il cane pastore**
I slaughter   **macello [-are]**
stallion   **lo stallone**
it trots   **trotta [-are]**

On the farm

agricultural   **agricolo**
agriculture   **l'agricoltura** *(f)*
arable land   **il terreno arabile**
barn   **il capannone**
combine harvester   **la mietitrebbia**
crop   **la raccolta**
dairy   **la latteria**
dairy farming   **l'allevamento** *(m)* **di bestiame da latte**
farm   **la fattoria, l'azienda** *(f)* **agricola**
farmer   **l'agricoltore** *(m)*
farmhouse   **la fattoria**
farm labourer/laborer   **il contadino**
farmyard   **l'aia** *(f)*
fence   **il recinto**
I fertilize   **fertilizzo [-are]**
I groom   **striglio [-are]**
harvest   **la mietitura**
I harvest   **mieto [-ere], raccolgo [-ere]**
hay   **il fieno**
haystack   **il mucchio di fieno**
irrigate   **irrigo [-are]**
milk churn   **il bidone per il latte**
milking machine   **la mungitrice (meccanica)**
orchard   **il frutteto**
pen   **il recinto**
pigsty   **il porcile**
silage   **il silaggio**
slaughterhouse   **il macello, il mattatoio**
stable   **la stalla**
stud farm   **la scuderia**
tractor   **il trattore**

Agriculture & gardening

acorn   **la ghianda**
barley   **l'orzo** *(m)*
it blooms   **è [essere] in boccio, sboccia [-are]**
bloom   **il fiore**

bouquet   **il mazzo di flori**
bud   **il germoglio, la gemma**
bulb   **il bulbo, il tubero**
bush   **il cespuglio, l'arbusto** *(m)*
cactus   **il cactus**
compost   **il concime**
corn   **il grano, il granturco**
   corn *(US)*   **il mais**
crop   **il raccolto**
I cultivate   **coltivo [-are]**
cutting   **il taglio**
I dig   **scavo [-are]**
   I dig with spade   **zappo [-are]**
fir   **l'abete** *(m)*
flax   **il lino**
flower   **il fiore**
flowerpot   **il vaso portafiori**
it flowers   **fiorisce [-ire]**
foliage   **il fogliame**
garden/yard   **il giardino**
   vegetable garden   **l'orto** *(m)*
gardening   **il giardinaggio**
I gather   **raccolgo [cogliere]**
grain   **il grano**
grass   **l'erba** *(f)*
greenhouse   **la serra**
I grow   **coltivo [-are]**
it grows   **si coltiva [-are], cresce
   [-ere]**
hedge   **la siepe**
horticulture   **l'orticoltura** *(f)*
lawn   **l'erba** (f)
leaf   **la foglia**
maize   **il mais**

I mow   **falcio [-are]**
oats   **l'avena** *(f)*
petal   **il petalo**
I pick   **colgo [-ere], scelgo [-ere]**
pine   **il pino**
pine-forest   **la pineta**
I plant   **pianto [-are]**
plant   **la pianta**
pollen   **il polline**
I reap   **mieto [-ere]**
ripe   **maturo**
it ripens   **matura [-are]**
root   **la radice**
rotten   **marcio**
rye   **la segala**
sap   **la linfa**
seed   **il seme**
sorghum   **il sorgo**
species   **la specie, le speci**
stem   **lo stelo**
sweet chestnut   **la castagna**
thorn   **la spina**
I transplant   **trapianto [-are]**
tree   **l'albero** *(m)*
tuber   **il tubero**
undergrowth   **il sottobosco**
vegetable(s)   **gli ortaggi** *(pl)*
vegetation   **la vegetazione**
I water   **annaffio [-are]**
weed   **l'erbaccia** *(f)*
I weed   **sradico l'erbaccia** *(f)*
wheat   **il grano**
wild flower   **il fiore di campo**
it wilts   **appassisce [-ire]**

In the developing countries, arable land is often owned by rich landlords.

Nei paesi in via di sviluppo la terra arabile è spesso di proprietà di ricchi latifondisti.

Let's go for a walk in the country. We'll probably see some new-born lambs in the fields.

Andiamo a fare una passagiata in campagna. Forse vedremo qualche agnellino appena nato nei campi.

➤ FLOWERS & WEEDS, TREES App.24c; TOOLS App.8b

24d Weather

anticyclone **l'anticiclone** *(m)*
avalanche **la valanga**
average temperature **la temperatura media**
bad weather **il maltempo**
bright **sereno**
bright period **il periodo sereno**
centigrade **il centigrado**
changeable **variabile**
climate **il clima**
climatic **climatico**
cloud **la nube, la nuvola**
clouded over **coperto**
cloudless **senza nuvole**
cloudy **nuvoloso**
cold **il freddo**
it is cold **fa freddo**
cold front **il fronte freddo**
it is cool **fa fresco**
cyclone **il ciclone**
damp **umido**
degree **il grado**
  above zero **sopra zero**
  below zero **sotto zero**
depression **la depressione**
drizzle **la pioggerella**
it drizzles **pioviggina [-are]**
drought **la siccità**
dry **asciutto**

dull weather **il tempo grigio**
it's fine **fa bel tempo**
flash **il lampo**
fog **la nebbia**
it is foggy **c'è la nebbia**
it's freezing **fa molto freddo, c'è da congelare**
freezing fog **la nebbia gelida**
frost **il gelo**
frosty **freddissimo, gelido**
gale **il vento fortissimo, la burrasca**
gale warning **l'avviso** *(m)* **di mal tempo/di burrasca**
it's hailing **grandina [-are]**
hailstones **la grandine**
heat **il calore**
heatwave **l'ondata** *(f)* **di caldo**
high pressure **l'alta pressione** *(f)*
highest temperature **la massima temperatura**
it's hot **fa caldo**
humid **umido**
humdity **l'umidità** *(f)*
ice **il ghiaccio**
Indian summer **l'estate** *(f)* **di San Martino**
lightning **il lampo, il fulmine**
low pressure **la bassa pressione**

Tomorrow it will be suddenly cold over the northern regions, maximum temperatures 4-6 Celsius (39-43 Fahrenheit). Fog patches in parts of the Po valley should clear by midday.

Outlook for the weekend – very warm and sunny everywhere.

Domani un'ondata di freddo si abbatterà sulle regioni settentrionali. La temperatura massima raggiungerà i 4/6 gradi. I banchi di nebbia in alcune parti della pianura padana dovrebbero diradarsi entro mezzogiorno. Le previsioni per il fine settimana: caldo e sereno su tutte le regioni.

lowest temperature   **la pressione più bassa**

mild   **mite**

mist   **la nebbiolina**

misty   **nebbioso**

monsoon   **il monsone**

moon   **la luna**

occluded front   **il fronte occluso**

rain   **la pioggia**

it's raining   **piove [-ere]**

rainy   **il tempo piovoso**

shade   **l'ombra** *(f)*

it shines   **brilla [-are]**

shower   **lo scroscio di pioggia**

sleet   **il nevischio**

snow   **la neve**

snowball   **la palla di neve**

snowdrift   **il cumulo di neve**

snowfall   **la nevicata**

snowflake   **il fiocco di neve**

snowman   **il pupazzo di neve**

snow report *(for skiing)*   **il bollettino della neve**

it's snowing   **nevica [-are]**

snowstorm   **la tempesta di neve**

star   **la stella**

storm   **la tempesta, la burrasca**

stormy   **tempestoso, burrascoso**

sultry   **afoso, soffocante**

sun/sunshine   **il sole**

sunny   **soleggiato**

sunny day   **una giornata di sole**

temperature *(daily)*   **la temperatura**

thunder   **il tuono**

it's thunder   **fa [fare] tuoni**

thunderbolt   **il fulmine**

thunder cloud   **la nube temporalesca**

thunderstorm   **il temporale**

torrent   **il torrente**

torrential   **torrenziale**

tropical   **tropicale**

typhoon   **il tifone**

warm   **caldo**

warm front   **il fronte caldo**

weather   **il tempo**

weather conditions   **le condizioni meteorologiche**

weather forecast   **le previsioni meteorologiche**

weather report   **il bollettino meteorologico**

wet   **bagnato**

What's the weather like?   **Che tempo fa? Com'è il tempo?**

wind   **il vento**

north-west wind   **il maestrale**

south-west wind   **il libeccio**

it is windy   **tira il vento, c'è vento**

wonderful   **meraviglioso, stupendo**

The whole country will be affected by rain, turning to sleet in the Appennines.

Tutte le regioni saranno colpite da pioggia e da nevischio su tutto l'Appennino.

Some African countries have been suffering drought for many years.

Alcuni paesi africani soffrono di siccità da molti anni.

Following recent heavy rain, severe flooding has affected the region.

A seguito delle recenti piogge torrenziali, violente inondazioni hanno colpito la regione.

24e Pollution

balance of nature **l'equilibrio** *(m)* **naturale**

it becomes extinct **scompare [-ire], diventa [-are] estinto**

conservation **la conservazione, la preservazione**

conservationist **l'ambientalista** *(m/f)*

I conserve **conservo [-are]**

corrosion **la corrosione**

I consume **consumo [-are]**

consumption **il consumo**

I damage **danneggio [-are]**

damaging **dannoso**

I destroy **distruggo [-ere]**

disaster **il disastro**

disposal **l'eliminazione** *(f)*

I dispose of **dispongo [porre] di**

I do without **mi privo [-are] di, rinuncio [-are] a**

ecology **l'ecologia** *(f)*

ecosystem **l'ecosistema** *(m)*

emission **l'emissione** *(f)*

it emits **emette [-ere], emana [-are]**

environment **l'ambiente** *(m)*

exhaust pipe **il tubo di scarico, la marmitta**

harmful **dannoso, nocivo**

I improve **miglioro [-are]**

industrial waste **i rifiuti industriali**

I insulate **isolo [-are]**

litter **i rifiuti**

natural resources **le risorse naturali**

nuclear waste **le scorie nucleari**

poison **il veleno**

I poison **avveleno [-are]**

pollutant **una sostanza inquinante**

I pollute **inquino [-are]**

pollution **l'inquinamento** *(m)*

I predict **prevedo [-ere]**

I protect **proteggo [-ere]**

recyclable **riciclabile**

I recycle **riciclo [-are]**

recycled paper **la carta** *(f)* **riciclata**

reprocessing **la rigenerazione**

residue **i residui**

it runs out **si esaurisce [-ire], si consuma [-are]**

scrap metal **i rottami di ferro/metallo**

I throw away **butto [-are] via**

waste *(domestic)* **i rifiuti domestici**

waste disposal **lo smaltimento dei rifiuti**

waste disposal unit **lo scarico dei rifiuti**

waste products **i rifiuti**

Recent studies suggest the hole in the ozone layer will have serious consequences in the Northern Hemisphere.

Secondo studi recenti, il buco nello strato di ozono avrà gravi conseguenze nell'emisfero settentrionale.

The fish had died because of industrial pollution in the river

I pesci sono morti a causa dell'inquinamento industriale nel fiume.

On the earth

artificial fertilizer   **il concime chimico**
bio-degradable   **biodegradabile**
deforestation   **il disboscamento, la deforestazione**
nature reserve   **la riserva naturale**
nitrates   **i nitrati**
pesticide   **il pesticida**
radioactive   **radioattivo**
radioactive waste   **i residui radioattivi**
rain forest   **la foresta pluviale**
refuse   **i rifiuti, l'immondizia** *(f)*
rubbish/garbage dump   **il cumulo di rifiuti**
soil erosion   **l'erosione** *(f)* **del suolo**
weedkiller   **il diserbante, l'erbicida** *(m)*

In the atmosphere

acid rain   **la pioggia acida**
aerosol(system)   **l'aerosol** *(m)*
aerosol can   **la bombola**
air pollution   **l'inquinamento** *(m)* **atmosferico**
atmosphere   **l'atmosfera** *(f)*
catalytic convertor   **il catalizzatore, il convertitore catalitico**
CFCs   **il CFC**
danger (to)   **il pericolo (per)**

emission (of gas)   **l'emissione (di gas)**
global warming/greenhouse effect   **l'effetto** *(m)* **serra**
incinerator   **l'inceneratore** *(m)*
lead-free/unleaded petrol   **la benzina senza piombo**
ozone layer   **il strato di ozono**
skin cancer   **il tumore della pelle**
smog   **il smog**
I spray   **spruzzo [-are]**
waste gases   **le fughe di gas**

In the rivers & seas

detergent   **il detersivo, il detergente**
drainage   **il prosciugamento**
drought   **la siccità, la mancanza d'acqua**
flooding   **l'inondazione** *(f)*
industrial effluent   **lo scarico industriale**
oil slick   **la chiazza di petrolio**
phosphates   **i fosfati**
sea-level   **il livello del mare**
sewage   **l'acqua** *(f)* **di scolo**
treatment   **il trattamento**
water bed   **la falda freatica**
water level   **il livello dell'acqua**
water supply system   **il sistema idrografico**
water supply   **l'impianto** *(m)* **idrico**

Local residents have have joined in the fight to save the trees under threat from the proposed motorway/highway extension.

The city council provides facilities for recycling glass, cans and newspapers.

Gli abitanti della zona si sono uniti nella lotta per salvare gli alberi minacciati dalla progettata estensione dell'autostrada. Il Comune ho organizzato servizi per il riciclaggio del vetro, delle lattine e dei giornali.

Government & politics

25a Political life

I abolish **abolisco [-ire], abrogo [-are]**

act (of parliament) **un decreto, una legge**

administration **l'amministrazione** *(f)*

I appoint **nomino [-are]**

appointment **la nomina**

asylum-seeker **il profugo politico**

it becomes law **diventa [-are] legge**

bill **un disegno, un progetto di legge**

I bring down **riduco [ridurre], abbasso [-are]**

citizen **il cittadino, la cittadina**

civil disobedience **la disubbidienza civile**

civil servant **il funzionario pubblico, l'impiegato** *(m)* **statale**

civil war **la guerra civile**

coalition **la coalizione, l'alleanza** *(f)*

it comes into effect **entra [-are] in vigore**

common **comune**

constitution **la Costituzione**

co-operation **la cooperazione, la collaborazione**

corruption **la corruzione**

county **la contea, la provincia**

coup **il colpo di stato**

crisis **la crisi**

debate **il dibattito**

decree **il decreto, la deliberazione**

delegate **il delegato**

I demonstrate **manifesto [-are]**

demonstration **la manifestazione**

I discuss **discuto [-ere]**

discussion **la discussione, il dibattito**

I dismiss **licenzio [-are], congedo [-are]**

I dissolve **sciolgo [sciogliere]**

I draw up *(bill)* **compilo [-are], stendo [-ere]**

duty **il dovere**

equality **l'eguaglianza** *(f)*, **la parità**

executive **l'esecutivo** *(m)*, **il comitato**

executive *(adj)* **esecutivo**

foreign policy **la politica estera**

I form a pact with **stabilisco [-ire] un accordo/patto con**

freedom **la libertà**

freedom of speech **la libertà di parola**

I govern **governo [-are]**

government **il governo**

I introduce *(bill)* **presento [-are]**

judiciary **l'ordinamento** *(m)* **giudiziario**

law **la legge**

I lead **dirigo [-ere]**

legislation **la legislazione**

legislature **la legislatura**

liberty **la libertà**

local affairs **gli affari comunali/regionali**

local government **l'amministrazione comunale/regionale**

long-term **a lungo termine**

majority **la maggioranza**

meeting **la riunione, l'assemblea** *(f)*

middle-class **il ceto medio, la borghesia**

ministry **il ministero**	I repeal an act **abrogo [-are] una legge**
minority **la minoranza**	I represent **rappresento [-are]**
minority *(adj)* **minoritario**	I repress **reprimo [-ere]**
nation **la nazione**	I resign **do [dare] le dimissioni**
national **nazionale**	resignation **gli dimissione** *(pl)*
nationalistic **nazionalista**	responsible **responsabile**
national flag **la bandiera nazionale**	responsiblity **la responsabilità**
Italian national flag **il tricolore**	reunification **la riunificazione**
I nationalize **nazionalizzo [-are]**	revolt **la rivolta, l'insurrezione** *(f)*
I oppose **mi oppongo [-porre] a**	I rule **governo [-are]**
opposition **l'opposizione** *(f)*, **la resistenza** *(f)*	sanction **la sanzione**
I organize **organizzo [-are], preparo [-are]**	seat **il seggio (parlamentare)**
	short-term **a breve termine**
I overthrow **rovescio [-are], abbatto [-ere]**	solidarity **la solidarietà**
pact **il patto, il trattato, l'accordo** *(m)*	speech **il discorso**
	state **lo stato**
I pass *(bill)* **approvo [-are]**	statesman **lo statista**
policy/politics **la politica**	I support **sostengo [-tenere]**
political **politico**	I take power **m'impadronisco [-ire] del potere**
power **il potere**	taxation **la tassazione**
I privatize **privatizzo [-are]**	tax **la tassa, l'imposta** *(f)*
I protest **protesto [-are]**	term of office **la durata**
public **il pubblico**	I throw out *(bill)* **rifiuto [-are], respingo [-ere]**
public *(adj)* **pubblico**	unconstitutional **anticostituzionale**
public opinion **l'opinione** *(f)* **pubblica**	unilateral **unilaterale**
I ratify **ratifico [-are]**	unity **l'unità** *(f)*
reactionary **reazionario**	veto **il veto**
I reform **riformo [-are]**	I veto **esercito [-are] il diritto di veto**
reform **la riforma**	welfare **il benessere**
I reject **respingo [-ere]**	

The Chamber voted on the question of immigration controls. The results of the vote are surprising.

La Camera ha votato sulla questione dei controlli sull'immigrazione. I risultati del voto sono sorprendenti.

There are plans to increase VAT/sales tax on books, but the Italian teaching profession is strongly opposed to this.

Esistono piani per aumentare l'IVA sui libri, ma i docenti italiani si oppongono fermamente a questa misura.

➤ ELECTIONS & IDEOLOGY 25b; SOCIAL ISSUES 12; THE ECONOMY 14e

25b Elections & ideology

Elections

ballot **lo scrutinio**
ballot box **l'urna** *(f)*
ballot paper **la scheda (per votazioni)**
by-election **l'elezione** *(f)* **suppletiva**
campaign **la campagna**
candidate **il candidato**
constituency **la circoscrizione**
count **il conteggio**
I elect **eleggo [-ere]**
elections **le elezioni**
electorate **l'elettorato** *(m)*
I'm entitled to vote **ho [avere] il diritto al voto**
floating vote **il voto oscillante**
general election **le elezioni politiche**
I go to the polls **mi presento [-are] alle urne**
I hold an election **procedo [-ere] alle elezioni**
local elections **le elezioni amministratative**
marjority system **il sistema maggioritario**
opinion poll **il sondaggio d'opinione**

party **il partito**
poll **lo scrutinio**
proportional system **il sistema proporzionale**
recount **il nuovo conteggio**
I recount **riconto [-are]**
referendum **il referendum**
right to vote **il diritto al voto**
seven-year term of office **il settennato**
I stand (for election) **pongo [porre] la mia candidatura (alle elezioni)**
suffrage **il suffragio, il diritto di voto**
swing **il cambiamento d'opinione**
universal suffrage **il suffragio universale**
vote **il voto, il suffragio**
I vote (for X) **voto [-are] per X**
voter **il/la votante, l'elettore** *(m)*, **l'elettrice** *(f)*

Political ideology

anarchist **l'anarchico** *(m)*
anarchy **l'anarchia** *(f)*
aristocracy **l'aristocrazia** *(f)*
aristocratic **aristocratico**
capitalism **il capitalismo**

Parliamentary elections are held every five years.
Presidential elections in the USA occur every four years.

**Le elezioni parlamentari si tengono ogni cinque anni.
Le elezioni presidenziali negli Stati Uniti hanno luogo ogni quattro anni.**

The voters went to the polls today; it was a record turn-out.

Gli elettori si sono recati oggi alle urne; è stato un livello di partecipazione record.

An opinion poll taken yesterday gave the Democratic Alliance a two point lead over the National Alliance.

Un sondaggio d'opinione fatto ieri dava all'Alleanza Democratica un vantaggio di due punti rispetto alll'Alleanza Nazionale.

capitalist **il/la capitalista**
centre/center ground **il centro**
centre/center-left **il centro sinistra**
centre/center-right **il centro destra**
communism **il comunismo**
communist **il/la comunista**
conservatism **il conservatorismo**
conservative **conservatore**
democracy **la democrazia**
democratic **democratico**
dictator **il dittatore**
dictatorship **la dittatura**
duke **il duca**
empire **l'impero** *(m)*
emperor **l'imperatore** *(m)*
empress **l'imperatrice** *(f)*
extremist **l'estremista** *(m/f)*
fascism **il fascismo**
fascist **il/la fascista**
I gain independence **ottengo**
  [-tenere] l'indipendenza
Green party **il partito dei Verdi**
ideology **l'ideologia** *(f)*
imperialism **l'imperialismo** *(m)*
imperialist **l'imperialista** *(m/f)*
independence **l'indipendenza** *(f)*
independent **independente**
king **il re**
Labour party **il partito laburista**
Labourists **i laburisti**

left **la sinistra**
left-wing **di sinistra**
liberal **liberale**
liberalism **il liberalismo**
marxism **il marxismo**
marxist **il/la marxista**
monarchy **la monarchia**
nationalism **il nazionalismo**
nationalist **il/la nazionalista**
patriotic **patriottico**
patriotism **patriottismo**
prince **il principe**
princess **la principessa**
queen **la regina**
racism **il razzismo**
racist **razzista**
radicalism **il radicalismo**
radical **radicale**
republic **la repubblica**
republican **repubblicano**
republicanism **il**
  repubblicanesimo
revolutionary **rivoluzionario**
right **la destra**
right-wing **di destra**
royal **reale**
royalist **il monarchico**
socialism **il socialismo**
socialist **il/la socialista**
Tory **il conservatore**

Vote for me!

In the local elections, our Party won a majority of seats on the town council.

The Speaker is returning this morning for a meeting with the Foreign Affairs Secretary/ Secretary of State.

The Prime Minister has resigned today.

Votate per me!

Alle elezioni amministrative il nostro partito ha vinto la maggioranza dei seggi nel Consiglio Comunale.

Il Presidente della Camera dei Deputati ritorna questa mattina per incontrare il Ministro degli Affari Esteri.

Il Presidente del Consiglio ha dato le dimissioni oggi.

26 Crime & justice

26a Crime

accomplice **il/la complice**
armed **armato**
assassin **l'uccisore** *(m)*
assassination **l'assassinio** *(m)*
assault **l'attacco** *(m)*,
l'aggressione *(f)*
assault and battery **l'aggressione**
(f) **(con percosse)**
battered baby **il bambino
maltrattato**
burglar **il ladro, lo scassinatore**
burglary **il furto, la violazione di
domicilio**
I burgle/burglarize **svaligio [-are]**
car theft **il furto di auto**
theft from car **il furto di
automobile**
child abuse **la violenza contro i
minori**
I come to blows **vengo [venire]
alle mani**
I commit **commetto [-ere] un
delitto**
computer hacker **il scassinatore
di codici computerizzati**
crime **il delitto, il reato, il crimine**
crime rate **il tasso di criminalità**
crime wave **l'ondata** *(f)* **di
criminalità**

criminal **il/la criminale**
criminal *(adj)* **criminale**
I deceive **inganno [-are], truffo
[-are]**
delinquency **la delinquenza**
drug abuse **l'abuso** *(m)* **di
stupefacenti, la tossicomania**
drug addict **il/la
tossicodipendente**
drug baron **il barone della droga**
drug dealer/pusher **lo spacciatore
di droga**
drugs **gli stupefacenti** *(m)*, **la
droga**
drug-trafficking **il traffico di droga**
I embezzle **mi approprio [-are]
indebitamente di**
embezzlement **l'appropriazione**
(f) **indebita**
espionage **lo spionaggio**
extortion **l'estorsione** *(f)*
I fight **combatto [-are]**
fight **la lotta, la rissa, il litigio
violento**
firearm **l'arma** *(f)* **da fuoco**
I forge (banknote/signature)
**falsifico [-are] (una banconota/
una firma)**
forged **falso, falsificato**

Pablo Escobar, the world's most
notorious drug baron, was killed in
a shoot-out with police and the
army in Medellín.

Il più famigerato barone della
droga del mondo, Pablo
Escobar, è stato ucciso a
Medellin nel corso di una
sparatoria con la polizia e
l'esercito.

forgery **la contraffazione**
fraud **la frode, la truffa**
gang **la squadra, il gruppo, la banda**
gang warfare **la guerra fra gruppi**
grievous bodily harm/GBH **grave danno fisico**
gun **la pistola, il fucile**
handbag snatching **lo scippo**
handcuffs **le manette**
Help! **Aiuto!**
I hi-jack **dirotto [-are]**
hi-jacker **il/la pirata dell'aria**
hold-up **la rapina**
homicide **l'omicidio** *(m)*
hooker **la prostituta**
hooligan **il/la teppista**
hostage **l'ostaggio** *(m)*
illegal **illegale**
I importune **molesto [-are]**
I injure/wound **ferisco [-ire]**
I joy ride **guido [guidare] un'auto rubata**
joy riding **guidare un'automobile rubata**
I kidnap **sequestro [-are] a scopo di estorsione**
kidnapper **il rapitore**
kidnapping **il sequestro**
I kill **uccido [-ere]**
killer **l'assassino** *(m)*
knife **il coltello**
knifing **la coltellata**
legal **legale**
living off immoral earnings **sfruttare prostitute**

mafia **la mafia**
I mug **aggredisco [-ire]**
mugger **l'aggressore** *(m)*
mugging **l'aggressione** *(f)*
murder **l'omicidio** *(m)*
I murder **uccido [-ere]**
murderer **l'assassino** *(m)*
I offend **offendo [-ere], contravvengo [-ire]**
pickpocket **il borsaiolo**
pickpocketing **il borseggio**
pimp **il protettore, lo sfruttatore**
pimping **fare il protettore**
poison **il veleno**
I poison **avveleno [-are]**
prostitute **il prostituto, la prostituta**
prostitution **la prostituzione**
ransome **il riscatto**
I rape **violento [-are], stupro [-are]**
rape **lo stupro**
reprisals **la rappresaglia**
shop-lifting **il taccheggio**
spy **la spia**
I steal **rubo [-are]**
stolen goods **la refurtiva**
terrorist **il terrorista**
torture **la tortura**
thief **il ladro**
trafficking **il traffico**
I traffick **traffico [-are]**
underworld **la malavita**
victim **la vittima**
violence **la violenza, i maltrattamenti**

He was stopped by the police for speeding in a residential area.

Era stato fermato dalla polizia per eccesso di velocità in una zona residenziale.

Car theft and bag-snatching in urban areas have decreased in the last six months, but the rate of burglaries is on the increase.

I furti d'auto e gli scippi sono in diminuzione nelle zone urbane, ma il tasso di furti con scasso è in aumento.

➤ TRIAL 26b; PUNISHMENT, CRIME PREVENTION 26c

26b Trial

accusation　l'accusa *(f)*,
　l'imputazione *(f)*
I accuse　accuso [-are]
accused person　l'accusato *(m)*,
　l'imputato *(m)*
I acquit　assolvo [-ere]
I acquit for lack of evidence
　rilascio [-are] per mancanza di
　prove
appeal　l'appello *(m)*
I appeal　presento [-are] un
　appello
case for the defence　gli argomenti
　per la difesa
compensation　il risarcimento
confession　la confessione
I confess　confesso [-are]
I convince　convinco [-ere],
　persuado [-ere]
counsel for the defendant/defense
　l'avvocato *(m/f)* difensore
court　la corte, il tribunale
court of appeal　la corte d'appello
courtroom　l'aula *(f)* giudiziaria
I cross-examine　eseguo [-ire] un
　controinterrogatorio
I debate　metto [-ere] in
　discussione
defence/defense　la difesa
I defend　difendo [-ere]
I defend (myself)　mi difendo [-ere]
defendant　l'imputato *(m)*,
　l'accusato *(m)*
diminished responsibility　le

attenuanti *(pl)*
I disagree　non sono [essere]
　d'accordo
I discuss　discuto [-ere]
district attorney *(US)*　il
　commissario distrettuale
dock　il banco degli imputati
I enquire　svolgo [-ere] indagini
evidence　la prova
examining magistrate　il giudice
　istruttore/di istruzione
　preliminare
extenuating circumstances　le
　circostanze attenuanti
eye-witness　il/la testimone
　oculare
I'm guilty of　sono [essere] reo di
I give evidence　testimonio [-are]
　for the defence　per la difesa
　for the prosecution　per
　l'accusa *(f)*
guilt　la colpevolezza
guilty　colpevole
high court of appeal　l'alta corte *(f)*
　d'appello
impeach　metto [-ere] sotto
　accusa
impeachment　l'incriminazione *(f)*
indictment　l'accusa *(m)*
innocence　l'innocenza *(f)*
innocent　innocente
I interrogate　interrogo [-are]
judge　il giudice
judiciary　la magistratura

A man will appear in court today charged with the attempted muder of his wife.

Un uomo apparirà oggi in tribunale accusato di tentativo di uxoricidio.

The case against the accused was dismissed on grounds of insufficient evidence.

Il capo d'imputazione contro l'imputato è caduto per mancanza di prove.

juror **il giurato**
jury **la giuria**
jury-box **il banco della giuria**
justice **la giustizia**
lawsuit **il processo**
lawyer/counsellor **l'avvocato** *(m)*
leniency **l'indulgenza** *(f)*, **la clemenza** *(f)*
life imprisonment **l'ergastolo** *(m)*
litigation **la causa**
magistrate **il magistrato, il giudice**
magistrate's court **il tribunale**
manslaugher **l'omicidio** *(m)* **colposo**
mercy **la grazia**
miscarriage of justice **l'errore** *(m)* **giudiziario**
motive **il movente**
not guilty **non colpevole, innnocente**
oath **il giuramento**
offence **il reato, il delitto**
I pass judgement **pronuncio** [-are] **la sentenza**
perjury **lo spergiuro, la falsa testimonianza**
plea **l'istanza** *(f)*
plea bargaining **trattare una riduzione della pena**
I plead guilty/not guilty **mi dichiaro** [-are] **colpevole/innocente**
premeditation **la premeditazione**
previous offences **i precedenti penali**
I prosecute **faccio** [fare] **causa,**

I persecute **perseguisco** [-ire]
prosecution **il procedimento, il giudiziario**
public prosecutor **il pubblico ministero**
public prosecutor's office **l'ufficio** *(m)* **del pubblico ministero**
I question **interrogo** [-are]
on remand **trattenuto in carcere**
retrial **il nuovo processo**
I reward **ricompenso** [-are]
speech for the defence/defense **l'arringa** *(f)*
I stand accused of **sono** [essere] **accusato di**
I stand bail for *(someone)* **mi rendo** [-ere] **garante per**
statement **la deposizione**
I sue/I take to court **faccio** [fare] **causa a**
summons **la convocazione, la citazione**
I suspect **sospetto** [-are]
suspect **la persona sospetta**
Supreme Court **la corte suprema**
sustained! **a favore!**
I swear **giuro** [-are]
I take legal proceedings **faccio** [fare] **causa a**
trial **il processo**
unanimous **unanime**
verdict **il verdetto**
witness **il/la testimone**
witness box **il banco dei testimoni**
writ **un decreto**

The witness withheld vital evidence for fear of reprisals.

Il **testimone ha rifiutato di dare testimonianza cruciale per paura di rappresaglie.**

The accused had strong connections with the underworld.

L'imputato ha stretti legami con la malavita.

CRIME & JUSTICE

26c Punishment

confinement   **la reclusione**
   in solitary confinement   **(la reclusione) in cella d'isolamento**
convict   **il detenuto, il carcerato**
convicted   **dichiarato colpevole**
death penalty   **la pena di morte**
I deport   **deporto [-are]**
I escape   **evado [-ere]**
fine   **la multa, la contravvenzione, l'ammenda** *(f)*
I fine   **faccio [fare] una contravvenzione**
I free   **libero [-are]**
hard labour/labor   **i lavori forzati**
I imprison   **metto [-ere] in prigione**
jailbreak   **l'evasione** *(f)*
prison   **la prigione, il carcere**
prisoner   **il prigioniero, il detenuto**
prison warder/jailer   **il carceriere**
I punish   **punisco [-ire]**
punishment   **la punizione, il castigo**
I release on bail   **ottengo [-tenere] il rilascio su cauzione**
I reprieve a condemned prisoner
   rinvio [-are] l'esecuzione di un condannato a morte
I sentence (to death)   **condanno [-are] (a morte)**
sentence   **la condanna, la sentenza**
I serve a sentence   **sconto [-are] una pena**
severity   **la severità**
a term of 5 years   **un periodo di 5 anni**

The fight against crime

alarm   **l'allarme** *(m)*
   burglar/car alarm   **l'antifurto** *(m)*
autopsy   **l'autopsia** *(f)*
arrest   **l'arresto** *(m)*
I arrest   **arresto [-are]**
baton   **il manganello**
chief of police   **l'ispettore** *(m)* **di polizia**
civil law   **il codice civile**
clue   **l'indizio** *(m)*
constable   **il poliziotto**
crime prevention   **la prevenzione dei crimini**
criminal law   **il diritto penale**
criminal record   **la fedina penale**
   clean   **la fedina pulita**
customs   **la dogana**
customs officer   **il doganiere**

– What was the verdict of the jury?
– The defendant was sentenced to four years imprisonment.
– Will he serve that long?
– No. He'd already spent 8 months on remand/awaiting trial. He'll probably be out in two years.

– Did he plead guilty?
– Yes, to manslaughter.

– **Qual è il verdetto della giuria?**
– **L'imputato è stato condannato a quattro anni di prigione.**
– **Dovrà scontare tutta la pena?**
– **No, ha già scontato otto mesi in attesa del processo. Probabilmente uscirà fra due anni.**

– **Si è dichiarato colpevole?**
– **Sì, di omicidio colposo.**

deportation   **la deportazione** *(f)*
detective   **il poliziotto** *(m)*,
   l'investigatore *(m)* **privato**
drugs raid   **il sequestro di droga**
drugs squad   **la squadra (di)**
   narcotici
enquiry   **l'inchiesta** *(f)*
error   **l'errore** *(m)*
escape   **l'evasione** *(f)*, **la fuga**
I escape   **evado [-ere]**
examination   **l'interrogatorio** *(m)*
I examine   **esamino [-are]**,
   interrogo [-are]
I extradite   **estrado [-are]**
extradition   **l'estradizione** *(f)*
fingerprints   **le impronte digitali**
fugitive   **il fuggiasco, l'evaso** *(m)*
handcuffs   **le manette**
identikit/photofit picture   **il fotofit**
identity parade   **il confronto**
   all'americana
informer   **l'informatore** *(m)*,
   l'informatrice *(f)*
interview   **l'intervista** *(f)*
I interview   **intervisto [-are]**
I investigate   **investigo [-are]**
investigation   **l'inchiesta** *(f)*
investigator   **l'investigatore** *(m)*,
   l'investigatrice *(f)*
   private investigator
   l'investigatore *(m)* **privato**

key   **la chiave**
law   **la legge**
law-breaking   **la violazione della**
   legge
lock   **la serratura**
I lock   **chiudo [-ere] a chiave**
padlock   **il lucchetto**
plain-clothes   **in borghese**
police badge   **il distintivo di**
   poliziotto
police/guard dog   **il cane poliziotto**
police officer   **il poliziotto, la**
   poliziotta
police record   **la fedina penale**
   clean record   **la fedina pulita**
police station   **il commissariato**
policeman   **il poliziotto**
policewoman   **la poliziotta**
reward   **la ricompensa**
riot police   **il pronto intervento**
security   **la sicurezza**
speed trap   **il radar per il controllo**
   della velocità
traffic police   **la polizia stradale**
truncheon   **il manganello**
wanted   **ricercato**
warrant   **il mandato**
   arrest warrant   **il mandato di**
   cattura
   search warrant   **il mandato di**
   perquisizione

He was convicted of breaking and
entering and, in view of his criminal
record, given two-years sentence.

**È stato dichiarato copevole di
furto con scasso e, visti i suoi
precedenti penali, condannato a
due anni di reclusione.**

The government is recommending
fewer custodial sentences for
offenders.

**Il governo propone una
diminuzione del numero delle
condanne alla reclusione.**

Overcrowding is a serious problem
in many prisons.

**Il sovraffollamento è un grave
problema in molte prigioni.**

 War & peace

27a War

I abduct   **sequestro [-are]**
aerial bombing   **il bombardamento aereo**
aggression   **l'aggressione** *(f)*
aggressor   **l'aggressore** *(m)*
air force   **le forze aeree** *(f)*
I airlift   **evacuo [-are] per ponte aereo**
air-raid   **l'incursione** *(f)* **aerea**
air-raid shelter   **il rifugio antiaereo**
air-raid warning   **l'allarme** *(m)* **aereo**
alliance   **l'alleanza** *(f)*
ally   **l'alleato** *(m)*
ambush   **l'imboscata** *(f)*
anti-aircraft   **la contraerea**
army   **l'esercito** *(m)*
I assassinate   **assassino [-are]**
assault   **l'assalto** *(m)*
atomic   **atomico**
I attack   **attacco [-are]**
attack   **l'attacco** *(m)*
barracks   **la caserma**
battle   **la battaglia**
battlefield   **il campo di battaglia**
blast   **l'esplosione** *(f)*, **lo scoppio**
I blockade   **blocco [-are]**
blockade   **il blocco**
I blow up   **faccio [fare] esplodere**
bomb alert   **l'allarme** *(m)* **di bombe**
bombardment   **il bombardamento**
brave   **coraggioso**
war breaks out   **la guerra scoppia [-are]**
I call up   **chiamo [-are] alle armi**
camp   **il campo, l'accampamento** *(m)*
campaign   **la campagna**
I capture   **catturo [-are]**
capture   **la cattura**

causes of war   **le cause della guerra**
I claim responsibility for   **rivendico [-are] la responsabilità di/per**
I commit *(an act)*   **commetto [-ere]**
conflict   **il conflitto**
confrontation/encounter   **lo scontro**
I contaminate   **inquino [-are], contamino [-are]**
conventional weapon   **le armi convenzionali**
court-marshal   **la corte marziale**
coward   **il codardo, il vigliacco**
the plane crashes   **l'aereo si fracassa [-are]**
I crush *(opposition)*   **schiaccio [-are]**
I declare war (on)   **dichiaro [-are] la guerra (a)**
defeat   **la sconfitta**
I defeat   **sconfiggo [-ere]**
I am defeated   **sono sconfitto**
defence/defense   **la difesa**
I defend   **difendo [-ere]**
I destroy   **distruggo [-ere]**
I detain   **detengo [-ere]**
I detect   **scopro [-ire]**
devastating   **distruttivo**
devastation   **la devastazione**
enemy   **il nemico**
espionage   **lo spionaggio**
ethnic cleansing   **la pulizia etnica**
I evacuate   **evacuo [-are]**
evacuation   **l'evacuazione** *(f)*
I fight a battle   **combatto [-ere] una battaglia**
I fight off   **respingo [-ere]**
I flee   **fuggo [-ire]**
front   **il fronte**
genocide   **il genocidio**

guerrilla warfare   **la guerriglia**
harmful   **dannoso**
headquarters   **il quartiere generale**
hostilities   **le ostilità**
I interrogate   **interrogo [-are]**
interrogation   **l'interrogatorio** *(m)*
I intervene   **intervengo [-ire]**
intervention   **l'intervento** *(m)*
intimidation   **l'intimidazione** *(f)*
I invade   **invado [-ere]**
invasion   **l'invasione** *(f)*
I issue an ultimatum   **do [dare] un ultimatum**
I liquidate   **liquido [-are]**
manoeuvres/maneuvers   **le manovre**
massacre   **il massacro**
missing in action   **disperso al fronte**
military service   **il servizio militare**
mobilization   **la mobilitazione** *(f)*
I mobilize   **mobilito [-are]**
morale   **il morale**
multilateral   **multilaterale**
navy   **la marina**
nuclear   **nucleare**
occupation   **l'occupazione** *(f)*
I occupy   **occupo [-are]**
offensive   **l'offensiva** *(f)*
I patrol   **pattuglio [-are]**
peace   **la pace**
propaganda   **la propoganda**
I provoke   **provoco [-are]**
battle rages   **la battaglia infuria [-are]**
raid   **l'incursione** *(f)*
rank   **il rango, la schiera**
reinforcements   **i rinforzi**
reprisal   **la rappresaglia**
I resist   **resisto [-ere]**

resistance   **la resistenza**
I review *(troops)*   **passo [-are] in rivista**
I revolt   **mi rivolto [-are], mi ribello [-are]**
revolution   **la rivoluzione**
riot   **la sommossa**
rubble   **le macerie**
security check   **i controlli di sicurezza**
shelter   **il rifugio**
I sink the ship   **faccio [fare] affondare la nave**
the ship sinks   **la nave affonda [-are]**
skirmish   **la scaramuccia**
I spy   **spio [-are]**
spy   **la spia**
I start a war   **dichiaro [-are] la guerra**
strategy   **la strategia**
the vessel surfaces   **la nave emerge [-ere]**
survival   **la sopravvivenza**
tactics   **le tattiche**
I take by suprise   **sorprendo [-ere]**
terrorist attack   **l'attacco** *(m)* **terroristico**
I threaten   **minaccio [-are]**
trench   **la trincea, lo scavo**
underground   **clandestino**
war   **la guerra**
war-mongering   **il guerrafondaio**
war wound   **la ferita di guerra**
I win   **vinco [-ere], riporto [-are] la vittoria**
wound   **la ferita**
I wound   **ferisco [-ire]**
I am wounded   **sono ferito**

The Falklands War broke out in April, 1982.

La guerra delle Malvine scoppiò nell'aprile del 1982.

Civil wars are the bloodiest of all.

Le guerre civili sono le più sanguinose.

➤ PEACE, INTERNATIONAL RELATIONS 27c

27b Military personnel & weaponry

Military personnel

archer **un arciere**
assassin **l'assassino** *(m)*
casualty *(dead)* **il morto**
casualty *(injured)* **il ferito**
cavalry **la cavalleria**
civilian **il civile**
commandos **la pattugllia d'assalto**
conscientious objector **l'obiettore** *(m)* **di coscienza**
conscript **la recluta**
convoy **il convoglio**
deserter **il disertore**
division **la divisione**
foot soldier **il soldato di fanteria**
general **il generale**
guard **la guardia, la sentinella**
guerrilla **il partigiano**
hostage **l'ostaggio** *(m)*
infantry **la fanteria**
intelligence officer **il funzionario del servizio segreto**
marines *(UK)* **il fante di marina**
marines *(US)* **il marinaio**
military personnel **il personale militare**
ministry of defence **il ministero della difesa**
NCO **il sottufficiale**
officer **l'ufficiale** *(m)*
parachutist **il/la paracadutista**
prisoner of war **il prigioniero di guerra**

rebel **il ribelle**
recruit **la recluta**
regiment **il reggimento**
seaman, sailor **il marinaio**
secret agent **l'agente** *(m)* **segreto**
sentry **la sentinella**
sniper **il cecchino**
soldier **il soldato**
spy **la spia**
squadron **lo squadrone**
staff **il personale militare**
terrorist **il/la terrorista**
traitor **il traditore, la traditrice**
troops **la truppa**
victor **il vincitore, la vincitrice**

Weaponry and its effects

I aim (at) **prendo [-ere] la mira**
aircraft carrier **la portaerei**
ammunition **le munizioni**
armaments **gli armamenti**
armoured/armored **blindato**
arms **le armi**
arms manufacturer **il fabbricante d'armi**
arms race **la corsa alle armi**
artillery **l'artiglieria** *(f)*
bacteriological warfare **la guerra batteriologica**
barbed wire **il filo spinato**
bayonet **la baionetta**
I bomb(ard) **bombardo [-are]**
bomb **la bomba**
bombardment **il bombardamento**

In Sarajevo today a man was shot dead by a sniper.

A Serajevo oggi un uomo è stato ucciso da un cecchino.

The dropping of atomic bombs on Hiroshima and Nagasaki forced Japan to surrender in August, 1945.

Nell'agosto del 1945 il lancio della bomba atomica su Hiroshima e Nagasaki costrinse il Giappone alla resa.

bomber *(aircraft)* **il bombardiere**
bullet **la pallottola, il proiettile**
car bomb **l'autobomba** *(f)*
crossbow **la balestra**
chemical **chimico**
destroyer *(ship)* **il cacciatorpediniere**
I explode a bomb **faccio [fare] esplodere una bomba**
explosive **l'esplosivo** *(m)*
fall-out **la pioggia radioattiva**
fighter plane **il caccia**
I fire (at) **tiro [-are]**
frigate **la fregata**
gas **il gas**
gas attack **l'attacco** *(m)* **di gas**
gun **il fucile**
hand-grenade **la bomba a mano**
H-bomb **la bomba H**
it hits **colpisce [-ire]**
jet *(plane)* **il jet, l'aereo** *(m)* **a reazione**
I kill **uccido [-ere], ammazzo [-are]**
knife **il coltello**
laser **il laser**
letter-bomb **la lettera esplosiva**
machine-gun **la mitragliatrice**
minefield **il campo minato**
mine-sweeper **il dragamine**
missile **il missile**
missile launcher **il lanciamissile**
mortar **il mortaio**
neutron bomb **la bomba al neutrone**
nuclear test **il test nucleare**
nuclear warhead **la testata**

nucleare
pistol **la pistola, la rivoltella**
poison gas **il gas nocivo**
radar **il radar**
radar screen **lo schermo radar**
radiation **la radiazione**
radio-active **radioattivo**
revolver **la rivoltella, la pistola**
rifle **il fucile**
rocket **il razzo**
rocket attack **l'attacco** *(m)* **missilistico**
I sabotage **sabotaggio [sabotare]**
shell **la granata**
I shoot dead **uccido [-ere], abbatto [-ere]**
shotgun **il fucile**
shrapnel **i frammenti di proiettile**
siege **l'assedio** *(m)*
I stock-pile **accumulo [-are] le riserve**
submachine-gun **il (fucile) mitragliatore, la mitragliatrice**
submarine **il sottomarino**
tank **il carro armato**
target **il bersaglio**
I test **verifico [-are], esamino [-are]**
torpedo **il siluro**
torpedo attack **l'attacco** *(m)* **di siluri**
I torpedo **siluro [-are]**
warship **la nave da guerra**
weapon **l'arma** *(m)*
semi-automatic weapon **l'arma da fuoco semiautomatica**

The explosion was several miles away, but it knocked everyone to the ground.

L'esplosione era a molte miglia di distanza, ma scaraventò tutti per terra.

The missile which had been shot down scattered debris over a wide area.

Il missile che era stato colpito sparse i frammenti in una vasta zona circostante.

➤ CRIME 26a

27c Peace & international relations

Peace

Ban the Bomb Campaign **la campagna per il bando della bomba**
cease-fire **il cessate il fuoco**
control **il controllo**
I declare peace **dichiaro [-are] la pace**
I demobilize **smobilito [-are]**
demobilization **la smobilitazione**
deterrent **il deterrente**
I diminish tension **diminuisco [-ire] la tensione**
disarmament **il disarmo**
exchanges of information **gli scambi d'informazioni**
free **libero**
I free **libero [-are]**
human rights **i diritti umani**
I mediate **faccio [fare] da intermediario, medio [-are]**
military service **il servizio militare**
negotiable **trattabile**
negotiation **le trattative**
neutral **neutro**
neutrality **la neutralità**
pacifist **il/la pacifista**
pacifism **il pacifismo**
peace **la pace**
peace plan **il piano per la pace**
peace talks **le trattative per la pace**
peace-keeping force **l'esercito della pace**
surrender **la resa**
I surrender **mi arrendo [-ere]**
test ban **il bando di test nucleari**
treaty **il trattato, il patto**
uncommitted **non vincolato**
victory **la vittoria**

International relations

aid **l'assistenza** (f)
ambassador **l'ambasciatore** (m), **l'ambasciatrice** (f)
arms reduction **la riduzione delle armi**
attaché **l'addetto** (m)
bloc **il blocco**
citizen **il cittadino**
citizenship **la cittadinanza**
consul **il console**
consulate **il consolato**
developing countries **i paesi in via di sviluppo**
diplomacy **la diplomazia**
diplomat **il diplomatico**
diplomatic immunity **l'immunità** (f) **diplomatica**
embassy **l'ambasciata** (f)
emergency (adj) **d'urgenza**
envoy **l'inviato** (m)

The Italian Government was in danger of being embroiled in a diplomatic row.

Il governo italiano correva il pericolo di essere coinvolto in una controversia diplomatica.

Defence spending represents 3 per cent of the Gross National Product.

La spesa per la difesa rappresenta il 3 per cento del Prodotto Nazionale Lordo.

famine   la carestia
foreign affairs   gli affari esteri
foreign aid   gli aiuti all'estero
foreigner   lo straniero
I apply economic sanctions
   applico [-are] sanzioni
   economiche
I join (organization)   m'associo
   [-are] a
national security   la sicurezza del
   paese
neutral   neutrale
non-aligned   non allineato
overseas   oltremare
relief organization
   l'organizzazione umanitaria
relief supplies   i rifornimenti di
   soccorso
I ratify (treaty)   ratifico [-are]
I represent   rappresento [-are]
sanctions   le sanzioni
summit meeting   la conferenza al
   vertice
Third World   il terzo mondo
underdeveloped countries   i paesi
   sottosviluppati

Trade

agricultural policy   la politica
   agricola
balance of payments   la bilancia
   dei pagamenti
balance of trade   la bilancia

commerciale
Common Market   il Mercato
   Comune
currency   la valuta
customs   la dogana
customs union   l'unione (f)
   doganale
European Union   l'unione (f)
   europea
exchange rate   il tasso di cambio
exports   le esportazioni
floating currency   la moneta
   oscillante
it floats   oscilla [-are]
foreign investment   gli
   investimenti esteri
free-trade zone   la zona franca
gap between rich and poor   il
   divario fra i ricchi e i poveri
GATT/General Agreement on Tariffs
   and Trade   l'accordo (m)
   generale sulle tariffe doganali e
   il commercio/GATT
GNP/gross national product   PNL/
   prodotto nazionale lordo
import controls   controlli sulle
   importazioni
imports   le importazioni
tariff barriers   le barriere tariffarie
tariffs   le tariffe
trade gap   disavanzo della
   bilancia commerciale

A spokeman for the Italian
Chamber of Commerce revealed
the European Commission is
investigating alleged unfair trading
practices.

Un portavoce della Camera di
commercio italiana ha rivelato
che la Commissione Europea
sta indagando su presunte
pratiche commerciali disoneste.

Importers continue to take
advantage of the lowest possible
tariff rates.

Tutti gli importatori continuano
ad avvantaggiarsi delle tariffe
più basse possibili.

C
APPENDICES

Appendices

3b* Clocks & watches
---

alarm clock   **la sveglia**
clock   **l'orologio** *(m)*
cuckoo clock   **l'orologio** *(m)* **a cucù**
dial   **il quadrante**
digital watch   **l'orologio** *(m)* **digitale**
egg-timer   **la clessidra (tre minuti)**
hand (of a clock)   **la lancetta**
   minute hand   **la lancetta dei minuti**
   hour hand   **la lancetta dell'ora**
   second hand   **la lancetta dei secondi**
hour-glass   **la clessidra**
pendulum   **l'orologio** *(m)* **a pendolo**
stop-watch   **il cronometro a scatto**
sundial   **l'orologio** *(m)* **solare**
timer (on cooker)   **il cronometro (da cucina)**
watch   **l'orologio** *(m)* **da pulso**
   watch strap   **il cinturino**
I wind up   **do [dare] la corda a**

4d Mathematical & geometrical terms
---

acute   **acuto**
algebra   **l'algebra** *(f)*
algebraic   **algebrico**
Arabic numerals   **i numeri arabi**
arithmetic   **l'aritmetica** *(f)*
arithmetical   **aritmetico**
average   **la media**
axis   **l'asse** *(m)*
calculus   **il calcolo**
circumference   **la circonferenza**
complex   **complesso**
constant   **costante**

cube   **il cubo**
cube root   **la radice cubica**
cubed   **cubico**
decimal   **decimale**
equality   **l'eguaglianza** *(f)*
factor   **il fattore, il coeficiente**
I factorize   **scompongo [scomporre] in fattori**
fraction   **la frazione**
function   **la funzione**
geometry   **il geometria**
geometrical   **geometrico**
imaginary   **immaginario**
integer   **il numero intero**
irrational number   **il numero irrazionale**
logarithm   **il logaritmo**
mean   **la media**
median   **la mediana**
multiple   **il multiplo**
natural number   **il numero naturale**
numerical   **numerico**
obtuse   **ottuso**
prime number   **il numero primo**
product   **il prodotto**
probability   **la probabilità**
I raise to a power   **elevo [-are] al potere di**
   to the fifth power   **elevo [-are] al quinto potere**
   to the nth power   **elevo [-are] al potere n**
radius   **il raggio**
rational   **razionale**
quotient   **il quoziente**
real   **reale**
reciprocal   **reciproco**
Roman numeral   **il numero romano**
set   **la serie**
square   **al quadrato**

   * Appendices are numbered according to the most relevant Vocabulary.

square root **la radice quadrata**
symmetry **la simmetria**
symmetrical **simmetrico**
tables **le tabelle**
tangent **la tangente**
trigonometry **la trigonometria**
variable **variabile**
vector **il vettore**

5b Parts of the body

ankle **la caviglia**
arm **il braccio** *(fpl* **le braccia***)*
back **la schiena**
backbone **la spina dorsale**
bladder **la vescica**
blood **il sangue**
blood pressure **la pressione del sangue**
body **il corpo**
bone **l'osso** *(m) (fpl* **le ossa***)*
bowel **l'intestino** *(m)*
brain **il cervello**
breast **il seno, le mammelle**
buttock **la natica**
cheek **la guancia**
chest **il torace**
chin **il mento**
ear **l'orecchio** *(m) (fpl* **le orecchie***)*
elbow **il gomito**
eye **l'occhio** *(m)*
eyebrow **il sopracciglio**
eyelash **il ciglio** *(fpl* **le ciglia***)*
face **il viso, la faccia**
finger **il dito** *(fpl* **le dita***)*
fingernail **l'unghia** *(f)*
foot **il piede**
forehead **la fronte**
genitalia **i genitali**
gland **la ghiandola**
hair **il pelo, il capello**
hand **la mano**
head **la testa**
heart **il cuore**
hip **l'anca** *(f)*, **il fianco**
hormone **l'ormone** *(m)*

index finger **l'indice** *(m)*
jaw **la mascella**
kidney **il rene**
knee **il ginocchio** *(fpl* **le gnocchia***)*
knuckle **la nocca**
leg **la gamba**
lid **la palpebra**
lip **il labbro** *(fpl* **le labbra***)*
liver **il fegato**
lung **il polmone**
mouth **la bocca**
muscle **il muscolo**
nape of neck **la nuca**
neck **il collo**
nose **il naso**
nostril **la narice**
organ **l'organo** *(m)*
part of body **la parte del corpo**
penis **il pene**
sex organs **gli organi sessuali**
shoulder **la spalla**
skin **la pelle**
stomach **lo stomaco**
thigh **la coscia**
throat **la gola**
thumb **il pollice**
toe **il dito del piede**
tongue **la lingua**
tooth **il dente**
vagina **la vagina**
waist **la vita**
womb **l'utero** *(m)*
wrist **il polso**

6a Human characteristics

absent-minded **distratto, svagato**
active **attivo**
adaptable **adattabile**
affection(ate) **l'affetto** *(m)*, **(affettuoso)**
aggression **l'aggressione** *(f)*
aggressive **aggressivo**
ambition **l'ambizione** *(f)*
ambitious **ambizioso**
amusing **simpatico, divertente**

6a Human characteristics (cont.)

anxious **ansioso**
arrogant **arrogante**
artistic **artistico**
attractive **attraente**
bad-tempered **irascibile, irritabile**
bad/evil **cattivo, malvagio**
boring **noioso**
brave **coraggioso**
care **la cura, l'attenzione** *(f)*
careful **attento, diligente**
careless **sbadato, sconsiderato**
charm **il fascino**
charming **affascinante, incantevole**
cheeky **sfacciato**
cheerful **allegro, contento**
clever **intelligente, bravo**
cold **freddo**
comic **comico, spiritoso**
confidence **la confidenza, la sicurezza**
confident **fiducioso, sicuro**
conscientious **coscienzioso, attento**
courage **il coraggio**
courtesy **la cortesia**
cowardly **codardo, vigliacco**
creative **creativo**
critical **critico**
cruel **crudele**
cultured **colto, istruito**
cunning **furbo, scaltro**
curiosity **la curiosità**
decisive (in-) **(in)deciso**
demanding **esigente**
dependence **la dipendenza**
dependent (in-) **(in)dipendente**
dishonesty **la disonestà**
disobedience **la disobbedienza**
distrustful **diffidente**
eccentric **eccentrico**
energetic **energico, attivo**
envious **invidioso**
envy **l'invidia** *(f)*
extroverted **estroverso**
faithful (un-) **(in)fedele**

faithfulness **la fedeltà**
friendly (un-) **simpatico (antipatico)**
frivolous **frivolo**
generosity **la generosità**
generous **generoso**
gentle **gentile**
gentleness **la gentilezza**
good-tempered **di buonumore**
greedy **ingordo**
hard-working **operoso, impegnato**
helpful **servizievole**
honest (dis-) **(dis)onesto**
honesty **l'onestà** *(f)*
honourable/honorable **onorevole**
humane (in-) **(in)umano**
humble **umile**
humorous **divertente, spiritoso**
hypocritical **ipocrita**
idealistic **idealista**
imagination **l'immaginazione** *(f)*
imaginative **immaginoso, fantasioso**
impatience **l'impazienza** *(f)*
independence **l'indipendenza** *(f)*
individualistic **individualista**
innocence **l'innocenza** *(f)*
innocent **innocente**
inquisitive **curioso**
intelligence **l'intelligenza** *(f)*
intelligent **intelligente, acuto**
intolerance **l'intolleranza** *(f)*
introverted **introverso**
ironic **ironico**
kind **simpatico**
kindness **la gentilezza**
laziness **la pigrizia**
lazy **pigro**
liberal **liberale**
likeable **benvoluto, simpatico**
lively **vivace**
lonely **solitario**
lov(e)able **amabile, caro**
mad **pazzo, folle**
madness **la pazzia, la follia**
malicious **maligno**
mature (im-) **(im)maturo, adulto**

(infantile)
mean/stingy **avaro**
modest **modesto**
modesty **la modestia**
moody **imbronciato di malumore**
moral (im-) **(im)morale**
naive **ingenuo**
naivety **l'ingenuità** *(f)*
natural **naturale, spontaneo**
nervous **nervoso**
nervousness **il nervosismo,
  l'apprensione** *(f)*
nice **amabile, gentile**
niceness **la cortesia, la
  gentilezza, l'amabilità**
obedience **l'obbedienza** *(f)*
obedient (dis-) **(dis)obbediente**
open(ness) **sincero (la sincerità)**
optimistic **ottimista**
original **originale**
originality **l'originalità** *(f)*
patience **la pazienza**
patient (im-) **(im)paziente**
pessimistic **pessimista**
pleasant **simpatico, amabile**
polite **cortese, garbato**
politeness **la garbatezza**
possessive **possessivo**
prejudiced **prevenuto**
pride **l'orgoglio** *(m)*, **la superbia**
proud **orgoglioso, superbo**
reasonable (un-) **(ir)ragionevole**
rebellious **ribelle**
reserved **riservato**
respect **il rispetto**
respectable **rispettabile**
respectful **rispettoso**
responsible (ir-) **(ir)responsabile**
rude **maleducato**
rudeness **la maleducazione**
sad **triste**
sarcastic **sarcastico**
scornful **sprezzante**
self-confident **sicuro di sé**
self-esteem **la stima di sé**
selfishness **l'egoismo** *(m)*

self-sufficient **autosufficiente**
sensible **assennato, ragionevole**
sensitive (in-) **(in)sensibile**
serious **serio**
shy **timido**
silent **silenzioso**
silly **sciocco**
sincerity **la sincerità**
skilful **capace**
sociable (un-) **(non) socievole**
strange **strano**
strict **severo**
stubborn **testardo**
stupid **stupido**
stupidity **la stupidaggine**
suspicious **sospettoso**
sweet **caro, dolce**
sympathetic (un-) **(poco)
  comprensivo (indifferente)**
sympathy **la simpatia**
tact **la delicatezza, il tatto**
tactful **delicato, discreto**
talented **dotato di talento**
talkative **chiacchierone**
temperamental **instabile,
  emotivo, capriccioso**
thoughtful **gentile, premuroso,
  serio**
thoughtless **sconsiderato**
tidy (un-) **(dis)ordinato**
tolerance **la tolleranza**
tolerant (in-) **(in)tollerante**
traditional **tradizionale**
trust **la fiducia**
trusting **fiducioso**
unselfish **altruista, generoso**
vain **vanitoso**
vanity **la vanità**
violent **violento**
virtuous **onesto, virtuoso**
warm **amichevole, di buon cuore**
well-adjusted **equilibrato**
well-behaved **(ben)educato**
wisdom **la saggezza**
wise **saggio, giudizioso,
  assennato**

wit   **lo spirito, l'umorismo** *(m)*
witty   **spiritoso**

8b Tools

axe/ax   **l'ascia** *(f)*, **l'accetta** *(f)*
bit   **la punta da trapano**
blade   **la lama**
bolt   **il bullone**
bucket   **il secchio**
clamp   **il morsetto**
chisel   **lo scalpello**
crowbar   **il palanchino, il piede di porco**
drill   **il trapano**
file   **la lima**
garden gloves   **i guanti da giardino**
garden shears   **le forbici per giardinaggio**
hammer   **il martello**
hedge clippers   **le forbici per potare siepi**
hoe   **la marra, la zappa**
hose   **il tubo flessibile**
ladder   **la scala**
lawn-mower   **la falciatrice da giardino**
mallet   **il mazzuolo**
nail   **il chiodo**
nut   **il dado**
paint brush   **il pennello da pittore**
penknife   **il temperino**
pickax(e)   **il piccone**
plane   **la pialla**
pliers   **le pinze**
rake   **il rastrello**
roller   **il rullo**
sander   **la levigatrice**
sandpaper   **la carta vetrata**
saw   **la sega**
screw   **la vite**
screwdriver   **il cacciavite**
shovel   **la pala, il badile**
spade   **la vanga**
spanner/wrench *(adjustable)*   **la chiave fissa**

spirit level   **la livella a bolla d'aria**
stepladder   **la scala a libro**
toolbox   **la cassetta portautensili**
trowel   **la paletta da giardiniere**
varnish   **la vernice**
vice   **la morsa**

9a Shops, stores & services

antique shop/store   **il negozio di antiquariato**
art shop/store   **il negozio d'arte**
baker's/bakery   **il panificio/la panetteria**
bank   **la banca**
betting shop/bookmaker's   **il botteghino di allibratore**
bookshop/store   **la libreria**
boutique   **la boutique**
butcher's   **la macelleria**
cakeshop/store   **la pasticceria**
car accessory/spares shop/store   **il negozio di ricambi**
chemist's/drugstore   **la farmacia**
clothes shop/store   **il negozio di abbigliamento**
cobbler's   **il calzolaio**
cosmetics shop/store   **la profumeria**
covered market   **il mercato coperto**
dairy   **la latteria**
delicatessen   **la salumeria, la rosticceria**
department store   **il grande magazzino**
dress shop/store   **il negozio di abbigliamento (da donna)**
drugstore   **la farmacia**
dry-cleaner's   **la tintoria, la lavanderia a secco**
electrical shop/store   **il negozio di elettrodomestici**
estate agency   **l'agenzia** *(f)* **immobiliare**
fishmonger's   **la pescheria**
fishstall *(market)*   **il banchetto dei**

pesci
florist's **il fioraio**
furniture shop/store **il negozio di mobili**
garden centre/center **un centro di giardinaggio**
greengrocer's **il negozio di frutta e verdura**
grocer's **il negozio di generi alimentari**
hairdresser *(for men)* **il barbiere**
hairdresser *(for women)* **il parrucchiere**
hardware shop/store **il negozio di ferramenta**
health-food shop/store **il negozio di alimenti naturali/di dietetica**
hypermarket **l'ipermercato**
indoor market **il mercato coperto**
insurance agent/broker **l'agente** *(m)* **d'assicurazione**
jeweller's/jewelry store **l'oreficeria** *(f)*, **la gioielleria**
kiosk **il chiosco**
launderette **la lavanderia a gettone**
lottery kiosk **la ricevitoria**
market **il mercato**
menswear shop/store **il negozio di abbigliamento da uomo**
model shop/store **il negozio di modellistica**
music shop/store **il negozio di dischi/musica**
newsagent's/newsstand **il giornalaio**
newspaper kiosk **l'edicola** *(f)* **dei giornali**
open-air/outdoor market **il mercato all'aperto**
optician's **l'ottico** *(m)*
petshop/pet store **il negozio di animali domestici**
pharmacy **la farmacia**
photographic shop/store **il negozio fotografico/di ottica**
post-office **l'ufficio** *(m)* **postale**

pottery shop/store **il negozio di ceramiche**
shoe (repair) shop/store **la calzoleria**
shop/store **il negozio**
shopping arcade/mall **il centro commerciale**
souvenir shop/store **il negozio di souvenirs**
sports shop/store **il negozio di articoli sportivi**
stationer's/stationery store **il cartolaio/la cartoleria**
store **il negozio/la bottega**
superstore **il grande magazzino**
supermarket **il supermercato**
sweetshop/candy store **il negozio di dolciumi/la pasticceria**
take-away food shop/store **la rosticceria**
tobacconist's/tobacco store **la tabaccheria**
toyshop/store **il negozio di giocattoli**
travel agent's/store **l'agenzia di viaggi** *(f)*
vending machine **il distributore automatico**
video-shop/store **il negozio di video**

9a Currencies

dollar **il dollaro**
escudo **l'escudo** *(m)*
florin **il fiorino**
franc **il franco**
lira **la lira**
mark **il marco**
peseta **la peseta**
pound sterling **la lira sterlina**
rouble **il rublo**
yen **lo yen**

9c Jewellery/Jewelry

bangle **il bracciale(tto)**

chain bracelet **il braccialetto a catena**
brooch **la spilla**
carat **il carato**
chain **la catenina**
charm **il ciondolo**
costume jewellery/jewelry **la bigioteria**
cuff links **i gemelli**
earring **l'orecchino** *(m)*
engagement ring **l'anello** *(m)* **di fidanzamento**
fake **falso**
jewel **il gioiello, la gioia**
jewel box **il portagioielli**
jewellery/jewelry **i gioielli** *(pl)*, **le gioie** *(pl)*
medallion **il medaglione**
necklace **la collana**
pendant **il pendente, il ciondolo**
precious stone/gem **la pietra preziosa**
real **vero**
ring **l'anello** *(m)*
semi-precious **semiprezioso**
tiara **la diadema**
tie pin **lo spillo per cravatta**
wedding ring **la fede (nuziale)**

9c Precious stones & metals

agate **l'agata** *(f)*
amber **l'ambra** *(f)*
amethyst **l'ametista** *(f)*
chrome **il cromo**
copper **il rame**
coral **il corallo**
crystal **il cristallo**
diamond **il diamante**
emerald **lo smalto**
gold **l'oro** *(m)*
gold plate **placcato d'oro**
ivory **l'avorio** *(m)*
mother of pearl **la madreperla**
onyx **l'onice** *(f)*
pearl **la perla**
pewter **il peltro**

platinum **il platino**
quartz **il quarzo**
ruby **il rubino**
sapphire **lo zaffiro**
silver **l'argento** *(m)*
silver plate **placcato d'argento**
topaz **il topazio**
turquoise **il turchese**

10c Herbs & spices

aniseed **l'anice** *(m)*
basil **il basilico**
bay leaf **il lauro**
caper **il cappero**
caraway **il cumino**
chive **la cipollina**
cinnamon **la cannella**
cloves **i chiodi di garofano**
dill **i semi di aneto**
garlic **l'aglio** *(m)*
ginger **lo zenzero**
marjoram **la maggiorana**
mint **la menta**
mustard **la mostarda**
nutmeg **la noce moscata**
oregano **l'origano** *(m)*
parsley **il prezzemolo**
pepper **il pepe**
rosemary **il rosmarino**
saffron **lo zafferano**
sage **la salvia**
tarragon **il dragoncello**
thyme **il timo**

10d Cooking utensils

alumin(i)um foil **la carta di alluminio**
baking tray **la teglia**
carving knife **il trinciante**
colander **il colatoio, il colino**
food processor **il frullatore**
fork **la forchetta**
frying pan/fry-pan **la padella**
grater **la grattugia**
greaseproof/wax paper **la carta**

oleata
grill **la griglia, la graticola, la gratella**
kettle **il bollitore**
knife **il coltello**
lid **il coperchio**
pot **la pentola, la pignatta**
rolling pin **il matterello**
saucepan/casserole dish **il tegame, la casseruola**
scales **la bilancia**
sieve **il setaccio, il crivello**
skewer **il spiedo, il schidione**
spatula **la spatola**
spoon **il cucchiaio**
tablespoon **il cucchiaio da tavola**
tablespoonful **la cucchiaiata**
teaspoon **il cucchiaino da tè**
teaspoonful **il cucchiaino da tè**
tin/can-opener **l'apriscatole** *(m)*

10d Smoking

ash **la cenere**
ashtray **il portacenere, il posacenere**
box of matches **la scatola di fiammiferi**
cigar **il sigaro**
cigarette **la sigaretta**
cigarette butt/stub **il mozzione**
lighter **l'accendino** *(m)*
match **il fiammifero**
wax match **il cerino**
pipe **la pipa**
pipe cleaner **lo scovolino**
smoke **il fumo**
I smoke **fumo [-are]**
smoking (no) **(vietato) fumare**
tobacco **il tabacco**
tobacconist's **il tabaccaio**

11c Hospital departments

Admissions **accettazione**
Blood Bank **il centro trasfusioni (di sangue)**

Casualty **il pronto soccorso**
Consultants' Suite **il gabinetto dello specialista**
Consulting Room **il gabinetto medico**
Coronary Care Unit **il reparto di cardiologia**
Dialysis Unit **il centro dialisi**
Emergency **d'urgenza**
ENT/Ear, Nose and Throat **il reparto di otorinolaringoiatria**
Eye Infirmary **il reparto di oculistica**
Geriatric Ward **il reparto di geriatria**
Gynaecology Ward **il reparto di ginecologia**
Infectious Diseases **le malattie contagiose**
Intensive Care **il riparto di rianimazione**
Maternity ward **il reparto maternità**
Mortuary **il mortuario**
Oncology **il reparto di oncologia**
Operating Theatre **la sala operatoria**
Orthopaedic **il reparto di ortopedia**
Out-Patients Department **l'ambulatorio** *(m)*
Paedeatric Ward **il reparto di pediatria**
Pathology **il reparto di patologia**
Pharmacy **la farmacia**
Psychiatric Unit **il reparto di psichiatria**
Reception **la ricezione**
Recovery Room **la sala post-operatoria**
Surgical Ward **il reparto di chururgia**
Transfusion **la trasfusione**
Treatment Room **l'infermieria**
Ward **il reparto, il padiglione**
X-Ray **i raggi (X)**

11c Illnesses & diseases

AIDS **l'AIDS** *(m/f)*
angina **l'angina** *(f)*
appendicitis **l'appendicite** *(f)*
arthritis **l'artrite** *(f)*
asthma **l'asma** *(f)*
bacillus **il bacillo**
bacteria **i batteri**
bronchitis **la bronchite**
bubonic plague **la peste bubbonica**
cancer **il cancro**
catarrh **il catarro**
cerebral palsy **la paralisi cerebrale**
chickenpox **la varicella**
cholera **il colera**
colic **la colica**
cold **il raffreddore**
constipation **la stitichezza**
corn **il callo**
cough **la tosse**
cystitis **la cistite**
deafness **la sordità**
depression **la depressione**
dermatitis **la dermatite**
diabetes **il diabete**
diarrhoea **la diarrea**
diptheria **la difterite**
dizziness **il capogiro, le vertigini**
Down's syndrome **la sindrome de Down, il mongolismo**
earache **il mal d'orecchio**
eczema **l'eczema** *(m)*
epilepsy **l'epilessia** *(f)*
fever **la febbre**
fit **l'attacco** *(m)*
flu **l'influenza**
food-poisoning **l'intossicazione alimentare** *(f)*
gall-stones **i calcoli biliari**
gangrene **la cancrena**
German measles **la rosolia**
gingivitis **la gengivite**
gonorrhoea **la gonorrea**
haemorrhoids **le emorroidi**

headache **il mal di testa**
heart attack **l'attacco cardiaco**
hepatitis **l'epatite** *(f)*
hernia **l'ernia** *(f)*
high blood pressure **l'ipertensione** *(m)*
HIV positive **sieropositivo**
illness **la malattia**
incontinence **l'incontinenza** *(f)*
influenza **l'influenza** *(f)*
infection **l'infezione** *(f)*
jaundice **l'itterizia** *(f)*
leukaemia **la leucemia**
malaria **la malaria**
measles **il morbillo**
meningitis **la meningite**
mental illness **la malattia di mente**
microbe **il microbo**
migraine **l'emicrania**
mumps **la parotite**
multiple sclerosis **la sclerosi multipla**
muscular distrophy **le distrofia muscolare**
nits **i pidocchi**
overdose **una dose eccessiva**
Parkinson's disease **le morbo di Parkinson**
piles **le emorroidi**
pneumonia **la polmonite**
polio **la poliomielite**
rabies **la rabbia**
rheumatism **il reumatismo**
salmonella **la salmonella**
scabies **la scabbia**
seasickness **il mal di mare**
sexually-transmitted disease **la malattia venerea**
sickness **la nausea**
smallpox **il vaiolo**
stomach ache **il mal di stomaco**
stomach upset **il mal di pancia**
stroke **l'infarto** *(m)*
stye **l'orzaiolo**
syphilis **la sifilide**
tetanus **il tetano**
thrombosis **la trombosi**

tonsillitis   la tonsillite
toothache   il mal di denti
tuberculosis   la tubercolosi
ulcers   le ulcere
urinary infection   l'infezione *(f)*
  delle vie urinarie
venereal disease   la malattia
  venerea
whooping cough   la pertosse
yellow fever   la febbre gialla

11d Hairdresser

bleach   la decolorazione
colour/color chart   la pabella dei
  coloranti/delle tinture
colour/color rinse   lo shampo
  colorante
I cut   taglio [-are]
dandruff   la forfora
I dye   tingo [-ere], coluro [-are]
dye   la colorazione, la tintura
fringe/bangs   la frangia
hair   i capelli
  dry   secchi
  greasy/oily   grassi
  grey/gray   grigi
  lanky   senza vita
haircut   il taglio dei capelli
I have my hair cut   mi faccio [fare]
  tagliare i capelli
hairdresser   il parrucchiere, la
  parrucchiera
hairspray   la lacca per capelli
hairdo   l'acconciatura *(f)*, la
  pettinatura
moustache   i baffi
perm(anent wave)   la permanente
setting lotion/gel   il fissatore
shampoo and set   lo shampo e
  messa in piega
sideboards/sideburns   le basette
sides (of head)   i lati
top (of head)   la cima
trim   la spuntatina
I trim   spunto [-are]
  I trim (beard)   spunto [-are] la

barba
wig   la parrucca
  I wear a wig   porto [-are] la
  parrucca

13b Holidays & religious festivals

All Saints (Nov 1)   Tutti i Santi,
  Ognissanti
All Souls (Nov 2)   I morti
Ascension Day   l'Ascensione *(f)*
Ash Wednesday   il mercoledì
  delle ceneri
Assumption Day (Aug 15)
  l'Assunzione *(f)*
Boxing Day (Dec 26)   Santo
  Stefano
Candlemass   la calendora
Carneval   il Carnevale
Christmas   il Natale
  at Christmas   a Natale
Christmas Day   il giorno di Natale
Christmas Eve   la vigilia di Natale
Corpus Christi   il Corpus Domini
Easter   la Pasqua
Easter Monday   il lunedì di
  Pasqua
Easter Sunday   il giorno di
  Pasqua, la Pasqua
Eid   l'Eid
Feast of the Assumption (of the
  Virgin Mary)   L'Assunzione
  della Maria Vergine
festival   la festa
Good Friday   il venerdì Santo
Hanukkah   l'Hanouka
Labour/Labor Day   la festa dei
  lavoratori
Lent   la Quaresima
New Year's Day   il Capodanno
New Year's Eve   la vigilia del
  capodanno
Palm Sunday   la domenica delle
  Palme
Passover   la Pasqua ebraica
Ramadan   il Ramadan
Sabbath   il Sabato

Shrove Tuesday **il martedì grasso**
Whitsuntide **la Quaresima**
Yom Kippur **l'Yom Kippur**

14b Professions & jobs

The arts

---

actor/actress **l'attore** *(m)*, **l'attrice**
(f)
announcer **l'annunciatore** *(m)*,
l'annunciatrice *(f)*
architect **l'architetto** *(m)*
artist **l'artista** *(m/f)*
book-seller **il libraio, la libraia**
cameraman **il cineoperatore, il**
cameraman
editor **il direttore di redazione**
film/movie director **il regista**
film/movie star **la stella del**
cinema
graphic designer **il grafico/la**
grafica
journalist **il/la giornalista**
model **il modello, la modella**
musician **il/la musicista**
painter *(artist)* **il pittore, la pittrice**
photographer **il fotografo, la**
fotografa
poet **il poeta, la poetessa**
printer **il poligrafico, la**
poligrafica
producer *(theatre/theater)* **il**
produttore, la produttrice
publisher **l'editore** *(m)*, **l'editrice**
(f)
reporter **il/la cronista, il/la**
reporter
sculptor **lo scultore, la scultrice**
singer **il/la cantante**
TV announcer **l'annunciatore** *(m)*,
l'annunciatrice *(f)*, **il**
presentatore, la presentatrice
writer **l'autore** *(m)*, **l'autrice** *(f)*, **lo**
scrittore *(m)*, **la scrittrice** *(f)*

Education & research

---

academic staff **il corpo docente**

headteacher/principal **il/la preside**
lecturer **il professore/la**
professoressa, il lettore/la
lettrice
physicist **il fisico, la fisica**
primary teacher **il maestro/la**
maestra, l'insegnante
elementare
researcher **il ricercatore, la**
ricercatrice
scientist **lo scienziato, la**
scienziata
secondary teacher **l'insegnante**
(m/f) **di scuola media**
student **lo studente, la**
studentessa
supply teacher **l'insegnante** *(m/f)*
supplente
support tutor **l'insegnante** *(m/f)* **di**
sostegno
technician **il tecnico**
tutor **l'insegnante** *(m/f)*

Food & retail

---

baker **il panettiere, il fornaio**
brewer **il fabbricante di birra**
butcher **il macellaio**
buyer **l'acquirente** *(m/f)*, **il**
compratore, la compratrice
caterer (supplying meals) **il**
fornitore
chemist/druggist **il/la farmacista**
cook **il cuoco, la cuoca**
farmer **l'agricoltore** *(m/f)*, **il**
coltivatore
fisherman **il pescatore**
fishmonger **il pescivendolo**
florist **il/la fiorista, il fioraio, la**
fioraia
greengrocer **il fruttivendolo**
grocer **il droghiere**
jeweller/jeweler **il gioielliere,**
l'orefice *(m)*
pharmacist **il/la farmacista**
representative **il/la**
rappresentante
shop assistant **il commesso/la**

commessa
shopkeeper/storekeeper **il/la negoziante**
tobacconist **il tabaccaio**
waiter **il cameriere, la cameriera**
wine-grower **il vignaiolo, il viticultore/la viticultrice**

Government service

civil-servant **il funzionario (pubblico)**
clerk **l'impiegato** *(m)*, **l'impiegata** *(f)*
customs officer **il doganiere/la doganiera**
fireman **il pompiere**
judge **il giudice, il magistrato**
member of Parliament/senator **il deputato, il senatore**
minister **il ministro**
officer **l'ufficiale** *(m/f)*
policeman **il poliziotto, il carabiniere**
policewoman **la poliziotta**
politician **il politico**
sailor **il marinaio**
secret agent **l'agente** *(m/f)* **segreto**
serviceman **un membro delle forze armate**
soldier **il soldato, il militare**

Health care

analyst **l'analista** *(m/f)*
consultant **lo/la specialista**
dentist **il/la dentista**
doctor (Dr) **il medico, il dottore/la dottoressa**
general practitioner **il medico generico**
gynaecologist **il ginecologo/la ginecologa**
midwife **l'ostetrica** *(f)*
nurse **l'infermiere** *(m)*, **l'infermiera** *(f)*
optician **l'ottico** *(m)*
physician **il medico, il dottore/la**

dottoressa
psychiatrist **lo/la psichiatra**
psychologist **lo/la psicologo**
surgeon **il chirurgo**
vet **il veterinario**

In manufacturing & construction

bricklayer **il muratore**
builder **il costruttore**
carpenter **il falegname, il carpentiere**
engineer **l'ingegnere** *(m/f)*
foreman **il capo, il caposquadra**
glazier **il vetraio**
industrialist **l'industriale** *(m/f)*
labourer/laborer **il manovale**
manufacturer **il fabbricante, il produttore**
mechanic **il meccanico**
metalworker **l'operaio** *(m)* **metallurgico**
miner **il minatore**
plasterer **l'intonacatore** *(m)*
stonemason **il muratore**

Services

accountant **il ragioniere/la ragioniera**
actuary **l'attuario** *(m/f)*
agent **l'agente** *(m/f)*
bank-manager **il direttore/la direttrice di banca**
barber **il barbiere**
businessman **l'uomo** *(m)* **d'affari**
businesswoman **la donna** *(m)* **d'affari**
caretaker **il/la custode**
cleaner **l'addetto** *(m)*, **l'addetta** *(f)* **alle pulizie**
computer programmer **il programmatore, la programmatrice**
counsellor **il consigliere, la consigliera**
consultant **il/la consulente**
draughtsman **il/la progettista**

dustman/garbageman **il netturbino**

electrician **l'elettricista** *(m/f)*

estate/real estate agent **l'agente immobiliare**

furniture remover **l'impresa** *(m/f)* **traslochi**

gardener **il giardiniere**

guide **la guida**

hairdresser **la parrucchiera, il parrucchiere**

insurance agent **l'agente** *(m/f)* **d'assicurazione**

interpreter **l'interprete** *(m/f)*

lawyer **l'avvocato** *(m)*, **l'avvocatessa** *(f)*

librarian **il bibliotecario, la bibliotecaria**

office worker **l'impiegato** *(m)*, **l'impiegata** *(f)*

painter & decorator **il pittore, il decoratore**

plumber **l'idraulico** *(m)*

postman **il postino, la postina**

priest **il prete, il sacerdote**

receptionist **il/la ricezionista** *(m/f)*

servant **il domestico, la domestica**

social worker **l'assistente** *(m/f)* **sociale**

solicitor **l'avvocato, l'avvocatessa, il notaio**

stockbroker **l'agente** *(m/f)* **di cambio**

surveyor **il/la geometra** *(m/f)*

tax inspector **l'esattore** *(m/f)* **delle imposte**

trade-unionist **il/la sindacalista**

translator **il traduttore, la traduttrice**

travel agent **l'agente** *(m/f)* **di viaggi**

typist **il dattilografo, la dattilografa**

undertaker **l'impresario** *(m)* **di pompe funebri**

Transport

air hostess **assistente** *(m/f)* **di volo**

busdriver **il conducente d'autobus**

driver **l'autista** *(m/f)*, **il/la conducente**

driving instructor **l'istruttore** *(m/f)* **di guida**

lorry-driver **il/la camionista**

pilot **il/la pilota**

taxi-driver **il/la tassista**

ticket inspector **il controllore**

14b Places of work

blast furnace **la fornace**

brewery **la fabbrica di birra**

business park **il centro, il complesso commerciale**

construction site **il cantiere di costruzione**

distillery **la distilleria**

factory **la fabbrica**

farm **l'azienda agricola** *(f)*, **la fattoria**

foundry **la fonderia**

hospital **l'ospedale** *(m)*

mill **lo stabilimento tessile**

  paper mill **la carteria**

  rolling mill **il laminatoio**

  sawmill **la segheria**

  spinning mill **l'opificio** *(m)*

  steel mill **l'acciaieria** *(f)*

mine (coal) **la miniera di carbone**

office **l'ufficio** *(m)*

plant **la fabbrica, lo stabilimento**

public company **la società a responsabilità limitata**

shop/store **il negozio, la bottega**

steelworks/steel plant **l'acciaieria** *(f)*

sweatshop **l'azienda** *(f)* **che sfrutta la manodopera**

vineyard **la vigna, il vigneto**

warehouse **il magazzino**

workshop **l'officina** *(f)*

14b Company personnel & departments

accounts department   **il reparto contabilità**
apprentice   **l'apprendista** *(m/f)*
assistant   **l'assistente** *(m/f)*
associate   **il socio**
board of directors   **il consiglio d'amministrazione**
boss   **il padrone, il capo**
branch office   **la filiale**
colleague   **il/la collega**
department   **il reparto**
director   **il direttore, la direttrice**
division   **la divisione**
employee   **l'impiegato** *(m)*, **l'impiegata** *(f)*, **il/la dipendente**
employer   **il datore di lavoro**
executive *(adj)*   **esecutivo, dirigente**
financial manager   **il direttore finanziario**
foreman   **il caporeparto**
head office   **la sede centrale**
labour/labor   **la manodopera**
line manager   **il superiore**
management   **la gestione, la direzione**
manager   **il direttore, il dirigente**
manageress   **la direttrice, la dirigente**
managing director/CEO   **l'amministratore** *(m)* **delegato**
marketing department   **il reparto marketing**
personal assistant   **il segretario, la segretaria di direzione**
personnel department   **l'ufficio** *(m)* **del personale**
president   **il presidente**
production department   **il reparto produzione**
sales department   **il reparto vendite**
secretary   **la segretaria, il segretario**
specialist   **lo/la specialista**
staff/personnel   **il personale**
team   **il gruppo, l'équipe** *(f)*
trainee   **il/la tirocinante**
vice president   **il vice presidente**

15c Letter-writing formulae

Dear Mr. and Mrs. ...   **Gentili Signori ...**
Dear Peter   **Caro Pietro**
Dear Sir   **Egregio Signore**
Dear Madam   **Gentile Signora**
Greetings from   **saluti da**
I enclose   **allego**
Sincerely   **cordialmente**
Love (from)   **baci, abbracci, un abbraccio, con affetto**
With best wishes   **con i miei/nostri migliori auguri**
With kind regards   **con i miei/nostri migliori saluti**
Yours faithfully   **distinti saluti**
Yours sincerely   **cordiali saluti**

15d Computer hardware

battery   **la pila**
brightness   **la luminosità**
CD-ROM   **il CD-ROM**
central processing unit   **l'unità** *(f)* **centrale di elaborazione**
charger   **il caricatore**
chip   **la chip**
compatibility   **la compatibilità**
compatible   **compatibile**
computer   **il computer, l'elaboratore** *(m)*
cursor   **il cursore**
disk drive   **l'unità** *(f)* **disco, il disc-drive**
disk   **il disco**
diskette   **il dischetto**
display   **la visualizzazione, il display**
double density *(disk)*   **di doppia densità**

drive   l'unità *(f)* (disco)
floppy disk   il dischetto, il floppy
font   il carattere
function key   il tasto di funzione, funzionale
hard copy   la copia a stampa
hard disk   l'hard disc *(m)*
hardware   l'hardware *(f)*
high density disk   il disco ad alta densità
IBM-compatible   compatibile con IBM
ink cartridge   la cartuccia d'inchiostro
inkjet   il getto d'inchiostro
input device   l'unità *(f)* d'entrata
integrated circuit   il circuito integrato
keyboard   la tastiera
lap-top   l'elaboratore *(m)* portatile
laser printer   la stampante a laser
liquid crystal display   il visualizzatore in cristallo liquido
main-frame computer   l'elaboratore *(m)* principale, l'unità *(f)* centrale di elaborazione
micro-processor   il microprocessore
mini computer   il miniordinatore
modem   il modem
mouse   il mouse
network   la rete
paper tray   la cassetta per la carta
personal computer/PC   il PC, il personal computer
pocket book   il libro tascabile
printer   la stampante
processor   l'elaboratore *(m)*
random access memory/RAM   il RAM
read only memory/ROM   il ROM
resolution   la risoluzione
ribbon   il nastro
roller   il rullo
screen   lo schermo

socket/port   la presa
storage   la memoria
terminal   il terminale
touch screen   lo schermo tattile
VDU   l'unità *(f)* di visualizzazione
viewdata system   il sistema dei dati sullo schermo
Wide Area Network/WAN   il WAN

15d Computer software

---

algebraic   algebrico
algorithm   algoritmo
bug   l'errore *(m)*, il baco
byte   il byte
coded   codificato
coding   la codificazione
command   il comando
computer aided design/CAD   la progettazione con aiuto di elaboratore, il CAD
computer language   il linguaggio informatico
copy   la copia
data capture   la formulazione dei dati
data   i dati
data logging   la registrazione dei dati
data processing   l'elaborazione *(f)* dei dati
database   la banca dati
default option   l'opzione *(f)* di inadempimento
directory   l'indice *(m)*
double clicking   il doppio scatto (del mouse)
drive   l'unità *(f)* disco
escape/exit   l'uscita *(f)*
file   il documento
flow chart   il flussoschema
format   il formato
function   la funzione
graphical application   l'applicazione *(f)* grafica
graphics   i grafici
help   l'assistenza *(f)*

help menu   **il menu d'assistenza**
language   **il linguaggio**
logic circuit   **il circuito logico**
memory   **la memoria**
menu   **il menu, l'elenco dei programmi**
operating system   **il sistema operativo**
output   **l'output** *(m)*
password   **il codice d'identificazione**
program(me)   **il programma**
programmable   **programmabile**
programmer   **il programmatore**
programming   **la programmazione**
pull-down menu   **il menu dei testi**
reference archive   **l'archivio** *(m)* **di consultazione**
setup   **l'organizzazione** *(f)*
software   **il software**
software package   **il pacchetto di software**
space   **lo spazio**
space bar   **la barra spaziatrice**
spreadsheet   **il foglio elettronico**
statistics package   **il pacchetto di statistiche**
user-friendly   **di facile uso**
virus   **il virus**

16a Hobbies

angling   **la pesca con la lenza**
archeology   **l'archeologia** *(f)*
archery   **il tiro all'arco**
ballroom dancing   **il ballo liscio**
bee-keeping   **l'apicoltura** *(f)*
birdwatching   **l'ornitologia** *(f)*
carpentry   **lavorare il legno**
collecting antiques   **collezionare oggetti di antiquariato**
collecting stamps   **collezionare francobolli, la filatelia**
dancing   **ballare**
fishing   **andare a pesca, pescare**
gambling   **giocare d'azzardo**

gardening   **fare giardinaggio**
going to the cinema/movies   **andare al cinema**
knitting   **fare la maglia**
listening to music   **ascoltare musica**
photography   **la fotografia**
playing chess   **giocare a scacchi**
reading   **leggere**
sewing   **cucire**
spinning   **filare**
walking   **camminare**
watching television   **guardare la televisione**

16c Photography

automatic   **automatico**
cable release   **lo scatto**
camera   **la macchina fotografica**
camera case   **la custodia per la macchina fotografica**
I develop   **sviluppo [-are]**
developing/processing   **lo sviluppo**
I enlarge   **ingrandisco [-ire]**
exposure   **l'esposizione** *(f)*, **la posa**
exposure counter   **il contatore di esposizione/di pose**
film   **la pellicola**
  black and white   **in bianco e nero**
  colour/color   **a colori**
film winder   **la leva d'avanzamento della pellicola**
filter   **il filtro**
fine grain   **a grana fine**
flash   **il flash**
flash attachment   **l'attaccatura** *(f)*
home movie   **il film d'amatore**
I focus the camera   **metto [-ere] a fuoco**
in focus   **a fuoco**
out of focus   **sfuocato**
jammed   **bloccato**
lens   **l'obiettivo** *(m)*, **la lente**

telephoto **il teleobiettivo**
wide-angle **il grandangolare**
lens cap **il cappuccio per obiettivo**
light **la luce**
  artificial **artificiale**
  daylight **la luce del giorno, naturale**
light meter **l'esposimetro** *(m)*
movie camera **la cinepresa**
negative **il negativo**
over-exposed **sovraesposto**
over-exposure **la sovraesposizione**
picture **la foto**
photo(graph) **la foto(grafia)**
  holiday/vacation photo **la foto delle vacanze**
  passport photo **la foto da passaporto**
photograph album **l'album** *(m)* **delle fotografie**
roll film **il rullino**
shutter **l'otturatore** *(m)*
slide **la diapositiva**
I take photos **faccio [fare] foto, fotografo [-are]**
video camera **la telecamera**
video cassette **la videocassetta**

17b Architectural features

alcove **l'alcova** *(f)*
arch **l'arco** *(m)*
architrave **l'architrave** *(f)*
atrium **l'atrio** *(m)*
bas relief **il bassorilievo**
battlement **gli spalti** *(pl)*
buttress **la contrafforte** *(m)*
capital **il capitello**
caryatid **la cariatide**
colonnade **il colonnato**
column **la colonna**
  doric **dorica**
  ionic **ionica**
  corinthian **corinzia**
corner-stone **la pietra angolare**

cupola **la cupola**
diptych **il dittico**
drawbridge **il ponte levatoio**
eaves **il cornicione**
embrasure **la strombatura**
façade **la facciata**
festoon **il festone**
gable **il frontone**
gargoyle **la garguglia**
hanging buttress **il contrafforte pensile**
haut-relief **l'altorilievo** *(m)*
headstone **la lapide**
herringbone *(adj)* **a spina di pesce**
mansard **la mansarda**
moulding **lo zoccolo**
nave **la navata**
ogive **l'ogiva** *(f)*
overhanging **sporgente**
pagoda **la pagoda**
pilaster **il pilastro**
pinnacle **il pinnacolo**
plinth **il plinto**
porch **il portico**
portico **il portico, il colonnato**
rear arch **l'arco** *(m)* **posteriore**
roof **il tetto**
rosette **il rosone**
rotunda **la rotonda**
sacristy **la sagrestia**
steeple **la guglia**
triumphal arch **l'arco** *(m)* **trionfale**
tryptych **il trittico**
vault **la volta**
vaulted **a volta**
volute **la voluta**
wainscot **il rivestimento di legno**

17d Musicians & instruments

accompanist **l'accompagnatore** *(m)*, **l'accompagnatrice** *(f)*
accordionist **il/la fisarmonicista** *(m/f)*
alto (singer) **il/la contralto, il falsetto**
bagpipe **la zampogna**

baritone   **il baritono**
bass (singer)   **il basso**
bass clarinet   **il basso clarinetto**
basset horn   **il corno di bassetto**
bassoon   **il fagotto**
bassoonist   **il suonatore di fagotto**
bells   **le campane tubolari**
bugle   **il corno da caccia**
busker   **il suonatore ambulante**
castanets   **le nacchere**
cellist   **il/la violoncellista** *(m/f)*
cello   **il violoncello**
chorister   **il/la corista** *(m/f)*
clarinet   **il clarinetto**
clarinettist   **il/la clarinettista** *(m/f)*
clarion   **la tuba**
classical guitar   **la chitarra classica**
contralto   **la contralto**
cornet   **la cornetta**
cymbal   **il cimbalo**
double bass   **il contrabbasso**
double bassoon   **il controfagotto**
drum   **la batteria**
drummer   **il/la batterista** *(m/f)*
dulcimer   **il salterio**
flageolet   **lo zufolo**
flautist   **il/la flautista** *(m/f)*
flute   **il flauto**
French horn   **il corno da caccia**
grand piano   **il pianoforte a coda**
guitar   **la chitarra**
guitarist   **il/la chitarrista** *(m/f)*
harmonium   **l'armonio** *(m)*
harp   **l'arpa** *(f)*
harpist   **l'arpista** *(m/f)*
harpsichord   **il clavicembalo, l'arpicordo** *(m)*
harpsichordist   **il suonatore di arpicordo**
horn   **il corno**
hurdy-gurdy   **l'organino** *(m)*
instrumentalist   **il suonatore di strumento**
jews' harp   **lo scacciapensieri**
librettist   **il/la librettista** *(m/f)*
lyre   **la lira**

mandolin   **il mandolino**
mezzo-soprano   **la mezzosoprano**
mouth-organ   **l'armonica** *(f)* **a bocca**
oboe   **l'oboe** *(m)*
orchestra leader   **il primo violino**
orchestra players   **gli orchestrali**
organ   **l'organo** *(m)*
organist   **l'organista** *(m/f)*
percussion   **gli strumenti a percussione**
percussionist   **il suonatore di strumenti a percussione**
pianist   **il/la pianista** *(m/f)*
piano   **il pianoforte**
pipe   **il piffero, la zampogna**
recorder   **il flauto dolce**
saxophone   **il sassofono**
saxophonist   **il/la sassofonista** *(m/f)*
soprano   **la soprano**
spinet   **la spinetta**
squeeze-box   **la concertina**
string instruments   **gli strumenti a corda**
synthesizer   **il sintetizzatore**
tenor   **il tenore**
tin whistle   **lo zufolo**
triangle   **il triangolo**
trombone   **il trombone**
trumpet   **la tromba**
tuba   **la tuba**
tuning fork   **il diapason**
tympanum   **il timpano**
viol   **la viola**
viola   **la viola da braccio**
viola player   **il suonatore di viola**
violin   **il violino**
violinist   **il/la violinista** *(m/f)*
violoncello   **il violoncello**
vocalist   **il/la cantante** *(m/f)*
Welsh harp   **l'arpa** *(f)* **gallese**
xylophone   **il silofono**

17d Musical forms

aria **l'aria** *(f)*
ballad **la ballata**
cantata **la cantata**
chamber music **la musica da camera**
choral music **la musica corale**
concerto **il concerto**
    piano concerto **il concerto per piano**
duet **il duetto**
fugue **la fuga**
madrigal **il madrigale**
music drama **il dramma in musica**
musical (comedy) **la commedia musicale**
nocturne **il notturno**
octet **l'ottetto** *(m)*
opera **l'opera** *(f)*
operetta **l'operetta** *(f)*
oratorio **l'oratorio** *(m)*
overture **l'ouverture** *(f)*
prelude **il preludio**
quartet **il quartetto**
quintet **il quintetto**
recitative **il recitativo**
requiem mass **la messa da requiem**
sacred music **la musica sacra**
septet **il settimino**
serenade **la serenata**
sextet **il sestetto**
sonata **la sonata**
song-cycle **il ciclo di canzoni**
string quartet **il quartetto per archi**
suite **la suite**
symphonietta **la sinfonietta**
symphony **la sinfonia**
trio **il trio**
    piano trio **il trio per piano**

17d Musical terms

accompaniment **l'accompagnamento** *(m)*

arpeggio **l'arpeggio** *(m)*
bar **la battuta**
beat **la battuta**
bow **l'archetto** *(m)*
bowing **la tecnica dell'archetto**
cadence **la cadenza**
chord **l'accordo** *(m)*
clef **la chiave**
    bass clef **la chiave di basso**
    treble clef **la chiave di soprano**
conductor **il direttore d'orchestra**
discord **la dissonanza**
first violin **il primo violino**
improvisation **l'improvvisazione** *(f)*
key **la chiave** *(f)*
    major **maggiore**
    minor **minore**
note **la nota**
    breve **breve**
    minim/half note **minima**
    crotchet/quarter note **semiminima**
    quaver/eighth note **croma**
    semiquaver/sixteenth note **semicroma**
mute **la sordina**
scale **la scala**
score **la partitura, lo spartito**
sharp **diesis**
sheet (of music) **il foglio di musica**

17e Film/Movie genres

adventure **il film di avventura**
animation **il film di animazione**
black and white **in bianco e nero**
black comedy **la commedia nera**
cartoons **i cartoni animati**
comedy **la commedia**
documentary **il documentario**
feature film/movie **il lungometraggio**
horror **il film dell'orrore**
low-budget **il film a basso costo**

sci-fi **il film di fantascienza**
short film **il cortometraggio**
silent cinema/movies **il cinema muto**
thriller **il poliziesco**
video-clip **l'inserto** *(m)* **filmato**
war **il film di guerra**
western **il (film) western**
weepie **il film lacrimoso**

19a Means of transport

by air **in aereo**
in an ambulance **in ambulanza**
by bicycle **in bicicletta**
by bus **in autobus**
by cable-car **in funivia**
by car **in auto**
by coach **in pullman, in corriera**
in a dinghy **in barca**
by ferry **in traghetto**
by helicopter **in elicottero**
by hovercraft **in hovercraft**
by hydrofoil **in aliscafo**
in a lorry **in camion**
by plane **in aereo**
by ship **in nave**
by taxi **in taxi**
by tram **in tram**
by trolleybus **in filovia**
in a truck **in camion**
by jumbo jet **in aereo jumbo**
by underground/subway **in metropolitana**

19c Parts of the car

alternator **l'alternatore** *(m)*
automatic gear **la frizione automatica**
back wheel **la ruota posteriore**
battery **la batteria**
bodywork **la carrozzeria**
bonnet/hood **il cofano**
boot/trunk **il bagagliaio**
brake **il freno**
bumper/tender **il paraurti**

carburettor **il carburatore**
catalytic converter **il catalizzatore**
choke **la valvola d'aria**
clutch **la frizione**
dashboard **il cruscotto**
door **la portiera**
  front door **la portiera anteriore**
  passenger door **la portiera posteriore**
engine **il motore**
exhaust pipe **il tubo di scarico**
front seats **i sedili anteriori**
front wheel **la ruota anteriore**
gearbox **il cambio di velocità**
headlights **i fari, gli abbaglianti**
horn **il claxon**
hood **la capote**
indicator **l'indicatore** *(m)* **di direzione**
lights **le luci**
motor **il motore**
number/license plate **la targa**
passenger seats **i sedili posteriori**
pedal **il pedale**
  accelerator **il pedale dell'acceleratore**
  brake **il pedale del freno**
  clutch **il pedale della frizione**
plug **la valvola**
rear-view/rear mirror **lo specchietto retrovisore**
registration number **la targa**
roof **il tetto**
roof-rack **il portabagagli**
safety belt **la cintura di sicurezza**
spare tyre/tire **la gomma di ricambio**
spare wheel **la ruota di ricambio**
spares **i pezzi di ricambio**
speedometer **il contachilometri**
starter **il motorino d'avviamento**
steering wheel **il volante**
tank **il serbatoio**
throttle valve **la valvola a farfalla**
tyre/tire **la gomma, il pneumatico**
  back tyre/tire **la gomma posteriore**

front tyre/tire **la gomma anteriore**

spare tyre/tire **la gomma di scorta**

tyre/tire pressure **la pressione delle gomme**

warning triangle **il triangolo rosso/d'emergenza**

wheel **la ruota**

windscreen/windshield **il finestrino**

windscreen/windshield wiper **il tergicristallo**

19c Road signs

Cross now **avanti**

Danger! **pericolo**

Diversion **deviazione**

End of diversion **fine della deviazione**

End of roadworks **fine dei lavori**

End of motorway/highway regulations **fine del regolamento autostradale**

Free parking **parcheggio gratuito**

Keep clear **tenere libero il passaggio**

Loading bay **zona carico**

Maximum speed **velocità massima**

Motorway/Highway entrance/exit **ingresso/uscita autostrada**

Motorway/Highway junction **svincolo autostradale**

No entry **accesso vietato**

No parking **parcheggio vietato**

Pedestrians crossing **passaggio pedonale**

Residents only **riservato ai residenti**

Road closed **strada sbarrata**

Roadworks **lavori in corso**

Stop **alt**

Toll **pedaggio**

20a Tourist sights

abbey **l'abbazia** *(f)*

amphitheatre/amphitheater **l'anfiteatro** *(m)*

amusement park **il parco dei divertimenti**

aquarium **l'acquario** *(m)*

art gallery **la galleria d'arte**

battle field **il campo di battaglia**

battlements **il parapetto**

boulevard **il corso, il viale**

castle **il castello**

catacombs **le catacombe**

cathedral **la cattedrale**

cave **la grotta**

cemetery **il cimitero**

city **la città**

chapel **la cappella**

church **la chiesa**

concert hall **la sala dei concerti, l'auditorium** *(m)*

convent **il convento**

exhibition **l'esposizione** *(f)*

fortress **la fortezza**

fountain **la fontana**

gardens **i giardini**

harbour/harbor **il porto**

library **la biblioteca**

mansion **il palazzo**

market **il mercato**

monastery **il monastero**

monument **il monumento**

museum **il museo**

opera **il teatro dell'opera**

palace **il palazzo**

parliament building **il Parlamento**

pier **la banchina, il pontile**

planetarium **il planetario**

ruins **le rovine**

shopping area **la zona dei negozi**

square **la piazza**

stadium **lo stadio**

statue **la statua**

temple **il templo**

theatre/theater **il teatro**

tomb **la tomba**

tower **la torre**
town centre/downtown **il centro (città)**
town hall **il municipio**
university **l'università** *(f)*
zoo **lo zoo**

20a On the beach

bathing hut/cabana **la cabina**
beach **la spiaggia**
beach ball **il pallone da spiaggia**
bucket and spade/pail and shovel
il secchiello e la paletta
deck-chair **la sedia a sdraio**
I dive **mi tuffo [-are]**
diver **il tuffatore, la tuffatrice**
sand **la sabbia, l'arena** *(f)*
grain of sand **il granello di sabbia**
sandcastle **il castello di sabbia**
sandy *(beach)* **sabbioso, arenoso**
scuba diving **l'immersione** *(f)* **subacquea**
sea **il mare**
sea shore **la costa, il litorale**
snorkel **il respiratore a tubo**
sun-tan lotion **la crema solare**
sunshade *(umbrella)* **l'ombrellone** *(m)*
I surf **faccio [fare] surf**
surfboard **la tavola da surf**
surfing **il surfing**
I swim **nuoto [-are]**
water-skiing **lo sci acquatico**
windsurfing/sailboarding **il windsurfing**
I go windsurfing **faccio [fare] il windsurfing**

20a Continents & regions

Africa **l'Africa** *(f)*
Antarctica **l'Antartide** *(f)*
Arctic **l'Artide** *(f)*
Asia **l'Asia** *(f)*
Australasia **l'Australasia** *(f)*

Balkans **i Balcani**
Baltic States **gli Stati Baltici**
Central America **l'America** *(f)* **centrale**
Eastern Europe **l'Europa** *(f)* **orientale**
Europe **l'Europa** *(f)*
European Union **l'Unione** *(f)* **Europea**
Far East **l'Estremo Oriente** *(m)*
Middle East **il Medio Oriente**
North America **l'America** *(f)* **del Nord**
Oceania **l'Oceania** *(f)*
Scandinavia **la Scandinavia**
South America **l'America** *(f)* **del Sud**
former Soviet Union **l'ex Unione** *(f)* **Sovietica**
West Indies **le Indie** *(f)* **occidentali**
former Yugoslavia **l'ex Iugoslavia** *(f)*

20a Countries

Afghanistan **l'Afghanistan** *(m)*
Albania **l'Albania** *(f)*
Argentina **l'Argentina** *(f)*
Austria **l'Austria** *(f)*
Belgium **il Belgio**
Bolivia **la Bolivia**
Bosnia **la Bosnia**
Brazil **il Brasile**
Bulgaria **la Bulgaria**
Canada **il Canadà**
China **la Cina**
Colombia **la Colombia**
Croatia **la Croazia**
Cuba **Cuba**
Cyprus **Cipro**
Czech Republic **la Repubblica Ceca**
Denmark **la Danimarca**
Ecuador **l'Ecuador** *(m)*
Egypt **l'Egitto** *(m)*
England **l'Inghilterra** *(f)*

Estonia **l'Estonia** *(f)*
Finland **la Finlandia**
France **la Francia**
Germany **la Germania**
Great Britain **la Gran Bretagna**
Greece **la Grecia**
Hungary **l'Ungheria** *(f)*
Iceland **l'Islanda** *(f)*
India **l'India** *(f)*
Indonesia **l'Indonesia** *(f)*
Iran **l'Iran** *(m)*
Iraq **l'Iraq** *(m)*
Ireland **l'Irlanda** *(f)*
Israel **Israele**
Italy **l'Italia** *(f)*
Japan **il Giappone**
Jordan **la Giordania**
Kenya **il Kenya**
Korea (North/South) **la Corea (del Nord/del Sud)**
Kuwait **il Kuwait**
Latvia **la Lettonia**
Lebanon **il Libano**
Libya **la Libia**
Lithuania **la Lituania**
Luxemburg **il Lussemburgo**
Malaysia **la Malesia**
Mexico **il Messico**
Mongolia **la Mongolia**
Morocco **il Marocco**
Netherlands **i Paesi Bassi**
New Zealand **la Nuova Zelanda**
Norway **la Norvegia**
Pakistan **il Pakistan**
Palestine **la Palestina**
Peru **il Perù**
Philippines **le Filippine**
Poland **la Polonia**
Portugal **il Portogallo**
Romania **la Romania**
Russia **la Russia**
Saudi Arabia **l'Arabia** *(f)* **Saudita**
Scotland **la Scozia**
Serbia **la Serbia**
Slovakia **la Slovacchia**
Slovenia **la Slovenia**
South Africa **il Sudafrica**

Spain **la Spagna**
Sri Lanka **lo Sri Lanka**
Sudan **il Sudan**
Sweden **la Svezia**
Switzerland **la Svizzera**
Syria **la Siria**
Taiwan **il Taiwan**
Tanzania **la Tanzania**
Thailand **la Tailandia**
Tibet **il Tibet**
Tunisia **la Tunisia**
Turkey **la Turchia**
Uganda **l'Uganda** *(f)*
Ukraine **l'Ucraina** *(f)*
United States **gli Stati Uniti** *(pl)*
Uruguay **l'Uruguay** *(m)*
Vietnam **il Vietnam**
Wales **il Galles**
Zaire **lo Zaire**
Zimbabwe **lo Zimbabwe**

20a Oceans & seas

Adriatic Sea **l'Adriatico** *(m)*
Arctic Ocean **il mare Artico**
Atlantic Ocean **l'Oceano** *(m)* **atlantico**
Baltic Sea **il Baltico**
Bay of Biscay **il golfo di Biscaglia**
English Channel **la Manica**
Gulf of Mexico **il golfo del Messico**
Indian Ocean **l'Oceano** *(m)* **indiano**
Mediterranean Sea **il (mare) Mediterraneo**
Pacific Ocean **l'oceano** *(m)* **Pacifico**

20a Nationalities & peoples*

Algerian **algerino**
American **americano**
American Indian **amerindio**
Argentinian **argentino**
Australian **australiano**
Austrian **austriaco**

*In Italian, where applicable, the language and adjective of nationality (masculine singular) are the same. For more nationalities ➤ App. 21a Languages

Belgian **belga**
Brazilian **brasiliano**
Canadian **canadese**
Egyptian **egiziano**
French-Canadian **franco-canadese**
Indian **indiano**
Iraqi **iracheno**
Iranian **iraniano**
Irish **irlandese**
Israeli **israeliano**
Lebanese **libanese**
Mexican **messicano**
Moroccan **marocchino**
New Zealander **neozelandese**
Pakistani **pakistano**
Palestinian **palestinese**
Saudi **saudita**
Scottish **scozzese**
South African **sudafricano**
Swiss **svizzero**
Syrian **siriano**

21a Main language families

Afro-asiatic **afroasiatica**
Altaic **altaica**
Australian **australiana**
Caucasian **caucasica**
Central and South **centrale e del sud**
Eskimo **Aleut, esquimese**
Indo-European **indoeuropea**
  Baltic **baltica**
  Celtic **celtica**
  Germanic **germanica**
  Hellenic **ellenica**
  Indo-iranian **indoiraniana**
  Italic **italica**
  Romance **romanza**
  Slavic **slava**
Independent **indipendente**
North-American Indian **indiana nordamericana**
Paleo-asiatic **paleoasiatica**
Papuan **papuasa**
Sino-Tibetan **sinotibetana**

Uralic **uralica**

21a Languages*

Afrikaans **afrikaans**
Albanian **albanese**
Arabic **arabo**
Armenian **armeno**
Basque **basco**
Bengali **bengali**
Breton **bretone**
Bulgarian **bulgaro**
Burmese **birmano**
Chinese **cinese**
Coptic **copto**
Czech **ceco**
Danish **danese**
Dutch **olandese**
English **inglese**
Eskimo **esquimese**
Estonian **estone**
Finnish **finlandese**
Flemish **fiammingo**
French **francese**
German **tedesco**
Greek **greco**
Gujarati **gujarati**
Hebrew **ebraico**
Hindi **hindi**
Hungarian **ungherese**
Icelandic **islandese**
Indonesian **indonesiano**
Irish Gaelic **gaelico irlandese**
Italian **italiano**
Japanese **giapponese**
Korean **coreano**
Kurdish **curdo**
Latin **latino**
Mongolian **mongolo**
Norwegian **norvegese**
Persian **persiano**
Polish **polacco**
Portuguese **portoghese**
Punjabi **punjabi**
Romanian **rumeno**
Russian **russo**
Scottish Gaelic **gaelico scozzese**

* In Italian, all languages are masculine

Slovak **slovacco**
Somali **somalo**
Spanish **spagnolo**
Swahili **swahili**
Swedish **svedese**
Thai **tailandese**
Tamil **tamil**
Tibetan **tibetano**
Turkish **turco**
Urdu **urdu**
Vietnamese **vietnamita**
Welsh **gallese**

21b Grammar

---

accusative **l'accusativo** *(m)*
  accusative *(adj)* **accusativo**
adjective **l'aggettivo** *(m)*
adverb **l'avverbio** *(m)*
agreement **la concordanza**
it agrees with **concorda [-are] con**
article **l'articolo** *(m)*
  definite **definito**
  indefinite **indefinito**
case **il caso**
case ending **la desinenza del caso**
clause **la proposizione**
comparative **il comparativo**
conjunction **la congiunzione**
dative **dativo**
definite **definito**
demonstrative **dimostrativo**
direct object **il complemento oggetto**
exception **l'eccezione** *(f)*
gender **il genere**
genitive **il genitivo**
indefinite **indefinito**
indirect object **il complemento indiretto**
interrogative **interrogativo**
negative **negativo**
nominative **nominativo**
noun **il nome**
object **l'oggetto** *(m)*
phrase **la frase**

plural **il plurale**
  plural *(adj)* **plurale**
prefix **il prefisso**
possessive **possessivo**
preposition **la preposizione**
pronoun **il pronome**
  demonstrative **dimostrativo**
  indefinite **indefinito**
  interrogative **interrogativo**
  personal **personale**
  relative **relativo**
reflexive **il riflessivo**
  reflexive *(adj)* **riflessivo**
rule **la regola**
sequence **la sequenza**
singular **singolare**
spelling **l'ortografia** *(f)*
subject **il soggetto**
suffix **il suffiso**
superlative **il superlativo**
  superlative *(adj)* **superlativo**
word order **la costruzione della frase**

Verbs

---

active voice **la voce attiva**
auxiliary **ausiliario**
compound **composto**
conditional **il condizionale**
defective **il difettivo**
formation **la formazione**
future **il futuro**
gerund **il gerundio**
imperative **l'imperativo**
imperfect **l'imperfetto**
impersonal **impersonale**
infinitive **l'infinito** *(m)*
intransitive **intransitivo**
irregular **irregolare**
passive voice **la voce passiva**
participle **il participio**
past **il passato**
  past *(adj)* **passato**
perfect **il passato prossimo**
present **il presente**
reflexive **il riflessivo**
  reflexive *(adj)* **riflessivo**

regular **regolare**
sequence **la sequenza**
simple **semplice**
strong **forte**
subjunctive **il congiuntivo**
system **il sistema**
tense **il tempo**
transitive **transitivo**
use **l'uso** *(m)*
verb **il verbo**
weak **debole**

21b Punctuation

accent **l'accento** *(m)*
  grave/acute **l'accento grave/acuto**
  circumflex **circonflesso**
apostrophe **l'apostrofe** *(f)*
asterisk **l'asterisco** *(m)*
bracket **la parentesi**
cedilla **la cediglia**
colon **i due punti**
comma **la virgola**
dash **la lineetta**
exclamation mark **il punto esclamativo**
full stop/period **il punto**
hyphen **il trattino**
inverted commas **le virgolette**
parentheses (in) **(fra) parentesi**
question mark **il punto interrogativo**
semicolon **il punto e virgola**
umlaut **la dieresi**

22b Stationery

adhesive tape **il nastro adesivo, lo scotch**
ball-point **la penna a sfera, la biro**
board-rubber, eraser **la gomma da cancellare**
carbon paper **la carta carbone**
card index **lo schedario**
cartridge (ink) **la cartuccia**
chalk **il gesso**

clip board **il portablocco a molla**
compasses **il compasso**
correction fluid **il bianchetto**
diary **l'agenda** *(f)*
drawing pin **la puntina da disegno**
envelope **la busta**
eraser/rubber **la gomma da cancellare**
exercise book **il quaderno**
felt-tip **il pennarello**
file **lo schedario**
filing cabinet **il casellario, lo schedario**
fountain pen **la penna stilografica**
glue **la colla, l'adesivo** *(m)*
guillotine **la ghigliottina**
highlighter **l'evidenziatore**
hole punch **la perforatrice**
ink **l'inchiostro** *(m)*
ink refill **la carica d'inchiostro**
in-tray/out-tray **la cassetta per corrispondenza in arrivo/in partenza**
label **l'etichetta** *(f)*
marker **il marcatore**
note book **il quaderno per gli appunti**
note pad **il taccuino**
OHP **la lavagna luminosa**
paper **la carta**
paper clip **la graffetta**
pen **la penna**
pencil **la matita**
photocopier **la fotocopiatrice**
pocket calculator **la calcolatrice tascabile**
protractor **il rapportatore**
ring binder **il taccuino a fogli mobili**
rubber band/elastic band **l'elastico**
ruler **la riga, il righello**
scissors **le forbici**
screen **lo schermo**
set square **la squadra a triangolo**
sheet of paper **il foglio di carta**
stamp **il timbro**

staple   il punto metallico
stapler   la graffatrice
stationery   la cancelleria
text-book   il libro di testo
typewriter   la macchina da
  scrivere
typewriter ribbon   il nastro per la
  m. da s.
transparency   il foglio traslucido
waste-paper basket   il cestino
  della carta straccia

23a Scientific disciplines

applied sciences   le scienze
  applicate
anthropology   l'antropologia (f)
astronomy   l'astronomia (f)
astrophysics   l'astrofisica (f)
biochemistry   la biochimica
biology   la biologia
botany   la botanica
chemistry   la chimica
geology   la geologia
medicine   la medicina
microbiology   la microbiologia
physics   la fisica
physiology   la fisiologia
psychology   la psicologia
social sciences   le scienze sociali
technology   la tecnologia
zoology   la zoologia

23b Chemical elements

aluminium/aluminum   l'alluminio
  (m)
arsenic   l'arsenico (m)
calcium   il calcio
carbon   il carbone
chlorine   il cloro
copper   il rame
gold   l'oro (m)
hydrogen   l'idrogeno (m)
iodine   lo iodio
iron   il ferro
lead   il piombo

magnesium   il magnesio
mercury   il mercurio
nitrogen   l'azoto (m)
oxygen   l'ossigeno (m)
phosphorus   il fosforo
platinum   il platino
plutonium   il plutonio
potassium   il potassio
silver   l'argento (m)
sodium   il sodio
sulphur   lo zolfo
uranium   l'uranio (m)
zinc   lo zinco

23b Compounds and alloys

acetic acid   l'acido (m) acetico
alloy   la lega
ammonia   l'ammoniaca (f)
asbestos   l'amianto (m)
brass   l'ottone (m)
carbon dioxide   l'anidride (f)
  carbonica
carbon monoxide   l'ossido (m) di
  carbonio
hydrochloric acid   l'acido (m)
  cloridrico
iron oxide   l'ossido (m) di ferro
lead oxide   l'ossido (m) di piombo
nickel   il nichel
nitric acid   l'acido (m) nitrico
it oxidizes   si ossida [-are]
ozone   l'ozono (m)
propane   il propano
silver nitrate   il nitrato d'argento
sodium bicarbonate   il bicarbonato
  di sodio
sodium carbonate   il carbonato di
  sodio
sodium chloride   il cloruro di
  sodio
sulphuric acid   l'acido solforico
tin   lo stagno

23c The Zodiac

Aries	**Ariete**
Taurus	**Toro**
Gemini	**Gemelli**
Cancer	**Cancro**
Leo	**Leone**
Virgo	**Vergine**
Libra	**Bilancia**
Scorpio	**Scorpione**
Sagittarius	**Sagittario**
Capricorn	**Capricorno**
Aquarius	**Aquario**
Pisces	**Pesci**

23c Planets and stars

Earth	**Terra**
Jupiter	**Giove**
Mars	**Marte**
Mercury	**Mercurio**
Neptune	**Nettuno**
Pluto	**Plutone**
Saturn	**Saturno**
Uranus	**Urano**
Venus	**Venere**
Great Bear	**l'Orsa** (f) **maggiore**
Halley's comet	**la cometa di Halley**
Little Bear	**l'Orsa** (f) **minore**
Pole star	**la stella polare**
Southern cross	**la Croce del sud**

24b Wild animals

baboon	**il babuino**
badger	**il tasso**
bear	**l'orso** (m)
beaver	**il castoro**
bison/buffalo	**il bufalo, il bisonte**
camel	**il cammello**
cheetah	**il ghepardo**
chimpanzee	**lo scimpanzé**
cougar	**il coguaro, il puma**
coyote	**il coyote**
deer	**i cervidi** (pl)
elephant	**l'elefante** (m)

elk	**l'alce** (m)
fox	**la volpe**
frog	**la rana**
giraffe	**la giraffa**
gorilla	**il gorilla**
grizzly bear	**l'orso grigio** (m)
hare	**la lepre**
hedgehog	**il riccio**
hippopotamus	**l'ippopotamo** (m)
hyena	**la iena**
jaguar	**il giaguaro**
leopard	**il leopardo**
lion	**il leone**
lizard	**la lucertola**
lynx	**la lince**
mink	**il visone**
mole	**la talpa**
monkey	**la scimmia**
moose	**l'alce** (m)
mouse	**il topo**
otter	**la lontra**
panther	**la pantera**
polar bear	**l'orso** (m) **bianco**
puma	**il puma**
rat	**il ratto**
reindeer	**la renna**
rhinoceros	**il rinoceronte**
snake	**il serpente**
squirrel	**lo scoiattolo**
toad	**il rospo**
tiger	**la tigre**
whale	**la balena**
wildcat	**il gatto selvatico**
wolf	**il lupo**
zebra	**la zebra**

24b Birds

albatross	**l'albatro** (m)
blackbird	**il merlo**
budgerigar	**il pappagallino ondulato**
buzzard	**la poiana, il buzzago**
chaffinch	**il fringuello**
crow	**il corvo**
dove	**la colomba**
eagle	**l'aquila** (f)

emu   l'emu *(m)*
golden eagle   l'aquila *(f)* d'oro
hawk/falcon   il falco
heron   l'airone *(m)*
hummingbird   il colibrì
kingfisher   il martin pescatore
magpie   la gazza (ladra)
ostrich   lo struzzo
owl   la civetta
parrot   il pappagallo
peacock   il pavone
pelican   il pellicano
penguin   il pinguino
pigeon   il piccione
robin   il pettirosso
seagull   il gabbiano
sparrow   il passero
starling   lo storno
swallow   la rondine
swan   il cigno
swift   il rondone
thrush   il tordo
woodpecker   il picchio
wren   lo scricciolo

24b Parts of the animal body

beak   il becco
claw   l'artiglio *(m)*
comb   la cresta
feather   la penna, la piuma
fin   la pinna
fleece   il vello
gill   il bargiglio, la branchia
hide   la pelle
hoof   lo zoccolo
mane   la criniera
paw   la zampa
pelt   la pelliccia
  fur   il pelame
scale   la scaglia
shell   la conchiglia
tail   la coda
trunk   il tronco
tusk   la zanna
udder   la mammella
wing   l'ala *(f)*

24c Trees

apple tree   il melo
ash   il frassino
beech   il faggio
cherry tree   il ciliego
chestnut   il castagno
cypress   il cipresso
eucalyptus   l'eucalipto *(m)*
fig tree   il fico
fir tree   l'abete *(m)*
fruit tree   l'albero *(m)* da frutto
holly   l'agrifoglio *(m)*
maple   l'acero *(m)*
oak   la quercia
olive tree   l'olivo *(m)*
palm   la palma
peach tree   il pesco
pear tree   il pero
pine   il pino
plum tree   il prugno
poplar   il pioppo
redwood   la sequoia
rhododendron   il rododendro
walnut tree   il noce
willow   il salice
yew   il tasso

24c Flowers & weeds

azalea   l'azalea *(f)*
cactus   il cactus
carnation   il garofano
chrysanthemum   il crisantemo
clover   il trifoglio
crocus   il croco
daffodil   la giunchiglia
dahlia   la dalia
daisy   la margherita
dandelion   il dente di leone, il
  tarassaco
foxglove   la digitale
fern   la felce
geranium   il geranio
hydrangea   l'ortensia
lily   il giglio
nettle (stinging)   l'ortica *(f)*

orchid l'orchidea *(f)*
pansy la viola del pensiero
poppy il papavero
primrose la primula
rose la rosa
snowdrop il bucaneve
sunflower il girasole
thistle il cardo selvatico
tulip il tulipano
violet la violetta

25a Political institutions

assembly l'assemblea *(f)*
association l'associazione *(f)*
cabinet il consiglio dei ministri
shadow cabinet *(UK)* il governo ombra
confederation la confederazione
congress il congresso
council il consiglio
federation la federazione
House of Representatives l'Assemblea *(f)* Nazionale
local authority il comune
Lower House/Lower Chamber la Camera dei Deputati
parliament il parlamento
party il partito
Senate il Senato
town council il consiglio municipale/comunale
town hall il municipio
Upper House il Senato, la camera dei lord/pari *(UK)*

25a Politicians

Chancellor il Cancelliere
congressman/woman il membro del congresso
Foreign Minister/Secretary of State il Ministro degli Affari Esteri
head of state il Capo di Stato
leader il capo, il leader
leader of the party/party leader il segretario del partito

minister il ministro
Home Secretary/Minister of the Interior il Ministro dell'Interno
prefect il Prefetto
politician un politico
President il/la Presidente
Prime Minister il/la Presidente del Consiglio
Member of Parliament il deputato/la deputata
senator il senatore/la senatrice
Speaker il/la presidente della camera dei deputati
spokesperson il/la portavoce

27b Military ranks

admiral l'ammiraglio *(m)* d'armata
air marshal il generale di squadra aerea
brigadier il generale di brigata
captain il capitano
commodore il commodoro
corporal il caporale
fieldmarshal il maresciallo
general il generale d'armata
lieutenant il tenente
major il maggiore
private il soldato
rear-admiral l'ammiraglio *(m)* di divisione
sergeant il sergente
sergeant-major il maresciallo

27c International organizations

ASEAN/Association of South-East Asian Nations l'Associazione *(f)* delle nazioni del sud-est asiatico/ASEAN
Council of Europe il Consiglio d'Europa
Council of Ministers il consiglio dei ministri
EC/European Community la Comunità Europea/CE

EU/European Union **l'Unione** *(f)* **europea/UE**

NATO/North Atlantic Treaty Organization **l'Organizzazione** *(f)* **del trattato nord atlantico/OTNA**

OECD/Organization for Economic Cooperation and Development **l'Organizzazione** *(f)* **per la cooperazione e lo sviluppo economico/OCSE**

OPEC/Organization of Oil Exporting Countries **l'Organizzazione** *(f)* **dei paesi esportatori di petrolio**

Security Council **il consiglio di sicurezza**

UNO/United Nations Organization **l'Organizzazione** *(f)* **delle Nazioni Unite/ONU**

WHO/World Health Organization **l'Organizzazione** *(f)* **mondiale della sanità/OMS**

World Bank **la banca mondiale**

D
SUBJECT INDEX

Subject index

Numbers refer to Vocabularies